AF756557

खुशियों का सफर

जहाँ उम्मीदें खिलती हैं

लेखक डॉ. उमेश रॉय भट्ट

BHATT PUBLICATION

विषय-सूची

अध्याय **1** : सादगी क्यों ज़रूरी है – आधुनिक जीवन की जटिलता बनाम सरल जीवन की शक्ति **7**

अध्याय **2** : कम संसाधन, अधिक संतोष – संतोष और कृतज्ञता का रिश्ता **14**

अध्याय **3** : खुशियों का असली स्रोत – बाहरी चीज़ें नहीं, आंतरिक दृष्टिकोण **20**

अध्याय **4** : आवश्यकताएँ बनाम इच्छाएँ – ज़रूरी और गैर-ज़रूरी चीज़ों में फर्क करना **27**

अध्याय **5** : समय का सही उपयोग – समय भी संसाधन है, उसका संतुलित प्रयोग **34**

अध्याय **6** : संपत्ति नहीं, संबंध मायने रखते हैं – रिश्तों की ताकत **37**

अध्याय **7** : मन का बोझ हल्का करना – नकारात्मक विचारों से दूरी मन में बोझ क्यों बनता है **41**

अध्याय **8** : ध्यान और प्राणायाम – बिना खर्च के मानसिक स्वास्थ्य **45**

अध्याय **9** : प्रकृति के साथ जुड़ाव – सादगी का सबसे आसान रास्ता **50**

अध्याय **10** : कमाई से अधिक, खर्च पर नियंत्रण – बजटिंग की कला **55**

अध्याय **11** : अनावश्यक खर्च की पहचान – दिखावे से परे जीवन **60**

अध्याय **12** : कम पैसों में सुखद अनुभव – छोटी-छोटी खुशियाँ कैसे मिलती हैं **65**

अध्याय **13** : साझा करने की संस्कृति – "मेरे पास जो है, वो हमारा है। **70**

अध्याय **14** : समुदाय और सहयोग – दूसरों की मदद से आत्मसंतोष **75**

अध्याय **15** : दिखावे से परे रिश्ते – गहराई और ईमानदारी वाले संबंध **80**

अध्याय **16** : काम में संतोष – नौकरी या व्यवसाय से मानसिक शांति। **85**

अध्याय **17** : कम साधन, बड़ा प्रभाव – मेहनत और लगन से बदलाव **90**

अध्याय **18** : काम-जीवन संतुलन – सफलता और शांति का संगम। **94**

अध्याय **19** : आत्मज्ञान की खोज – खुद को पहचानना **99**

अध्याय **20** : आध्यात्मिक सादगी – भौतिकता से ऊपर उठकर जीवन। **105**

अध्याय **21** : भोगवाद से दूरी – विज्ञापन और समाज का दबाव। **110**

अध्याय **22** : तकनीक का सरल उपयोग – तकनीक साधन बने, बोझ नहीं। **115**

अध्याय **23** : बच्चों को सादगी सिखाना – अगली पीढ़ी में संतोष के संस्कार **120**

अध्याय **24** : खुशियों का सफर – अंतिम संदेश **129**

लेखक के बारे में **135**

इस पुस्तक में चित्रित पात्र और घटनाएँ काल्पनिक हैं। जीवित या मृत किसी भी वास्तविक व्यक्ति से इसकी कोई भी समानता संयोगवश है और लेखक का ऐसा कोई इरादा नहीं है।

आवरण डिज़ाइन : आशुतोष सारस्वत

प्रस्तावना

मानव जीवन की यात्रा सदियों से एक ही प्रश्न के चारों ओर घूमती रही है—जीवन में वास्तविक संतोष और संपूर्णता कहाँ है?

मनुष्य ने विज्ञान, तकनीक, भौतिक संसाधन और सुख-सुविधाएँ तो खूब अर्जित कर लीं, परंतु भीतर का शांति-स्रोत कहीं खोता जा रहा है। हमारे समय की सबसे बड़ी विडंबना यह है कि सुविधाएँ बढ़ रही हैं, परंतु संतोष घट रहा है।

आज का समाज उपभोगवाद और प्रतिस्पर्धा की मानसिकता से घिरा है। चारों ओर देखने पर यह स्पष्ट दिखाई देता है कि लोग अपने जीवन को बेहतर बनाने के लिए दिन-रात प्रयासरत हैं, लेकिन यह प्रयास अक्सर केवल भौतिक उपलब्धियों तक सीमित रह जाता है।

बड़ा घर, महँगी गाड़ी, नाम और शोहरत—यह सब होने के बावजूद भीतर की रिक्तता और मानसिक तनाव दूर नहीं हो पाते।

इसी संदर्भ में यह पुस्तक, "खुशियों का सफर", एक ऐसा दृष्टिकोण प्रस्तुत करती है, जो हमें यह सोचने पर मजबूर करती है कि क्या वास्तव में संसाधनों की अधिकता ही जीवन को सार्थक बनाती है, या फिर सादगी और संतुलन में ही वास्तविक आनंद छिपा है?

यह पुस्तक केवल विचार प्रस्तुत नहीं करती, बल्कि पाठकों को व्यावहारिक दिशा-निर्देश भी देती है कि—

- हम अपनी कमाई और खर्च में संतुलन कैसे बनाएँ।
- परिवार और समाज में सादगी को कैसे लागू करें।
- आधुनिक युग में रहते हुए भी दिखावे और उपभोगवाद से कैसे बचें।
- और अंततः कम साधनों में भी जीवन को कैसे आनंदमय और संपूर्ण बनाया जा सकता है।
- यह पुस्तक केवल दार्शनिक चिंतन नहीं है, बल्कि एक जीवन-मार्गदर्शक है।जीवन की संपूर्णता किसी बाहरी वस्तु में नहीं, बल्कि हमारे भीतर के दृष्टिकोण में है। यदि दृष्टिकोण सादगीपूर्ण है, तो थोड़े संसाधनों में भी आनंद और संतोष संभव है। लेकिन यदि दृष्टिकोण केवल दिखावे और प्रतिस्पर्धा पर आधारित है, तो असीमित साधनों के बाद भी खालीपन और असंतोष बना रहेगा।

इसी गहन सत्य को यह पुस्तक “खुशियों का सफर” सरल, स्पष्ट और व्यावहारिक शैली में प्रस्तुत करती है। मेरा विश्वास है कि यह पुस्तक पाठकों के जीवन में सकारात्मक बदलाव और आत्मिक शांति का मार्ग प्रशस्त करेगी।

अध्याय 1 : सादगी क्यों ज़रूरी है – आधुनिक जीवन की जटिलता बनाम सरल जीवन की शक्ति

आज का समय अजीब-सा विरोधाभास लिए हुए है। हमारे पास पहले से कहीं अधिक साधन हैं, पर संतोष पहले से भी कम हो गया है। हमारी जेब में स्मार्टफोन है, जो पूरी दुनिया को हमारी हथेली पर ले आता है, पर फिर भी हम अकेलापन महसूस करते हैं। हमारे घरों में पहले से अधिक चीज़ें हैं, लेकिन मन के भीतर खालीपन है। हमारे पास सैकड़ों विकल्प हैं, लेकिन निर्णय लेने की ताक़त घट गई है। यही आधुनिक जीवन की सबसे बड़ी विडंबना है—सुविधाएँ तो बहुत हैं, पर शांति गुम है।

यहाँ एक बुनियादी सवाल उठता है: क्या सच में जीवन का मक़सद यही है कि हम लगातार नई चीज़ें इकट्ठा करते रहें? क्या यही सफलता है कि हमारे पास जितनी चीज़ें दूसरों से ज़्यादा हों, उतना हम आगे समझे जाएँ? या फिर जीवन का कोई दूसरा रास्ता भी है, जिसमें कम साधनों के बावजूद मन अधिक संतुष्ट और प्रसन्न हो? यही वह जगह है जहाँ "सादगी" की शक्ति समझ में आती है।

सादगी का अर्थ केवल कम सामान रखना नहीं है, बल्कि जीवन से गैर-ज़रूरी बोझ उतार देना है। जैसे किसी यात्रा में हम हल्के बैग के साथ निकलते हैं तो यात्रा सुखद होती है, वैसे ही जीवन की यात्रा भी तब आसान हो जाती है जब हम केवल ज़रूरी चीज़ें साथ रखते हैं। समस्या यह है कि आधुनिक समाज हमें लगातार यह समझाता है कि हमें और चाहिए, और चाहिए, और चाहिए। टीवी, विज्ञापन, सोशल मीडिया—सब मिलकर हमें यह यक़ीन दिलाते हैं कि खुशी बाहरी चीज़ों में छुपी है। पर सच्चाई इससे बिल्कुल अलग है।

सादगी का चुनाव करना दरअसल अपने मन को यह कहना है कि "मुझे जो मिला है, वही पर्याप्त है।" इसका मतलब यह नहीं कि हमें आगे बढ़ने की चाह नहीं रखनी चाहिए या अपने सपनों को छोड़ देना चाहिए। बल्कि इसका असली मतलब यह है कि हम यह समझें कि ज़रूरत और लालच में अंतर होता है। ज़रूरत पूरी करना जीवन का हिस्सा है, लेकिन लालच पूरा करना कभी संभव ही नहीं। क्योंकि लालच की कोई सीमा नहीं होती।

अगर हम चार दीवारों से बनी एक छोटी-सी झोपड़ी में रहते हैं, पर वहाँ प्यार, अपनापन और संतोष है, तो वह किसी महल से कम नहीं। दूसरी ओर, अगर हमारे पास आलीशान बंगला है लेकिन उसमें तनाव, दिखावा और झूठे रिश्ते हैं, तो वह बंगला हमारे लिए कैदखाना बन सकता है। यही फर्क सादगी और जटिलता में है।

आधुनिक जीवन की सबसे बड़ी समस्या यह है कि यह हमें लगातार व्यस्त बनाए रखता है। सुबह उठने से लेकर रात सोने तक हम भागते रहते हैं। हमें लगता है कि जितना ज़्यादा हम भागेंगे, उतना सफल होंगे। लेकिन यह दौड़ हमें कहाँ ले जा रही है? अगर सफलता का मतलब केवल चीज़ों का ढेर लगाना है, तो यह ढेर हमें कभी संतोष नहीं दे सकता।

सादगी हमें रुककर सोचने का अवसर देती है। यह हमें यह पूछने पर मजबूर करती है कि "मुझे वास्तव में चाहिए क्या?" हम देखते हैं कि जीवन की खुशी महंगे गहनों, नई कारों या फैशनेबल कपड़ों में नहीं, बल्कि उन सरल पलों में है जब हम अपने प्रियजनों के साथ बैठकर हँसते हैं,

जब हम बिना किसी दबाव के अपनी पसंद की चीज़ करते हैं, या जब हम प्रकृति के बीच बैठकर बस साँस लेते हैं।

यहाँ एक छोटी-सी कहानी याद आती है। एक गाँव में दो किसान रहते थे। पहला किसान हर साल नई-नई मशीनें और साधन लाता था ताकि ज़्यादा अनाज पैदा कर सके। उसकी ज़मीन पर हमेशा भीड़ लगी रहती थी—मज़दूर, व्यापारी, लेन-देन करने वाले लोग। वह सुबह से रात तक व्यस्त रहता था। वहीं दूसरा किसान साधारण था। उसके पास ज़्यादा साधन नहीं थे, पर वह जितना ज़रूरी था, उतना ही उगाता था। शाम को वह अपने बच्चों के साथ बैठता, गाना गाता और हँसी-खुशी का जीवन जीता। पहले किसान के पास ज़्यादा पैसा था, पर चैन नहीं था। दूसरे किसान के पास पैसा कम था, पर दिल में सुकून था।

इस कहानी से यही समझ आता है कि सादगी का चुनाव केवल पैसों या संसाधनों का मामला नहीं है, बल्कि यह जीवन के प्रति एक दृष्टिकोण है। यह दृष्टिकोण हमें सिखाता है कि कम साधनों में भी भरपूर जीवन जीया जा सकता है।

आधुनिक जीवन की जटिलता की सबसे बड़ी समस्या यह है कि यह हमें लगातार दूसरों से तुलना करने पर मजबूर करती है। सोशल मीडिया पर किसी का विदेश दौरा देखते ही हमें लगता है कि हमारी ज़िंदगी अधूरी है। किसी का महंगा फ़ोन देखकर हमें लगता है कि हमें भी चाहिए। किसी का चमकदार घर देखकर लगता है कि हमारा घर छोटा है। यह तुलना हमें भीतर से खोखला करती है। जबकि सादगी का रास्ता हमें यह सिखाता है कि हर किसी का जीवन अलग है, और हमें अपनी परिस्थितियों में ही खुशी ढूँढनी चाहिए।

मानसिक स्वास्थ्य विशेषज्ञ कहते हैं कि आजकल लोग पहले से ज़्यादा तनावग्रस्त हैं। इसका मुख्य कारण यही है कि हमारे पास बहुत अधिक विकल्प और अपेक्षाएँ हैं। जब विकल्प कम होते हैं, तो मन शांति पाता है। उदाहरण के लिए, अगर आपके पास तीन कपड़े हैं, तो आप बिना सोचे-समझे उनमें से एक पहन लेंगे। लेकिन अगर अलमारी में तीस कपड़े हैं, तो आधा घंटा इसी में निकल जाएगा कि कौन-सा पहना जाए। विकल्प बढ़ने का मतलब है मानसिक ऊर्जा का खर्च बढ़ना। सादगी इस थकान से हमें बचाती है।

सादगी का चुनाव करना आसान नहीं है, क्योंकि समाज हमें लगातार इसके उलट दिशा में धकेलता है। लेकिन अगर हम सचमुच खुश रहना चाहते हैं, तो हमें यह साहस करना होगा कि हम समाज की भीड़ से हटकर अपनी राह चुनें। यह राह थोड़ी अलग है, पर यही हमें असली सुख की ओर ले जाती है।

याद रखिए, सादगी का मतलब जीवन को नीरस या बेरंग बनाना नहीं है। इसका असली अर्थ है जीवन को इतना सरल बना देना कि हम उसका असली स्वाद चख सकें। जैसे बहुत मसालों में डूबी हुई डिश का असली स्वाद खो जाता है, वैसे ही बहुत ज़्यादा चीज़ों में उलझा हुआ जीवन अपनी असली मिठास खो देता है। सादगी उस मिठास को लौटाने का नाम है।

जब हम आधुनिक जीवन की जटिलताओं की बात करते हैं, तो हमें यह समझना होगा कि यह जटिलता अचानक पैदा नहीं हुई। यह धीरे-धीरे हमारे जीवन में दाखिल हुई। पहले के समय में लोग बहुत ही सीमित साधनों के साथ जीते थे। गाँवों में रहने वाले लोग अपने खेत, पशु और प्रकृति पर निर्भर रहते थे। उनके दिन का अधिकांश समय शारीरिक श्रम में बीतता था और रात को वे परिवार के साथ हँसी-खुशी के पल बिताते थे। न तो टीवी था, न इंटरनेट, न शोरगुल। फिर भी लोग खुश थे, क्योंकि जीवन सरल था।

समय के साथ सुविधाएँ बढ़ीं। बिजली आई, मशीनें आईं, शहर बड़े हुए। इससे जीवन आसान भी हुआ और आकर्षक भी। लेकिन धीरे-धीरे यह आकर्षण हमारी ज़रूरत से ज़्यादा होने लगा।

हमें लगा कि अगर हमारे पास पहले से ज़्यादा सामान है तो हम ज़्यादा खुश होंगे। और यही सोच ने आधुनिक जीवन को जटिल बना दिया।

आज का आदमी एक साथ कई बोझ ढो रहा है। वह अपने काम का बोझ ढो रहा है, रिश्तों में अपूर्णता का बोझ ढो रहा है, अपने सपनों और इच्छाओं का बोझ ढो रहा है। इतना ही नहीं, वह उन अपेक्षाओं का बोझ भी उठाता है जो समाज और परिवार उससे रखते हैं। यह सब मिलकर उसके जीवन को एक ऐसी दौड़ बना देते हैं जिसमें वह लगातार थका हुआ महसूस करता है।

सादगी इस थकान से हमें मुक्त करती है। जब हम सादगी का चुनाव करते हैं, तो हम यह तय करते हैं कि हमें हर चीज़ में सबसे आगे नहीं होना। हमें सबसे बड़ा घर, सबसे महँगी गाड़ी या सबसे नया फ़ोन नहीं चाहिए। हमें चाहिए तो बस इतना कि हमारा मन हल्का रहे, हमारे रिश्ते सच्चे हों और हमारे दिन चैन से गुज़रें।

याद कीजिए बचपन के वे दिन, जब आपके पास खिलौने कम होते थे, पर आप उनसे घंटों खेलते थे। एक लकड़ी की गाड़ी, एक मिट्टी की गुड़िया—बस इतना ही काफ़ी था। आप उसमें आनंद ढूँढ लेते थे, क्योंकि आपके मन में सादगी थी। आज जब बच्चे ढेरों खिलौनों के बीच रहते हैं, तो वे जल्दी-जल्दी बोर हो जाते हैं। क्यों? क्योंकि जब विकल्प बहुत ज़्यादा होते हैं, तो मन उनमें से किसी से भी गहरा जुड़ाव नहीं बना पाता। यही बात जीवन पर भी लागू होती है।

आधुनिक जीवन हमें यह सिखाता है कि सफलता वही है जो बाहर से दिखे। लेकिन सादगी हमें यह समझाती है कि असली सफलता वही है जो भीतर से महसूस हो। अगर किसी के पास ढेरों गाड़ियाँ हैं, पर उसे चैन की नींद नहीं आती, तो वह वास्तव में सफल नहीं है। वहीं अगर किसी व्यक्ति के पास एक साधारण घर है, पर वह चैन की नींद सोता है और सुबह मुस्कुराकर उठता है, तो वही सच्चा विजेता है।

यहाँ हमें एक और पहलू को समझना होगा—"समय" का महत्व। आज हम सबके पास पैसे कमाने के साधन हैं, लेकिन समय किसी के पास नहीं है। हर कोई व्यस्त है। इतना व्यस्त कि परिवार के साथ बैठने का समय नहीं, बच्चों को सुनने का समय नहीं, दोस्तों से मिलने का समय नहीं। आधुनिक जीवन हमें मशीन बना देता है। हम जीने के बजाय केवल चलने लगते हैं।

सादगी समय लौटाती है। जब हम अपने जीवन से अनावश्यक चीज़ें हटा देते हैं, तो हमारे पास समय बचता है। यह समय हमें परिवार, दोस्तों और खुद के लिए मिलता है। यही समय हमारी असली पूँजी है। जब हम बच्चों के साथ खेलते हैं, माता-पिता से बातें करते हैं या जीवनसाथी के साथ मुस्कुराते हैं, तो ये पल किसी भी धन-दौलत से अधिक मूल्यवान होते हैं।

आजकल लोग मानसिक शांति के लिए योगा क्लास, मेडिटेशन वर्कशॉप और तरह-तरह के कोर्स जॉइन करते हैं। लेकिन अगर हम जीवन में सादगी लाएँ, तो यह शांति खुद-ब-खुद आ जाती है। क्योंकि जब जीवन सरल होता है, तो मन शांत होता है। और जब मन शांत होता है, तो हमें ध्यान लगाने या योग करने के लिए अतिरिक्त प्रयास की ज़रूरत नहीं पड़ती।

यहाँ एक उदाहरण देखिए। मान लीजिए आपके पास दो कमरे हैं—एक कमरा सामान से भरा हुआ है। वहाँ किताबें, कपड़े, डिब्बे, टूटे-फूटे खिलौने और पता नहीं क्या-क्या भरा पड़ा है। दूसरा कमरा बिल्कुल साफ़ है, उसमें बस ज़रूरी चीज़ें रखी हैं। अब सोचिए, किस कमरे में जाकर आप ज़्यादा चैन महसूस करेंगे? साफ़-सुथरे कमरे में। क्यों? क्योंकि वहाँ सादगी है। यही सिद्धांत हमारे मन पर भी लागू होता है। अगर हमारे विचारों और जीवन में अनावश्यक बोझ कम हो, तो हम स्वाभाविक रूप से अधिक हल्के और प्रसन्न रहते हैं।

आधुनिक जीवन की एक और समस्या है—"दिखावा।" हम अक्सर वह नहीं जीते जो हम सच में चाहते हैं, बल्कि वह जीते हैं जो हम दूसरों को दिखाना चाहते हैं। शादी-ब्याह में लाखों रुपये खर्च करना, जन्मदिन पार्टियों को भव्य बनाना, सोशल मीडिया पर अपनी हर छोटी-बड़ी उपलब्धि को साझा करना—यह सब इसलिए किया जाता है ताकि लोग हमें सफल समझें। लेकिन सवाल यह है कि क्या सचमुच यह सब हमें भीतर से संतुष्टि देता है? जवाब ज़्यादातर मामलों में "नहीं" होता है।

सादगी हमें दिखावे से मुक्त करती है। यह हमें सिखाती है कि हमें दूसरों के सामने कुछ साबित करने की ज़रूरत नहीं है। अगर हम भीतर से संतुष्ट हैं, तो वही काफ़ी है। यह दृष्टिकोण हमें गहरी आज़ादी देता है—उस आज़ादी से भी बढ़कर जो धन से मिलती है।

आइए अब गहराई से सोचें कि आधुनिक जीवन की जटिलता आखिर क्यों हमें इतना परेशान करती है। असल में, इंसान का मन जटिलता से थक जाता है। जब हमारे चारों ओर बहुत सारे विकल्प होते हैं, तो हमें यह तय करने में ही ऊर्जा लगानी पड़ती है कि किसे चुनें। इसे मनोविज्ञान की भाषा में decision fatigue कहा जाता है—यानी लगातार निर्णय लेने की थकान।

मान लीजिए आप बाज़ार में कपड़े खरीदने जाते हैं। पहले के समय में विकल्प सीमित होते थे—एक दुकान, दो-तीन डिज़ाइन, और आप संतुष्ट होकर लौट आते थे। लेकिन आज जब आप मॉल या ऑनलाइन स्टोर खोलते हैं, तो सैकड़ों नहीं, हज़ारों विकल्प सामने आ जाते हैं। आप घंटों चुनते रहते हैं, तुलना करते रहते हैं, और अंत में थक जाते हैं। कई बार खरीदने के बाद भी संतोष नहीं मिलता, क्योंकि मन सोचता रहता है—"शायद कोई और बेहतर विकल्प होगा।" यही आधुनिक जीवन की समस्या है।

अब सोचिए, अगर हम सादगी को अपनाएँ तो क्या होगा? अगर हम तय कर लें कि हमें बस वही लेना है जो ज़रूरी है और विकल्पों के चक्कर में नहीं पड़ना, तो हमारे मन से आधा बोझ कम हो जाएगा। यही कारण है कि साधारण जीवन जीने वाले लोग अक्सर अधिक शांत और संतुष्ट दिखते हैं।

यहाँ एक और दिलचस्प उदाहरण है। जापान की Zen जीवनशैली दुनिया भर में प्रसिद्ध है। वहाँ घर छोटे होते हैं, सामान कम होता है, परंतु वातावरण साफ़-सुथरा और संतुलित होता है। वहाँ के लोग मानते हैं कि ज़्यादा सामान मन को भी भारी कर देता है। इसलिए वे केवल वही रखते हैं जो ज़रूरी है और जो सौंदर्य व शांति देता है। यही कारण है कि "minimalism" या "कम साधनों का जीवन" आज पूरी दुनिया में एक आंदोलन बन गया है।

भारतीय संस्कृति भी इसी विचार को सदियों से सिखाती रही है। हमारे संत, महात्मा और ऋषि साधारण जीवन जीते थे। वे भौतिक सुख-सुविधाओं से दूर रहते हुए भी भीतर से अत्यंत प्रसन्न और संतुष्ट रहते थे। महात्मा गांधी इसका सबसे बड़ा उदाहरण हैं। उन्होंने पूरी दुनिया को दिखाया कि सादगी में भी अपार शक्ति छिपी है। उनके पास न तो बड़ी संपत्ति थी, न ही भव्य घर। लेकिन उनकी सादगी ने करोड़ों लोगों को प्रेरित किया और इतिहास बदल डाला।

अब सवाल यह है कि आधुनिक इंसान सादगी से क्यों दूर भागता है? इसका एक बड़ा कारण है तुलना। हम हमेशा दूसरों से अपनी तुलना करते रहते हैं। अगर पड़ोसी ने नई कार खरीदी, तो हमें भी कार बदलने की इच्छा होती है। अगर दोस्त ने विदेश यात्रा की तस्वीरें सोशल मीडिया पर डालीं, तो हमें भी वैसा करने की चाह होती है। यह तुलना हमें कभी संतुष्ट नहीं होने देती।

सादगी इस तुलना की आग को बुझाती है। जब हम भीतर से मान लेते हैं कि हमें वही चाहिए जो हमारे जीवन के लिए पर्याप्त है, तो दूसरों की उपलब्धियाँ हमें परेशान नहीं करतीं। हम उन्हें देखकर खुश हो सकते हैं, बिना खुद पर दबाव डाले। यही वास्तविक स्वतंत्रता है।

सादगी का एक और पहलू है मानसिक शांति। आधुनिक जीवन में हमें हर समय दौड़ते रहना पड़ता है। सुबह से लेकर रात तक काम, ट्रैफिक, मोबाइल नोटिफिकेशन और ईमेल की बौछार। हमारा दिमाग़ कभी आराम नहीं करता। परिणामस्वरूप तनाव, चिंता और अवसाद जैसी समस्याएँ बढ़ती जाती हैं।

अगर हम सादगी का अभ्यास करें, तो हम अपने जीवन में सीमाएँ तय कर सकते हैं। उदाहरण के लिए, मोबाइल पर सीमित समय बिताना, केवल ज़रूरी काम करना, अपने दिन का एक हिस्सा मौन या ध्यान में लगाना। ये छोटे-छोटे बदलाव हमारे मानसिक स्वास्थ्य को बहुत मज़बूत बना सकते हैं।

कल्पना कीजिए, आप एक शाम अपना फ़ोन बंद करके अपने घर की छत पर बैठे हैं। हल्की हवा चल रही है, आसमान में तारे चमक रहे हैं, और आपके पास चाय का एक प्याला है। यह दृश्य भले ही साधारण लगे, लेकिन इसकी शांति किसी भी बड़े होटल या पार्टी से कहीं अधिक सुख देती है। यही है सादगी की ताक़त।

हममें से कई लोग यह सोचते हैं कि अगर हमारे पास ढेरों साधन होंगे, तभी हम सुरक्षित और खुश रहेंगे। लेकिन असल में साधनों का ढेर हमारे भीतर एक और डर पैदा करता है—खोने का डर। जितना अधिक हमारे पास होता है, उतना ही हम उसे खोने से डरते हैं। इसके विपरीत, अगर हमारे पास केवल ज़रूरी चीज़ें हों, तो हमारा मन भी हल्का रहता है। हमें किसी भी क्षति का डर नहीं सताता।

यही कारण है कि सादगी केवल जीवनशैली नहीं है, बल्कि यह एक मानसिक दृष्टिकोण भी है। यह हमें सिखाती है कि जीवन का आनंद कम साधनों में भी लिया जा सकता है। असल ख़ुशी चीज़ों से नहीं, बल्कि मन की स्थिति से आती है।

सादगी की आवश्यकता को समझने के लिए हमें यह स्वीकार करना होगा कि जीवन केवल "जीविका" कमाने तक सीमित नहीं है। जीवन का असली उद्देश्य है - जीवन का आनंद लेना, रिश्तों को संजोना और आत्मिक शांति को पाना। लेकिन आधुनिक जीवन की भागदौड़ हमें यह सोचने ही नहीं देती कि हम आखिर किस दिशा में बढ़ रहे हैं। हम बस भीड़ का हिस्सा बनकर दौड़ते जाते हैं।

अगर किसी दिन हम रुककर खुद से पूछें - "मैं किस चीज़ की तलाश में इतना भाग रहा हूँ? क्या मैं सच में खुश हूँ?" - तो जवाब अक्सर चौंकाने वाला होता है। हमें अहसास होता है कि हम बाहरी उपलब्धियों के पीछे भागते-भागते अपने भीतर की शांति खो चुके हैं।

सादगी हमें यही रोककर सोचने की क्षमता देती है। जब हम अपने जीवन को सरल बनाते हैं, तो हमें चीज़ों की सच्चाई नज़र आने लगती है। हमें लगता है कि हमें जितना चाहिए, उतना पहले से हमारे पास है। ज़्यादा की चाह केवल तनाव और असंतोष देती है।

यहाँ एक छोटी-सी कहानी याद आती है। एक मछुआरा समुद्र किनारे अपनी नाव में बैठा मछलियाँ पकड़ रहा था। तभी एक अमीर व्यापारी वहाँ आया और बोला - "तुम और मेहनत करो, ज़्यादा मछलियाँ पकड़ो, उन्हें बेचो, पैसे बचाओ, बड़ी नाव खरीदो, फिर और नावें खरीदकर कंपनी बनाओ। फिर लाखों कमाओ, और जब बूढ़े हो जाओ तो चैन से समुद्र किनारे बैठकर आराम करना।"

मछुआरे ने मुस्कुराकर जवाब दिया - "लेकिन मैं तो यही अभी कर रहा हूँ।"

यह कहानी हमें एक गहरी सच्चाई दिखाती है। हम अक्सर भविष्य की कल्पनाओं के पीछे भागते हैं, जबकि सादगी हमें वर्तमान में संतोष और आनंद का अनुभव कराती है।

सादगी का मतलब यह नहीं है कि हमें अपने सपनों या मेहनत को छोड़ देना चाहिए। इसका अर्थ है – हम यह समझें कि किन चीज़ों की हमें वास्तव में आवश्यकता है और किन चीज़ों का पीछा करना केवल बोझ है। जो सपने हमें भीतर से खुशी देते हैं, उन्हें पूरा करना सार्थक है। लेकिन केवल समाज को दिखाने या दूसरों से बेहतर बनने के लिए जो लक्ष्य हम रखते हैं, वे हमारे जीवन को जटिल बना देते हैं।

आजकल मानसिक रोगों की संख्या इतनी क्यों बढ़ रही है? इसका सबसे बड़ा कारण यही है कि लोग अपने वास्तविक स्वभाव से दूर होते जा रहे हैं। वे दूसरों की अपेक्षाओं और दिखावे के दबाव में जी रहे हैं। सादगी इस दबाव से मुक्ति का रास्ता है। यह हमें यह स्वीकार करने की शक्ति देती है कि "मैं जैसा हूँ, वैसा पर्याप्त हूँ।"

सादगी का एक और महत्वपूर्ण पहलू है – प्रकृति से जुड़ाव। आधुनिक जीवन ने हमें कंक्रीट के जंगलों में बंद कर दिया है। लेकिन जब हम सरल जीवन अपनाते हैं, तो हमें प्रकृति के साथ समय बिताने का अवसर मिलता है। हरियाली, ताज़ी हवा, पक्षियों की चहचहाहट और मिट्टी की खुशबू – यह सब हमारी आत्मा को गहराई से पोषण देते हैं।

सोचिए, जब कोई बच्चा बारिश में भीगकर मिट्टी में खेलता है, तो उसे कितनी खुशी मिलती है। उसके पास महंगे खिलौने नहीं होते, लेकिन उस पल में वह पूरी तरह आनंद में होता है। यही सादगी है – जो हमें जीवन के छोटे-छोटे अनुभवों से भी बड़ी खुशी दिला सकती है।

अब सवाल उठता है – क्या सादगी अपनाना कठिन है? जवाब है – हाँ और नहीं। कठिन इसलिए कि हमें वर्षों से यह सिखाया गया है कि "ज़्यादा होना ही बेहतर है।" और आसान इसलिए कि सादगी हमारे भीतर ही छिपी है। हमें बस उसे फिर से जागृत करना है।

शुरुआत छोटे कदमों से की जा सकती है। जैसे – घर में बेकार का सामान निकाल देना, मोबाइल पर अनावश्यक ऐप्स हटाना, सोशल मीडिया का सीमित प्रयोग करना, हर दिन थोड़ा समय ध्यान या मौन में बिताना। ये छोटे-छोटे बदलाव धीरे-धीरे हमारे जीवन में बड़ी शांति लाते हैं।

यह समझना भी ज़रूरी है कि सादगी का कोई निश्चित पैमाना नहीं होता। किसी के लिए सादगी का अर्थ है – कम कपड़े और साधारण घर, तो किसी के लिए इसका अर्थ है – काम और निजी जीवन में संतुलन। असल बात यह है कि हम अपने भीतर ईमानदारी से पूछें – "मुझे किस चीज़ की सच्च में ज़रूरत है?"

सादगी अपनाने का लाभ केवल हमें ही नहीं, समाज को भी मिलता है। जब हम कम उपभोग करते हैं, तो पर्यावरण पर बोझ कम होता है। संसाधनों का संतुलित उपयोग होता है। प्रदूषण और बर्बादी घटती है। यानी व्यक्तिगत सादगी सामूहिक भलाई में भी योगदान देती है।

आख़िर में, सादगी हमें एक गहरा उपहार देती है – स्वतंत्रता। जब हम चीज़ों, इच्छाओं और दिखावे के बोझ से मुक्त हो जाते हैं, तो हम सचमुच स्वतंत्र हो जाते हैं। हम वह जीवन जी पाते हैं जो हम भीतर से जीना चाहते हैं, न कि जो समाज हमसे उम्मीद करता है। यही सादगी की असली शक्ति है।

समापन

अध्याय 1 हमें यह समझाता है कि आधुनिक जीवन की जटिलता हमें केवल थकान, असंतोष और चिंता देती है। लेकिन सादगी हमें हल्कापन, संतोष और सच्ची खुशी देती है। यह केवल जीवन की शैली नहीं, बल्कि सोचने और जीने का एक नया तरीका है।

सादगी को अपनाना आज के समय में शायद सबसे साहसी कदम है। क्योंकि भीड़ हमें दौड़ते रहने के लिए मजबूर करती है, लेकिन सादगी हमें यह हिम्मत देती है कि हम रुकें, सोचें और वह जीवन चुनें जो सचमुच हमारा है।

अध्याय 2 : कम संसाधन, अधिक संतोष – संतोष और कृतज्ञता का रिश्ता

अध्याय 1 में हमने देखा कि आधुनिक जीवन किस तरह से हमें जटिलताओं में उलझा देता है। चारों ओर साधनों और भौतिक सुविधाओं की भरमार है, लेकिन उसके बावजूद लोग भीतर से खाली और अधूरे महसूस करते हैं। ऐसा क्यों है? क्यों हममें से अधिकांश लोग, जिनके पास आराम से जीने लायक सबकुछ है, फिर भी असंतोष और बेचैनी का अनुभव करते हैं? इसका उत्तर हमें दो गहरे शब्दों में मिलता है – संतोष और कृतज्ञता।

संतोष का अर्थ केवल इतना नहीं है कि “मेरे पास जो है, मैं उसी में संतुष्ट हूँ।” यह एक साधारण-सा वाक्य प्रतीत होता है, लेकिन इसके भीतर जीवन जीने की पूरी कला छिपी है। संतोष तब आता है जब मन में यह गहराई से महसूस हो कि जीवन ने जो दिया है, वही पर्याप्त है। यह स्थिति हमें भीतर से हल्का बना देती है। जो लोग संतोष की अवस्था तक पहुँचते हैं, वे अपने साधनों की कमी से दुखी नहीं होते, बल्कि उस कमी में भी सौंदर्य खोज लेते हैं। वे यह समझ जाते हैं कि सच्ची सम्पन्नता बाहरी वस्तुओं में नहीं, बल्कि मन की शांति और दृष्टिकोण में छिपी है।

इस संतोष का दूसरा महत्वपूर्ण आधार है कृतज्ञता। कृतज्ञता का अर्थ है हर उस उपहार के लिए आभार प्रकट करना, जो हमें जीवन ने दिया है। हममें से अधिकांश लोग दिनभर यही सोचते रहते हैं कि हमारे पास क्या नहीं है, हमें और क्या चाहिए। लेकिन अगर कभी ठहरकर देखें तो पाएँगे कि हमारे पास इतना कुछ है जिसकी हम गिनती तक नहीं कर सकते। हर सुबह बिना प्रयास के धड़कता हुआ हृदय, सहज रूप से चलती साँसें, सूरज की किरणें, ताज़ी हवा, परिवार और रिश्तों का साथ—क्या यह सब किसी अनमोल खजाने से कम है? लेकिन चूँकि यह सब हमें रोज़-रोज़ मिलता है, हम इसे सामान्य मान लेते हैं और इसकी कीमत नहीं समझते। कृतज्ञता हमें बार-बार यह याद दिलाती है कि ये साधारण-सी दिखने वाली चीज़ें भी कितनी अद्भुत हैं।

मैं आपको एक छोटी-सी घटना सुनाना चाहता हूँ। एक गाँव में मेरी मुलाक़ात एक बुज़ुर्ग महिला से हुई। उनका घर मिट्टी और लकड़ी से बना था, छप्पर की छत थी और सुविधाएँ लगभग न के बराबर थीं। लेकिन उनकी आँखों में एक ऐसी चमक थी जो शहर के सबसे अमीर लोगों की आँखों में भी नज़र नहीं आती। मैंने उनसे जिज्ञासावश पूछा, “माँजी, आपके पास तो शहर वालों की तरह साधन नहीं हैं, फिर भी आप इतनी प्रसन्न और संतुष्ट क्यों दिखती हैं?” वे मुस्कुराईं और बोलीं, “बेटा, मेरे पास भगवान की दी हुई साँसें हैं, मेहनत करने की ताकत है, शाम को दो रोटी खाने को मिल जाती है और सोने को परिवार है। और क्या चाहिए? जो है, उसी में आनंद है।” उनकी यह बात मेरे दिल में उतर गई। यही तो संतोष और कृतज्ञता का वास्तविक रूप है।

मनोविज्ञान भी इस बात को मानता है कि जिन लोगों के भीतर कृतज्ञता की भावना गहरी होती है, उनका मानसिक स्वास्थ्य दूसरों की तुलना में कहीं अधिक अच्छा होता है। एक शोध में यह पाया गया कि जो लोग रोज़ रात को सोने से पहले केवल तीन चीज़ें लिखते थे, जिनके लिए वे

आभारी हैं, उनके भीतर कुछ ही हफ़्तों में चिंता और अवसाद का स्तर कम हो गया और जीवन संतोष का भाव बढ़ गया। सोचिए, इतना सरल अभ्यास हमें कितना गहरा संतुलन दे सकता है अगर हम अध्याय 1 को याद करें, तो हमने वहाँ देखा था कि सादगी आधुनिक जीवन की जटिलताओं का उत्तर है। लेकिन केवल साधनों को कम कर देना ही पर्याप्त नहीं है। यदि मन में संतोष नहीं है तो साधन कम होने पर असंतोष और भी बढ़ सकता है। उदाहरण के लिए, अगर कोई व्यक्ति खर्च कम करता है लेकिन बार-बार यही सोचता है कि "काश मेरे पास और होता," तो वह भीतर से और ज़्यादा परेशान रहेगा। लेकिन अगर वही व्यक्ति यह सोच ले कि "मेरे पास जितना है, वही पर्याप्त है, और मैं इसके लिए आभारी हूँ," तो साधनों की कमी भी उसके लिए शांति और आनंद का कारण बन जाएगी।

सादगी हमें भौतिक बोझ से मुक्त करती है, लेकिन संतोष और कृतज्ञता हमें मानसिक बोझ से मुक्त करते हैं। यही कारण है कि अध्याय 1 और अध्याय 2 गहराई से एक-दूसरे से जुड़े हुए हैं। पहला अध्याय हमें रास्ता दिखाता है, और दूसरा अध्याय हमें उस रास्ते पर चलने की शक्ति देता है।

संतोष और असंतोष के बीच का फर्क अक्सर हमारी नज़र में बहुत छोटा लगता है, लेकिन असल में यह हमारी पूरी मानसिकता को तय करता है। असंतोष का स्वभाव यह है कि वह कभी भरता नहीं। जैसे ही हमें कुछ नया मिलता है, वह थोड़ी देर के लिए संतोष का आभास देता है, लेकिन कुछ ही समय में मन फिर से खाली महसूस करने लगता है। बचपन से लेकर बुढ़ापे तक हममें से अधिकांश लोग इसी असंतोष की दौड़ में लगे रहते हैं। बचपन में हम खिलौनों को लेकर रोते हैं, युवावस्था में नौकरी और करियर को लेकर परेशान रहते हैं, और उम्र ढलने पर स्वास्थ्य और अकेलेपन की चिंता करने लगते हैं। यानी हर अवस्था में हमारी दृष्टि इस पर टिक जाती है कि "क्या नहीं है"। यही दृष्टिकोण हमें थकाता है और जीवन को जटिल बनाता है।

इसके विपरीत संतोष का स्वभाव यह है कि वह जहाँ होता है, वहाँ मन को ठहराव देता है। यह कोई ठहराव आलस्य का नहीं, बल्कि आत्मा के गहरे सुकून का होता है। संतोषी व्यक्ति भी लक्ष्य बनाता है, काम करता है, लेकिन उसकी ऊर्जा लालसा या भय से नहीं आती, बल्कि आभार और संतुलन से आती है। यही कारण है कि संतोषी लोग संघर्षों के बीच भी मुस्कुराते हैं और कठिनाइयों में भी धैर्य बनाए रखते हैं।

यहाँ पर कृतज्ञता का महत्व और भी स्पष्ट हो जाता है। कृतज्ञता हमें इस पल से जोड़ती है। जब हम आभारी होते हैं, तो हमारा ध्यान भविष्य की कमी पर नहीं, वर्तमान की उपलब्धियों पर केंद्रित होता है। उदाहरण के लिए, अगर किसी किसान के पास छोटा-सा खेत है और वह यह सोचकर परेशान हो कि "काश मेरे पास और जमीन होती," तो उसका जीवन दुखमय हो जाएगा। लेकिन यदि वही किसान यह सोचे कि "मेरे पास इतना है कि मैं अपने परिवार का पेट भर सकता हूँ, यह ईश्वर की कृपा है," तो वही जीवन उसके लिए आनंद का कारण बन जाएगा।

यहाँ यह समझना भी आवश्यक है कि संतोष का अर्थ महत्वाकांक्षा छोड़ देना नहीं है। अक्सर लोग यह गलत समझते हैं कि संतोषी होना मतलब लक्ष्यहीन या महत्वाकांक्षाहीन होना है। वास्तव में संतोष और महत्वाकांक्षा दोनों साथ-साथ चल सकते हैं। फर्क केवल इतना है कि असंतोष हमें लगातार बेचैन करता है, जबकि संतोष हमें शांत मन से मेहनत करने की प्रेरणा देता है। संतोष से उपजा प्रयास हल्का और सहज होता है, जबकि असंतोष से उपजा प्रयास बोझिल और तनावपूर्ण हो जाता है।

कभी-कभी लगता है कि संतोष और कृतज्ञता केवल दर्शनशास्त्र की बातें हैं, लेकिन असल जीवन में उनका प्रभाव बेहद व्यावहारिक है। आप सोचिए, अगर किसी परिवार में हर सदस्य यह महसूस करे कि उनके पास जो है, वही पर्याप्त है, तो वहाँ आपसी झगड़े और तनाव कैसे पनपेंगे? वहाँ का वातावरण अपने आप सरल और आनंदमय हो जाएगा। दूसरी ओर, यदि परिवार का हर सदस्य एक-दूसरे से तुलना करता रहे और हमेशा शिकायत करे, तो चाहे घर कितना भी बड़ा हो, वहाँ चैन नहीं मिलेगा।

इसी तरह कार्यस्थल पर भी देखिए। जिन लोगों में कृतज्ञता का भाव होता है, वे छोटे-से काम को भी गर्व और आनंद के साथ करते हैं। वे अपने सहकर्मियों के प्रति सम्मान रखते हैं और छोटी उपलब्धियों का भी जश्न मनाते हैं। इसके विपरीत असंतोषी व्यक्ति हमेशा यह सोचता है कि "मुझे और क्यों नहीं मिला? मुझे ही ज्यादा काम क्यों करना पड़ा? मुझे सम्मान क्यों नहीं दिया गया?" ऐसी सोच से उसका अपना जीवन ही कठिन नहीं होता, बल्कि दूसरों के लिए भी माहौल भारी हो जाता है।

अध्याय 1 को याद करें, जहाँ हमने कहा था कि आधुनिक जीवन में जटिलता का कारण अधिक साधनों की होड़ है। वहीं, इस अध्याय में हम यह समझते हैं कि कम संसाधनों में भी भरपूर आनंद लिया जा सकता है, बशर्ते हम अपनी मानसिकता बदलें। यदि सादगी बाहरी जीवन की कुंजी है, तो संतोष और कृतज्ञता आंतरिक जीवन की कुंजी हैं। दोनों मिलकर हमें एक संतुलित और सुखमय जीवन प्रदान करते हैं।

यहाँ मैं एक और उदाहरण साझा करना चाहूँगा। मेरे एक मित्र विदेश में रहते हैं। उनके पास शानदार घर, गाड़ी, और उच्च वेतन वाली नौकरी है। लेकिन जब भी मैं उनसे बात करता हूँ, वे हमेशा यही कहते हैं कि "जीवन खाली लगता है, न तो समय है, न सुकून।" दूसरी ओर, एक छोटा व्यापारी, जो मेरे ही कस्बे में रहता है, अपनी साइकिल से दुकान जाता है, और महीने भर में मुश्किल से औसत आमदनी कमा पाता है। लेकिन जब भी मैं उससे मिलता हूँ, उसकी मुस्कान मुझे ताजगी से भर देती है। वह अक्सर कहता है, "भाई साहब, जितना है उसी में सुख है। रात को भरपेट खा लिया, सुबह सूरज की रोशनी में सैर कर ली, और परिवार साथ है, इससे बढ़कर और क्या चाहिए?" यह अंतर केवल साधनों का नहीं, बल्कि दृष्टिकोण का है।

संतोष हमें हर परिस्थिति में अवसर खोजने की कला सिखाता है। जब जीवन हमें कम देता है, तो संतोष हमें यह दिखाता है कि उस 'कम' में भी कितनी संभावनाएँ छिपी हैं। कृतज्ञता इस अनुभव को और गहरा कर देती है। यह मानवीय स्वभाव है कि जब हम आभारी होते हैं, तो हमारे संबंध मजबूत होते हैं, मन की उलझनें घटती हैं और जीवन का अर्थ स्पष्ट होता है।

मानव इतिहास में संसाधनों की कमी कोई नई बात नहीं रही। प्राचीन काल से लेकर आज तक अधिकांश लोग सीमित साधनों के बीच ही जीते आए हैं। लेकिन अगर हम उन पीढ़ियों पर नज़र डालें तो पाएँगे कि उनके पास जितने साधन थे, वे उसी में अपने जीवन को अर्थपूर्ण और आनंदमय बनाना जानते थे। वे लोग परिवार के साथ बैठकर कहानियाँ सुनाते थे, खुले आसमान के नीचे समय बिताते थे, त्योहारों में मिलकर आनंद मनाते थे। उनके पास विलासिता की चीज़ें नहीं थीं, लेकिन उनके जीवन में अपनापन और संतोष बहुत गहरा था।

आज हमारे पास पहले से कहीं अधिक साधन हैं। घर में बिजली है, गैस है, इंटरनेट है, स्मार्टफ़ोन है, गाड़ियाँ हैं, बड़े बाज़ार हैं। लेकिन इन सबके बावजूद हममें से अधिकांश लोग पहले की पीढ़ियों से अधिक बेचैन और तनावग्रस्त क्यों हैं? इसका कारण यही है कि हमने साधनों की उपलब्धता को ही खुशी का स्रोत मान लिया है। जैसे-जैसे साधन बढ़े, वैसे-वैसे

हमारी अपेक्षाएँ भी बढ़ीं। और जब अपेक्षाएँ वास्तविकता से मेल नहीं खातीं, तो असंतोष पैदा होता है।

कम संसाधनों में जीना सिखाना इसलिए ज़रूरी है क्योंकि यह हमें एक अलग दृष्टिकोण देता है। यह हमें याद दिलाता है कि असली संपत्ति हमारे पास मौजूद वस्तुएँ नहीं, बल्कि वह दृष्टि है जिससे हम जीवन को देखते हैं। यदि कोई व्यक्ति छोटे घर में रहते हुए संतोष का अनुभव करता है, तो वही घर उसके लिए महल जैसा बन जाता है। लेकिन यदि कोई व्यक्ति बड़े घर में रहकर भी असंतोष से भरा है, तो वह घर उसके लिए कैदख़ाना बन सकता है।

संतोष का अर्थ यह नहीं है कि हमें प्रगति करनी ही नहीं चाहिए। बल्कि संतोष हमें प्रगति करने की सही दिशा दिखाता है। यह हमें यह सिखाता है कि हमें दूसरों से तुलना करके आगे नहीं बढ़ना है, बल्कि अपनी ज़रूरतों और क्षमताओं को समझकर आगे बढ़ना है। तुलना से उपजा प्रयास हमेशा बोझिल होता है, जबकि आत्मचेतना से उपजा प्रयास सहज और आनंदमय होता है।

जीवन में संतोष और कृतज्ञता हमें भीतर से हल्का बना देते हैं। आज की दुनिया में मानसिक बीमारियों का सबसे बड़ा कारण यही है कि लोग भीतर से बेचैन हैं। वे हमेशा कुछ पाने की दौड़ में हैं और जब पा भी लेते हैं तो उन्हें लगता है कि अभी और चाहिए। यह दौड़ कभी ख़त्म नहीं होती। लेकिन जो व्यक्ति यह स्वीकार कर लेता है कि "जो मेरे पास है, वही पर्याप्त है," उसके भीतर से यह दौड़ शांत हो जाती है। और जब यह दौड़ शांत होती है, तो जीवन एक नई रोशनी से भर जाता है।

अध्याय 1 में हमने आधुनिक जीवन की जटिलता की बात की थी। हमने देखा कि कैसे अधिक साधन और विकल्प हमारे जीवन को उलझा देते हैं। अब अध्याय 2 हमें यह रास्ता दिखाता है कि कम साधनों में भी जीवन को सरल और आनंदमय बनाया जा सकता है। यानी अध्याय 1 ने हमें समस्या दिखाई, और अध्याय 2 हमें समाधान की ओर ले जा रहा है।

मैंने अक्सर छोटे बच्चों को देखा है। उनके पास बहुत कुछ नहीं होता। कभी-कभी तो वे एक साधारण-सा पत्थर या लकड़ी का टुकड़ा लेकर घंटों खेलते रहते हैं। उनके लिए वही खिलौना बन जाता है, वही खेल का मैदान। वे संतोष और आनंद के सबसे बड़े उदाहरण होते हैं।

जैसे-जैसे वे बड़े होते हैं, समाज उन्हें यह सिखाने लगता है कि खुशी का स्रोत बाहर है — नए खिलौने, नए कपड़े, बड़ी पढ़ाई, अच्छी नौकरी, बड़ा घर। धीरे-धीरे वे अपनी मासूम संतोष की क्षमता खो देते हैं और उसी दौड़ का हिस्सा बन जाते हैं जिसमें हम सब शामिल हैं।

लेकिन यदि हम बच्चों से सीखें और उस दृष्टिकोण को फिर से अपने जीवन में लाएँ, तो हम समझ पाएँगे कि संतोष कोई जटिल चीज़ नहीं है। यह बस जीवन को वैसा स्वीकार करना है जैसा वह है। और यही कृतज्ञता का मूल है — हर दिन यह महसूस करना कि "मेरे पास जो है, वह किसी न किसी के लिए सपना है।" जब यह भाव मन में आता है, तो शिकायतें धीरे-धीरे कम होने लगती हैं और जीवन हल्का हो जाता है।

कम संसाधनों में जीने का एक और बड़ा लाभ यह है कि यह हमें स्वतंत्र बनाता है। जब हमारी ज़रूरतें कम होती हैं, तो हमें उन ज़रूरतों को पूरा करने के लिए अत्यधिक मेहनत या तनाव की आवश्यकता नहीं होती। हम जीवन के अन्य पहलुओं पर ध्यान दे पाते हैं — रिश्तों पर, सेहत पर, प्रकृति से जुड़ने पर, आत्मिक विकास पर। यही वह संतुलन है जो जीवन को वास्तव में सार्थक बनाता है।

एक किसान का जीवन इस सच्चाई का उदाहरण हो सकता है। उसके पास बहुत पैसा नहीं होता, लेकिन यदि वह संतोषी है, तो हर ऋतु उसके लिए उत्सव बन जाती है। वह प्रकृति के

साथ जीता है, बीज बोता है, पौधे उगते देखता है, और फसल काटते समय उसकी खुशी का ठिकाना नहीं होता। यह आनंद किसी भी बड़े बैंक बैलेंस से अधिक वास्तविक और गहरा होता है।

हम सभी के जीवन में यह चुनाव है – क्या हम संसाधनों की कमी पर रोते रहें या उसी में संतोष और आभार ढूँढ़ें। जो लोग दूसरी राह चुनते हैं, वही वास्तव में जीवन को जीते हैं।

जब हम संतोष की बात करते हैं, तो यह केवल व्यक्तिगत जीवन तक सीमित नहीं रहता। इसका असर हमारे आसपास के हर व्यक्ति पर पड़ता है। एक असंतोषी व्यक्ति अपने घर का माहौल भी तनावपूर्ण बना देता है। उसका मन हमेशा शिकायत और तुलना में उलझा रहता है, और यही ऊर्जा उसके रिश्तों में भी झलकती है। जबकि एक संतोषी व्यक्ति सरल-सा भोजन भी परिवार के साथ साझा करता है तो उसमें अपनापन और मिठास होती है। यह मिठास किसी भी महंगे भोजनालय की चमक से अधिक सुकून देने वाली होती है।

हम सबने ऐसे घर देखे हैं जहाँ भौतिक साधन बहुत होते हैं, लेकिन हँसी और अपनापन कम होता है। और हमने ऐसे घर भी देखे हैं जहाँ साधन सीमित होते हैं, लेकिन वहाँ प्रेम और सहयोग इतना होता है कि हर मेहमान खुद को परिवार का हिस्सा महसूस करता है। यह फर्क केवल साधनों का नहीं होता, बल्कि जीवन दृष्टि का होता है।

संतोष रिश्तों में गहराई लाता है। जब हम दूसरों से अधिक की अपेक्षा नहीं करते और जो भी मिल रहा है उसके लिए आभार प्रकट करते हैं, तो रिश्ते तनावमुक्त हो जाते हैं। यही कारण है कि भारतीय संस्कृति में कृतज्ञता को इतना महत्व दिया गया है। यहाँ तक कहा गया है कि "जो मिला है, उसके लिए आभार मानो, और जो नहीं मिला, उसके बिना भी खुश रहो।" यह दृष्टिकोण हमें रिश्तों को बोझ नहीं बल्कि एक उपहार के रूप में देखने की शक्ति देता है।

यदि समाज के स्तर पर देखें तो संसाधनों की कमी और संतोष का भाव सामाजिक सौहार्द भी बढ़ाता है। जब लोग सीमित साधनों में संतोषी होकर जीते हैं, तो उनमें आपसी सहयोग की भावना अधिक होती है। वे जानते हैं कि अकेले सब कुछ संभव नहीं है, इसलिए वे एक-दूसरे का हाथ थामते हैं। यही वजह है कि पुराने समय के गाँवों में आपसी मेल-जोल इतना गहरा होता था। लोग एक-दूसरे की खेती में मदद करते, त्योहार साथ मनाते, संकट के समय साथ खड़े होते। वहाँ विलासिता नहीं थी, लेकिन सामूहिक संतोष था।

आज शहरों में साधन अधिक हैं, लेकिन पड़ोसी का नाम तक कई बार लोग नहीं जानते। संसाधनों की अधिकता ने हमें कहीं न कहीं आत्मनिर्भर तो बना दिया है, लेकिन उस आत्मनिर्भरता ने हमारे भीतर की जुड़ाव की भावना को कमजोर कर दिया है। यहाँ पर संतोष एक सेतु का काम कर सकता है। जब हम संतोषी होते हैं, तो हमें दूसरों से तुलना करने की ज़रूरत नहीं पड़ती। हम अपने आसपास के लोगों से केवल सहयोग और अपनापन बाँटते हैं। यही वह सूत्र है जो समाज को फिर से जोड़ सकता है।

कम संसाधनों में जीना हमें यह भी सिखाता है कि असली आनंद देने वाली चीजें मुफ्त में मिलती हैं। सूरज की किरणें, हवा का झोंका, चिड़ियों की चहचहाहट, प्रियजनों की मुस्कान – इनमें से किसी के लिए हमें पैसा खर्च करने की आवश्यकता नहीं है। लेकिन असंतोष का भाव हमें इन छोटे-छोटे खज़ानों को नज़रअंदाज़ करवा देता है। जबकि संतोषी मन इन्हीं चीज़ों में वह सुकून ढूँढ़ लेता है जिसे लोग बड़ी-बड़ी उपलब्धियों में भी नहीं पा पाते।

आत्मिक दृष्टि से देखें तो संतोष का सबसे बड़ा लाभ यही है कि यह हमें भीतर से स्थिर करता है। जब हम कम संसाधनों में भी संतुष्ट रहते हैं, तो धीरे-धीरे हमारा मन बाहरी वस्तुओं से हटकर भीतर की ओर मुड़ने लगता है। तब हम यह समझ पाते हैं कि असली शांति न तो पैसे से

आती है, न ही शोहरत से, बल्कि आत्मज्ञान और कृतज्ञता से आती है। हमने देखा कि आधुनिक जीवन की जटिलताएँ हमें कितना उलझा रही हैं। और यह एहसास दिलाता है कि कम संसाधनों में भी संतोष संभव है आगे हम यह भी समझेंगे कि असली खुशी कहाँ से आती है। क्या वह सचमुच बाहरी वस्तुओं और उपलब्धियों में छिपी है, या वह हमारे भीतर है? यही वह यात्रा है जो हमें जीवन की मूलभूत सच्चाइयों की ओर ले जाती है।

अध्याय 3 : खुशियों का असली स्रोत – बाहरी चीज़ें नहीं, आंतरिक दृष्टिकोण

मानव जीवन की सबसे गहरी खोज यही रही है कि ख़ुशी कहाँ है?
हर युग में इंसान ने इसे बाहरी चीज़ों में तलाशने की कोशिश की—कभी धन में, कभी सत्ता में, कभी रिश्तों और कभी भोग-विलास में। पर हर बार परिणाम यही निकला कि सुख क्षणिक था, और ख़ुशी हाथ से रेत की तरह फिसल गई।
अध्याय 2 में हमने देखा कि कम संसाधन और अधिक संतोष कैसे जीवन को हल्का और आनंदमय बना सकता है। वहाँ यह स्पष्ट हुआ कि असली शक्ति हमारे दृष्टिकोण में है, न कि हमारे पास मौजूद साधनों में।
अब इस अध्याय में हम और गहराई से समझेंगे कि ख़ुशी का असली स्रोत बाहरी वस्तुएँ नहीं, बल्कि हमारा आंतरिक दृष्टिकोण है।
भोगवाद की सच्चाई – सामान से नहीं मिलती स्थायी ख़ुशी
आधुनिक जीवन ने हमें यह सिखा दिया है कि "जितना अधिक होगा, उतनी अधिक ख़ुशी होगी।"
बड़े घर, महंगी गाड़ियाँ, चमकदार कपड़े, आलीशान पार्टियाँ और सोशल मीडिया पर दिखावटी तस्वीरें—यही सफलता और ख़ुशी के प्रतीक मान लिए गए हैं।
लेकिन क्या वास्तव में ऐसा है?
क्या करोड़ों कमाने वाला हर व्यक्ति भीतर से शांत और संतुष्ट है?
क्या भव्य बंगलों में रहने वाले लोग चैन की नींद सो पाते हैं?
सच्चाई इसके बिल्कुल विपरीत है।
भोगवाद हमें केवल क्षणिक सुख देता है। जैसे ही कोई नई चीज़ हाथ आती है, मन कुछ समय के लिए उत्साहित हो जाता है। लेकिन धीरे-धीरे वह उत्साह कम होने लगता है और हमें अगली चीज़ की तलाश होने लगती है। यही दौड़ कभी ख़त्म नहीं होती।
मनोविज्ञान में इसे hedonic treadmill कहा गया है। यानी इंसान चाहे कितनी भी नई चीज़ें हासिल कर ले, कुछ समय बाद उसका मन उसी स्तर की ख़ुशी पर लौट आता है। नए घर या गाड़ी से मिली खुशी एक महीने बाद वैसी नहीं रहती जैसी पहले दिन थी। यही कारण है कि भोगवाद जीवन को भरने के बजाय और खाली कर देता है।

आंतरिक दृष्टिकोण – सकारात्मक सोच और संतुलन
अगर ख़ुशी वस्तुओं से नहीं आती, तो फिर वह कहाँ से आती है?
उत्तर है – आंतरिक दृष्टिकोण।
हमारा मन जिस तरह दुनिया को देखता है, उसी तरह हमारी भावनाएँ और अनुभव बनते हैं। अगर हम हर समय कमी और तुलना पर ध्यान देंगे, तो चाहे हमारे पास कितना भी हो, हम दुखी रहेंगे।
लेकिन अगर हम संतोष और कृतज्ञता से जीना सीख लें, तो छोटे-से छोटे अनुभव भी हमें आनंद दे सकते हैं।
आंतरिक दृष्टिकोण का अर्थ है:

- सकारात्मक सोच – परिस्थितियाँ चाहे जैसी हों, उनमें अवसर और सीख देखना।

- संतुलन – काम और आराम, लक्ष्य और संतोष, महत्वाकांक्षा और शांति—इन सबमें सही तालमेल बैठाना।
- स्वीकृति – जो मिला है, उसे पर्याप्त मानकर आभार व्यक्त करना।

यह दृष्टिकोण हमें भीतर से हल्का बनाता है। जब मन हल्का होता है, तो दुनिया की छोटी-सी रोशनी भी हमें प्रसन्न कर देती है।

ज़रा सोचिए, आख़िरी बार आपको सच में कब गहरी ख़ुशी मिली थी?

शायद वह किसी महंगे होटल में नहीं, बल्कि अपने परिवार के साथ बैठकर खाना खाने में मिली होगी।

शायद वह किसी शॉपिंग मॉल में नहीं, बल्कि अपने बच्चे की हँसी सुनकर मिली होगी।

जीवन की असली खुशी इन्हीं छोटी-छोटी चीज़ों में छिपी होती है।

- बच्चों की मासूमियत हमें यह याद दिलाती है कि ख़ुशी सरल होती है।
- परिवार का साथ हमें यह एहसास कराता है कि प्यार किसी भी दौलत से बड़ा खज़ान है।
- दोस्तों के साथ बिताया गया हँसी-मज़ाक भरा समय किसी भी भव्य आयोजन से अधिक गहरा होता है।
- प्रकृति में टहलते हुए महसूस की गई हवा, सूरज की रोशनी या बारिश की बूंदें हमें व आनंद देती हैं जो लाखों रुपयों से भी नहीं खरीदा जा सकता।

यह छोटी-छोटी खुशियाँ ही वास्तव में जीवन को अर्थपूर्ण और मधुर बनाती हैं।

कहानी – करोड़पति बनाम संतोषी किसान

एक गाँव में दो लोग रहते थे। पहला था एक करोड़पति व्यापारी। उसके पास धन की कोई कमी नहीं थी। आलीशान बंगला, महंगी गाड़ियाँ, सेवकों की भीड़ और समाज में प्रतिष्ठा—सब कुछ था। लेकिन उसके चेहरे पर हमेशा चिंता की लकीरें थीं। वह रातों को ठीक से सो नहीं पाता था नए-नए निवेश, व्यापार की योजनाएँ और प्रतिस्पर्धा की दौड़ उसे चैन से जीने ही नहीं देती थी

दूसरी ओर उसी गाँव में एक साधारण किसान रहता था। उसके पास छोटी-सी झोपड़ी और थोड़ी-सी ज़मीन थी। दिनभर मेहनत करता और शाम को परिवार के साथ मिलकर खाना खाता। बच्चे उसके चारों ओर खेलते, हँसी-खुशी का माहौल रहता और रात को वह गहरी नींद सो जाता।

एक दिन व्यापारी ने किसान से पूछा –

“तुम्हारे पास न धन है, न साधन, फिर भी तुम इतने प्रसन्न कैसे रहते हो?”

किसान मुस्कुराकर बोला –

“क्योंकि मैं हर दिन यह सोचकर सोता हूँ कि जो है, वही पर्याप्त है। और जो पर्याप्त है, वही सुख है।”

मनोविज्ञान और विज्ञान का दृष्टिकोण

अगर हम विज्ञान और मनोविज्ञान की ओर देखें, तो यह बात बार-बार सामने आती है कि स्थायी ख़ुशी बाहरी चीज़ों से नहीं, बल्कि हमारे सोचने और जीने के तरीके से मिलती है।

हार्वर्ड यूनिवर्सिटी में कई दशकों तक चला एक शोध “हार्वर्ड एडल्ट डेवलपमेंट स्टडी” यही दिखाता है कि जीवन के अंत में लोग जिन बातों को सबसे अधिक महत्व देते हैं, वे धन या पद नहीं होते, बल्कि रिश्तों की गहराई और मानसिक शांति होती है।

वैज्ञानिक यह भी बताते हैं कि जब हम कोई नई वस्तु खरीदते हैं, तो हमारे दिमाग़ में dopamine नामक रसायन सक्रिय होता है। इससे हमें तुरंत उत्साह और आनंद मिलता है। लेकिन यह प्रभाव कुछ ही दिनों में कम हो जाता है। यानी एक नई कार या नया फ़ोन थोड़े समय तक ख़ुशी देगा, पर वह स्थायी नहीं है। इसके विपरीत, जब हम रिश्तों को संजोते हैं, किसी की मदद करते हैं या छोटी-छोटी उपलब्धियों का आनंद लेते हैं, तो हमारे भीतर serotonin और oxytocin जैसे रसायन उत्पन्न होते हैं। ये हमें गहरी और दीर्घकालिक शांति प्रदान करते हैं।
इसलिए आधुनिक विज्ञान भी यह स्वीकार करता है कि ख़ुशी का असली स्रोत हमारे भीतर है, बाहर नहीं।

आध्यात्मिक दृष्टिकोण - आत्मा और चेतना का संतोष
भारतीय संस्कृति ने सदियों से यही सिखाया है कि मनुष्य केवल शरीर नहीं है। वह चेतना है, आत्मा है। जब हम केवल शरीर और भौतिक वस्तुओं पर ध्यान देते हैं, तो धीरे-धीरे हम अपनी आत्मा से दूर होते जाते हैं। यही दूरी हमें भीतर से बेचैन करती है।
संत और महात्मा हमेशा कहते आए हैं कि संतोष ही सबसे बड़ी संपत्ति है।
संत कबीर ने कहा था:
"साईं इतना दीजिए, जामे कुटुंब समाय।
मैं भी भूखा न रहूँ, साधु न भूखा जाय॥"
इसका अर्थ यही है कि जीवन में उतना ही मिले, जितना ज़रूरी है, और वही पर्याप्त है।
जब इच्छाओं का बोझ हल्का होता है, तो आत्मा खिल उठती है। उस समय बाहरी परिस्थितियाँ चाहे जैसी हों, भीतर का संतोष हमें शांत रखता है।
आध्यात्मिक दृष्टि हमें यह भी सिखाती है कि ख़ुशी हमेशा वर्तमान में है।
हम अतीत की गलतियों और भविष्य की चिंताओं में इतना उलझ जाते हैं कि वर्तमान का आनंद लेना भूल जाते हैं। जबकि ध्यान, प्राणायाम और मौन जैसे साधन हमें वर्तमान से जोड़ते हैं और भीतर की शांति को अनुभव कराते हैं।

आधुनिक समाज और तुलना की समस्या
आज का समाज हमें बार-बार यह संदेश देता है कि "तुम्हारी कीमत उतनी ही है जितनी तुम्हारे पास चीज़ें हैं।"
सोशल मीडिया इस समस्या को और बढ़ा देता है।
किसी की विदेश यात्रा की तस्वीर देखकर लगता है कि हमारी ज़िंदगी अधूरी है।
किसी का महँगा फ़ोन देखकर लगता है कि हमें भी चाहिए।
किसी का आलीशान घर देखकर लगता है कि हमारी मेहनत कम है।
लेकिन सच्चाई यह है कि यह तुलना कभी ख़त्म नहीं होती। हमेशा कोई न कोई हमसे आगे होगा। अगर हमारी ख़ुशी दूसरों से तुलना पर आधारित होगी, तो वह कभी स्थायी नहीं हो सकती।
एक मनोवैज्ञानिक ने कहा है—
"Comparison is the thief of joy."
यानी तुलना खुशी की सबसे बड़ी चोर है।

सादगी और संतोष हमें इस जाल से मुक्त करते हैं। जब हम भीतर से मान लेते हैं कि "मेरे पास जो है, वही पर्याप्त है", तब दूसरों की उपलब्धियाँ हमें परेशान नहीं करतीं, बल्कि प्रेरित करती हैं।

अब सवाल यह उठता है कि हम अपने जीवन में स्थायी ख़ुशी कैसे लाएँ?
इसके लिए हमें कुछ सरल लेकिन गहरे अभ्यास करने होंगे—
1. कृतज्ञता का अभ्यास - हर दिन तीन ऐसी चीज़ें लिखिए जिनके लिए आप आभारी हैं। धीरे-धीरे मन शिकायत से आभार की ओर बदल जाएगा।
2. छोटी-छोटी खुशियों का आनंद - बच्चे की हँसी, परिवार का साथ, सुबह की धूप, चिड़ियों की आवाज़—इन अनुभवों को ध्यान से जीना सीखिए।
3. तुलना से दूरी - सोशल मीडिया या दूसरों की उपलब्धियों से प्रेरणा लीजिए, लेकिन तुलना मत कीजिए।
4. ध्यान और मौन - रोज़ कुछ मिनट अपने साथ बिताइए। यह मन को संतुलित करता है और भीतर की शांति से जोड़ता है।
5. दूसरों की सेवा - जब हम किसी की मदद करते हैं, तो भीतर एक अद्भुत ख़ुशी जन्म लेती है। यह ख़ुशी किसी भी भौतिक वस्तु से कहीं अधिक होती है।

जीवन की दौड़ और खोने का डर

हम सभी एक दौड़ में शामिल हैं—अच्छी नौकरी की दौड़, बड़ा घर बनाने की दौड़, और ढेरों सामान इकट्ठा करने की दौड़। शुरुआत में लगता है कि यह दौड़ हमें सफलता और खुशी की ओर ले जाएगी। लेकिन धीरे-धीरे हमें एहसास होता है कि यह दौड़ कभी खत्म ही नहीं होती। जैसे ही एक लक्ष्य पूरा होता है, दूसरा सामने खड़ा हो जाता है।
अगर हमने मोटरसाइकिल खरीदी तो मन कहता है—अब कार चाहिए। कार लेने के बाद लगता है कि बड़ी कार चाहिए। फिर घर का सपना आता है, और उसके बाद और बड़ा घर। यह सिलसिला कभी रुकता नहीं। और सबसे बड़ा डर तब पैदा होता है जब हमें लगता है कि कहीं यह सब हमसे छिन न जाए। जितना अधिक हमारे पास होता है, उतना ही खोने का भय भी बढ़ जाता है।
एक साधु से किसी ने पूछा—"आप इतने प्रसन्न क्यों रहते हैं, जबकि आपके पास कुछ भी नहीं है?"
साधु ने मुस्कुराकर जवाब दिया—"क्योंकि मेरे पास खोने को कुछ भी नहीं है। जब खोने का डर नहीं होता, तब मन हल्का रहता है। और हल्का मन ही सबसे बड़ी खुशी है।"
यही सच है। भोगवाद हमें जितना जोड़ता है, उतना ही बोझ भी देता है।

बच्चों और परिवार से मिलने वाली सच्ची खुशियाँ

अगर हम अपने जीवन में पीछे मुड़कर देखें तो पाएँगे कि सबसे गहरी खुशियाँ साधारण पलों से मिली हैं।
क्या आपको याद है, बचपन में मिट्टी से खेलते हुए, पतंग उड़ाते हुए या दोस्तों के साथ हँसते हुए जो आनंद मिला था, वह किसी महंगे खिलौने से भी ज़्यादा था।
आज भी बच्चों की हँसी हमें वही मासूमियत याद दिलाती है। परिवार के साथ बैठकर खाया गया सादा भोजन किसी पाँच सितारा होटल से ज़्यादा सुकून देता है। माता-पिता का आशीर्वाद, दोस्तों का साथ, जीवनसाथी की मुस्कान—ये अनुभव हमें गहराई से भर देते हैं।

समस्या यह है कि हम इन छोटी-छोटी खुशियों को अक्सर नज़रअंदाज़ कर देते हैं। हम मान लेते हैं कि असली खुशी कहीं दूर है—जब हमें प्रमोशन मिलेगा, जब हम नया घर खरीदेंगे या जब बैंक बैलेंस बड़ा होगा। लेकिन सच यह है कि खुशी कभी भविष्य की किसी तारीख पर नहीं आती। वह तो यहीं, अभी, हमारे आस-पास मौजूद होती है—बस हमें उसे देखने की दृष्टि चाहिए।

करोड़पति और किसान की कहानी

एक बार एक बड़े शहर का करोड़पति गाँव की ओर घूमने निकला। उसके पास गाड़ियाँ थीं, आलीशान बंगला था, और लोग उसे समाज का सबसे सफल व्यक्ति मानते थे। लेकिन भीतर से वह बेचैन था। चैन की नींद उससे कोसों दूर थी। व्यापार की चिंता, प्रतियोगिता का दबाव और दिखावे की ज़िम्मेदारियाँ उसे हमेशा परेशान करती रहती थीं।

गाँव में उसकी मुलाकात एक साधारण किसान से हुई। किसान की झोपड़ी टूटी-फूटी थी, कपड़े साधारण थे और साधन बेहद कम। लेकिन उसके चेहरे पर गहरी शांति और मुस्कान थी। शाम को वह अपने बच्चों के साथ खेत के पास बैठा गाना गा रहा था, और परिवार के साथ हँसी-मज़ाक में भोजन कर रहा था।

करोड़पति यह देखकर हैरान हुआ। उसने किसान से पूछा—

“तुम्हारे पास न धन है, न सुविधा, फिर भी तुम इतने प्रसन्न कैसे रहते हो? मैं तो करोड़ों का मालिक हूँ, लेकिन चैन की नींद भी नहीं सो पाता।”

किसान ने हँसते हुए जवाब दिया—

“साहब, मेरे पास जितना है, वही पर्याप्त है। सुबह सूरज की रोशनी मुझे जगाती है, खेतों में काम करके मेरा शरीर स्वस्थ रहता है, शाम को बच्चों की हँसी मेरे घर को मंदिर बना देती है। मैं हर दिन यह सोचकर सोता हूँ कि भगवान ने मुझे जितना दिया, वही बहुत है। यही मेरा सुख है।”

करोड़पति उस रात देर तक सोचता रहा। उसे पहली बार समझ आया कि असली खुशी महलों और दौलत से नहीं, बल्कि संतोष से मिलती है।

अध्याय 2 में हमने देखा था कि संतोष और कृतज्ञता जीवन को हल्का बना देती हैं।

इस अध्याय में हमने जाना कि असली खुशी बाहरी वस्तुओं में नहीं, बल्कि आंतरिक दृष्टिकोण में है।

भोगवाद हमें क्षणिक आनंद देता है, लेकिन साथ ही बेचैनी और खोने का डर भी बढ़ाता है।

इसके विपरीत, सकारात्मक सोच, संतुलन और छोटी-छोटी खुशियों का आनंद हमें गहरी और स्थायी खुशी देता है।

जो व्यक्ति बच्चों की हँसी में सुख ढूँढ़ सकता है, परिवार के साथ बिताए समय में आनंद महसूस कर सकता है और वर्तमान क्षण में जी सकता है—वही वास्तव में धनी है।

असली अमीरी बैंक बैलेंस से नहीं, बल्कि संतोषी हृदय से मापी जाती है।

जीवन की छोटी आदतें और स्थायी खुशी

हम अक्सर यह सोचते हैं कि खुशी पाने के लिए बड़े बदलाव करने होंगे—नई नौकरी, नया घर या नई उपलब्धि। लेकिन सच तो यह है कि स्थायी खुशी छोटी-छोटी आदतों से आती है। अगर हम रोज़ाना कुछ सरल कदम उठाएँ, तो जीवन धीरे-धीरे आनंद से भरने लगता है।

- सुबह उठकर सूरज की पहली किरणों का स्वागत करना।

- अपने प्रियजनों को मुस्कान के साथ देखना और आभार व्यक्त करना।
- रोज़ कुछ पल प्रकृति के बीच बिताना—पेड़ों, पक्षियों और हवा से जुड़ना।
- भोजन करते समय उसका स्वाद लेकर खाना, बिना किसी जल्दबाज़ी के।
- दिन के अंत में यह सोचना कि आज मुझे किन-किन बातों के लिए आभार जताना चाहिए।

ये आदतें भले ही छोटी लगें, लेकिन इनके भीतर गहरी शक्ति है। धीरे-धीरे ये हमारे मन को संतुलित करती हैं और हमें भीतर से स्थायी खुशी देती हैं।

आधुनिक चुनौतियाँ और खुशी का संकट

आज की दुनिया में खुशी के सबसे बड़े शत्रु हैं—सोशल मीडिया और उपभोक्तावाद।

सोशल मीडिया हमें लगातार तुलना करने पर मजबूर करता है। हम दूसरों की "हाइलाइट" देखते हैं और अपनी "रियलिटी" से दुखी हो जाते हैं। वहीं उपभोक्तावाद हमें यह विश्वास दिलाता है कि खुशी केवल नए सामान खरीदने से मिल सकती है।

लेकिन हमें समझना होगा कि सोशल मीडिया पर दिखाई देने वाली दुनिया पूरी नहीं है, वह बस एक नकाब है। और सामान हमें केवल सुविधा दे सकता है, संतोष नहीं।

अगर हम सच में खुश रहना चाहते हैं, तो हमें इन दोनों जालों से बचना होगा। इसका मतलब यह नहीं कि हमें तकनीक या वस्तुओं को त्याग देना चाहिए। बल्कि हमें उनका उपयोग साधन की तरह करना होगा, लक्ष्य की तरह नहीं।

मोबाइल का उपयोग करो, लेकिन परिवार के साथ बैठकर बात करना मत भूलो।

गाड़ी चलाओ, लेकिन कभी पैदल चलकर प्रकृति का आनंद भी लो।

पैसा कमाओ, लेकिन उसे अनुभवों और रिश्तों पर खर्च करो, दिखावे पर नहीं।

असली खुशी का रहस्य

अब तक की चर्चा से यह साफ़ हो जाता है कि खुशी कोई गंतव्य नहीं है, बल्कि एक यात्रा है। यह बाहर से मिलने वाली वस्तु नहीं, बल्कि भीतर से महसूस की जाने वाली स्थिति है। भोगवाद और तुलना हमें केवल क्षणिक आनंद देते हैं, लेकिन संतोष, आभार और सकारात्मक दृष्टिकोण हमें स्थायी खुशी देते हैं।

एक पुरानी कहावत है—

"सुख बाहर से नहीं आता, वह भीतर से खिलता है।"

अगर हम अपने मन को हल्का, संतोषी और संतुलित बना लें, तो चाहे हमारे पास कम साधन हों, हम जीवन को पूरे आनंद के साथ जी सकते हैं।

अंतिम संदेश

प्रिय पाठक, इस अध्याय का सार यही है कि—

- असली खुशी बाहरी वस्तुओं में नहीं, बल्कि हमारे आंतरिक दृष्टिकोण में है।
- बच्चों की हँसी, परिवार का साथ, प्रकृति की गोद और वर्तमान का आनंद ही हमें वह सुख देते हैं जिसकी हम तलाश करते हैं।
- करोड़पति की बेचैनी और किसान का संतोष हमें यह याद दिलाते हैं कि अमीरी पैसों से नहीं, बल्कि मन की शांति से मापी जाती है।

अगर आप सचमुच खुश रहना चाहते हैं, तो अपने जीवन में यह मंत्र अपनाइए:

"जो है, वही पर्याप्त है। और पर्याप्त में ही पूर्णता है।"

यही सोच आपके जीवन को भीतर से बदल देगी।
और तब आप पाएँगे कि खुशी कभी कहीं बाहर छिपी नहीं थी—वह तो हमेशा आपके भीतर ही मौजूद थी।

अध्याय 4 : आवश्यकताएँ बनाम इच्छाएँ – ज़रूरी और गैर-ज़रूरी चीज़ों में फर्क करना

मानव जीवन का सबसे बड़ा संघर्ष यही है कि हमें यह समझ नहीं आता कि हमें वास्तव में क्य चाहिए और हम क्या चाहते हैं। ज़रूरत और इच्छा—ये दो शब्द छोटे ज़रूर हैं, लेकिन इनके बीच का फर्क पूरी ज़िंदगी की दिशा तय कर देता है।

ज़रूरत वह है जिसके बिना जीवन चल ही नहीं सकता। जैसे भोजन, वस्त्र, आवास, शिक्षा औ स्वास्थ्य। यह हमारी बुनियादी आवश्यकताएँ हैं। इनके पूरा होने पर मनुष्य शांति और सुरक्षा महसूस करता है।

दूसरी ओर, इच्छाएँ वह हैं जिनके बिना भी जीवन संभव है, लेकिन हम उन्हें पाना चाहते हैं। जैसे महंगी कार, ब्रांडेड कपड़े, आलीशान घर, लगातार विदेश यात्राएँ। इच्छाएँ कभी पूरी नहीं होतीं, क्योंकि एक इच्छा पूरी होते ही दूसरी जन्म ले लेती है।

यहाँ समस्या तब पैदा होती है जब हम ज़रूरत और इच्छा में फर्क करना भूल जाते हैं। आज क आधुनिक समाज और विज्ञापन हमें यही समझाने की कोशिश करते हैं कि हमारी इच्छाएँ ही हमारी ज़रूरत हैं। जैसे—

- हमें मोबाइल चाहिए (ज़रूरत), लेकिन हर साल नया और महंगा मॉडल बदलना (इच्छा)।
- हमें घर चाहिए (ज़रूरत), लेकिन दिखावे के लिए उससे भी बड़ा बंगला बनाना (इच्छा)।
- हमें कपड़े चाहिए (ज़रूरत), लेकिन हर पार्टी में नया ब्रांडेड कपड़ा पहनना (इच्छा)।

धीरे-धीरे यह झूठी धारणा हमें एक ऐसी दौड़ में डाल देती है जिसका कोई अंत नहीं है।

आवश्यक और विलासिता का भेद

प्राचीन काल में जीवन बेहद सरल था। लोग बस इतना ही रखते थे जितना आवश्यक था। ज़मीन पर सोना, मिट्टी के बर्तन, साधारण कपड़े और प्रकृति के बीच जीना। लेकिन उस सादगी में भी अपार संतोष और आनंद था।

आज जब हमारे पास असीमित साधन हैं, तो संतोष गायब क्यों है?

क्योंकि हमने विलासिता को आवश्यकता समझ लिया है।

हम मानने लगे हैं कि बिना एसी, बिना कार, बिना इंटरनेट के जीवन अधूरा है। लेकिन सच्चा यह है कि इनमें से कोई भी जीवन के लिए अनिवार्य नहीं है। ये केवल सुविधाएँ हैं, विलासिता हैं।

आवश्यकता वह है जो जीवन को संभव बनाती है, और विलासिता वह है जो केवल दिखावे या क्षणिक सुख के लिए होती है। जब तक हम यह भेद नहीं समझेंगे, तब तक हम संतोष को कभ अनुभव नहीं कर पाएँगे।

एक साधारण उदाहरण लीजिए—

भोजन हमारी आवश्यकता है। लेकिन हर दिन पाँच सितारा होटल में खाना हमारी इच्छा है।

कपड़े हमारी आवश्यकता हैं। लेकिन हर मौसम में ट्रेंड बदलते ही नई अलमारी भर लेना हमारी इच्छा है।

घर हमारी आवश्यकता है। लेकिन केवल दूसरों को दिखाने के लिए आलीशान बंगला बनाना हमारी इच्छा है।

आधुनिक उपभोक्तावाद का जाल

आज का समाज एक बहुत बड़े जाल में फँसा हुआ है—उपभोक्तावाद।

विज्ञापन, सोशल मीडिया और बाज़ार हमें लगातार यह विश्वास दिलाते हैं कि "जब तक तुम यह नई चीज़ नहीं लोगे, तुम्हारी ज़िंदगी अधूरी है।"

टीवी पर विज्ञापन आते हैं—"यह साबुन इस्तेमाल करो और देखो तुम्हारी दुनिया बदल जाएगी।"

मोबाइल कंपनियाँ हर साल नया मॉडल लॉन्च करती हैं और हमें यक़ीन दिलाती हैं कि पुराने से अब काम ही नहीं चलेगा।

कपड़ों के ब्रांड यह बताते हैं कि अगर आप नया फैशन नहीं अपनाएँगे तो आप समाज से पीछे रह जाएँगे।

धीरे-धीरे यह सोच हमारे अवचेतन मन में घर कर जाती है। हमें लगता है कि हमें सचमुच इन सबकी ज़रूरत है। जबकि असल में यह केवल इच्छाएँ हैं।

उपभोक्तावाद का सबसे बड़ा परिणाम है—असंतोष और कर्ज़।

लोग अपनी आवश्यकताओं से अधिक खर्च करते हैं। बैंक लोन, क्रेडिट कार्ड और किस्तों के बोझ में फँस जाते हैं। और फिर सारा जीवन उन्हें चुकाने में लगाते हैं।

ऐसे में भले ही हमारे पास बहुत सामान हो, लेकिन मन का संतोष और खुशी कहीं खो जाती है।

ज़रूरी और गैर-ज़रूरी चीज़ों की पहचान का अभ्यास

कई बार लोग पूछते हैं—"कैसे पता चले कि क्या ज़रूरी है और क्या गैर-ज़रूरी?"

इसका सरल उपाय है—लिखना।

एक कागज़ पर दो कॉलम बनाएँ। एक कॉलम में लिखें—ज़रूरी चीज़ें। दूसरे में—गैर-ज़रूरी चीज़ें।

अब ईमानदारी से अपने जीवन को देखें और सोचें—

- क्या यह वस्तु मेरे जीवन के लिए अनिवार्य है?
- क्या इसके बिना मेरा जीवन रुक जाएगा?
- या यह सिर्फ मेरी इच्छा और दिखावे की वजह से है?

आप देखेंगे कि हमारे जीवन की अधिकांश वस्तुएँ दूसरी श्रेणी में आती हैं।

यह अभ्यास हमें न केवल स्पष्टता देता है, बल्कि हमारे मन को हल्का भी करता है। जब हम समझ जाते हैं कि हमें वास्तव में कितनी कम चीज़ों की आवश्यकता है, तो अनावश्यक बोझ अपने आप हटने लगता है।

जीवन के वास्तविक किस्से

एक बार एक साधारण किसान से किसी ने पूछा—"तुम्हारे पास इतनी कम संपत्ति है, क्या तुम्हें और कुछ पाने की इच्छा नहीं होती?"

किसान मुस्कुराकर बोला—"इच्छाएँ तो समुद्र की लहरों जैसी हैं, एक जाती है तो दूसरी आ जाती है। लेकिन अगर मैं अपनी आवश्यकताओं तक सीमित रहूँ, तो मेरा जीवन सरल और प्रसन्न हो जाता है।"

एक और उदाहरण शहर के एक व्यापारी का है। उसने अपनी इच्छाओं को आवश्यकता समझ लिया था। महँगी गाड़ियाँ, बड़ा बंगला, हर साल विदेश यात्रा। धीरे-धीरे उसके ऊपर कर्ज़ का बोझ बढ़ गया। उसके पास बहुत सामान था, लेकिन मन हर समय तनावग्रस्त था। अंत में उसने एक दिन ठान लिया कि वह केवल आवश्यक चीज़ों तक सीमित रहेगा। उसने अपनी तीन गाड़ियाँ बेच दीं, बड़ा बंगला छोड़कर छोटा घर लिया और दिखावे से दूर हो गया।

कुछ ही समय में उसका तनाव कम हो गया और चेहरे पर सुकून लौट आया।

ये उदाहरण हमें बताते हैं कि ज़िंदगी आसान तब होती है जब हम ज़रूरत और इच्छा का फर्क पहचान लेते हैं।

इच्छाओं की अंतहीन दौड़ और उसका असर

इंसान की इच्छाएँ समुद्र की लहरों की तरह होती हैं। एक लहर जाती है तो दूसरी आ जाती है। हमने सोचा कि अगर यह एक चीज़ मिल जाए तो जीवन पूरा हो जाएगा। लेकिन जैसे ही वह चीज़ मिलती है, तुरंत कोई नई इच्छा जन्म ले लेती है। यही कारण है कि इच्छाओं का कोई अंत नहीं है।

यह दौड़ इंसान को थका देती है। मनोविज्ञान कहता है कि जब हमारी इच्छाएँ पूरी नहीं होतीं, तो निराशा और तनाव पैदा होता है। और जब इच्छाएँ पूरी हो भी जाती हैं, तब भी मन स्थायी संतोष नहीं पाता। क्योंकि दिमाग़ नई इच्छाओं की सूची बनाना शुरू कर देता है। यही चक्र हमें जीवनभर बेचैन बनाए रखता है।

आपने देखा होगा, कोई व्यक्ति पहली बार मोटरसाइकिल खरीदता है तो वह बेहद खुश होता है। लेकिन कुछ महीनों में वही बाइक उसे साधारण लगने लगती है और वह कार की चाह करने लगता है। कार मिलने के बाद बड़ी कार, फिर और आलीशान घर, फिर विदेशी यात्राएँ। यह दौड़ कभी रुकती नहीं। और इस दौड़ में इंसान सबसे ज़्यादा खोता है—अपनी मानसिक शांति और वर्तमान का आनंद।

संतोष और इच्छाओं का संतुलन

इसका मतलब यह नहीं है कि इच्छाएँ बुरी हैं। अगर इच्छाएँ न हों, तो प्रगति भी रुक जाए। समस्या तब होती है जब इच्छाएँ इतनी बढ़ जाती हैं कि वे हमें खा जाती हैं। ज़रूरी है कि हम संतोष और इच्छाओं के बीच संतुलन बनाएँ।

संतोष का मतलब यह नहीं है कि हम महत्वाकांक्षा छोड़ दें या सपने देखना बंद कर दें। बल्कि इसका अर्थ है कि हम यह पहचानें कि कौन-सी इच्छाएँ वास्तव में हमारे जीवन को बेहतर बनाएँगी और कौन-सी केवल दिखावे और दूसरों से तुलना के कारण हैं।

उदाहरण के लिए—शिक्षा की इच्छा अच्छी है, क्योंकि यह जीवन को ज्ञान और अवसर देती है। लेकिन केवल ब्रांडेड कपड़े पहनकर लोगों को प्रभावित करने की इच्छा हमें भीतर से खाली कर देती है।

संतोष हमें यह सिखाता है कि मेरे पास जितना है, वही पर्याप्त है और उसी में मैं खुश रह सकता हूँ। और जब यह सोच गहरी होती है, तब इच्छाएँ भी हमारे लिए बोझ नहीं बनतीं। वे केवल प्रेरणा बनती हैं, तनाव नहीं।

एक कहानी: ज़रूरत और इच्छा के बीच उलझा इंसान

एक बार की बात है। एक व्यक्ति था—धीरज । वह मध्यमवर्गीय परिवार से था। उसके पास नौकरी थी, छोटा-सा घर था और परिवार था। उसकी ज़रूरतें पूरी थीं। लेकिन जैसे-जैसे वह आगे बढ़ा, उसकी इच्छाएँ भी बढ़ती गईं।

पहले उसने सोचा—अगर मेरे पास कार होगी तो जीवन आसान हो जाएगा। उसने कार खरीदी, लेकिन कुछ ही महीनों में वह दूसरों की बड़ी गाड़ियों से तुलना करने लगा। फिर उसने बड़ा घर लिया, लेकिन कर्ज़ इतना बढ़ गया कि रात की नींद उड़ गई।

उसके दोस्तों ने विदेश यात्राएँ कीं, तो उसने भी सोच लिया कि अब उसे भी ऐसा करना है। धीरे-धीरे उसकी जिंदगी केवल इच्छाओं की पूर्ति और कर्ज़ चुकाने में उलझ गई। घर में साधन बहुत थे, लेकिन सुकून और मुस्कान गायब हो गई।

एक दिन धीरज अपने गाँव गया। वहाँ उसने अपने पुराने मित्र को देखा, जो किसान था। किसान के पास बड़ा घर नहीं था, कार नहीं थी, लेकिन उसके चेहरे पर गहरी शांति और खुशी थी। जब अजय ने उससे पूछा—

"तुम्हारे पास इतना कम है, फिर भी तुम इतने खुश कैसे रहते हो?"

किसान ने हँसकर कहा—"क्योंकि मैं ज़रूरत और इच्छा का फर्क जानता हूँ। मैं ज़रूरत पूरी करता हूँ और बाकी ईश्वर पर छोड़ देता हूँ। यही मेरी खुशी का राज़ है।"

धीरज उस दिन देर तक सोचता रहा और उसे पहली बार एहसास हुआ कि उसने ज़रूरत से ज़्यादा इच्छाओं को पकड़कर अपनी जिंदगी बोझिल बना ली थी।

व्यावहारिक समाधान

तो सवाल है कि हम इस उलझन से कैसे बाहर आएँ? इसका उत्तर सरल है—सजगता।

अगर हम हर बार किसी चीज़ को लेने से पहले खुद से पूछें—"क्या यह मेरी ज़रूरत है या केवल इच्छा?"—तो धीरे-धीरे हमें साफ़ हो जाएगा कि हमें सचमुच क्या चाहिए।

एक सरल अभ्यास यह है कि जब भी मन में कोई नई चीज़ खरीदने की इच्छा आए, तो उसे तुरंत मत खरीदें। उसे लिख लें और कुछ दिन रुकें। अगर कुछ समय बाद भी वह चीज़ सचमुच आवश्यक लगे, तभी उसे खरीदें। आप पाएँगे कि कई इच्छाएँ कुछ दिनों में अपने-आप फीकी पड़ जाएँगी।

इसी तरह, जीवन में संतोष का अभ्यास करना भी ज़रूरी है। हर दिन यह सोचना कि "आज मुझे किन बातों के लिए आभारी होना चाहिए"—यह सोच मन को हल्का कर देती है और इच्छाओं की आग शांत करती है।

इच्छाओं के पीछे समाज और परिवार का दबाव

हममें से कई लोग अपनी इच्छाओं को इसलिए पूरा नहीं करना चाहते कि हमें सचमुच उनकी ज़रूरत है, बल्कि इसलिए कि समाज और परिवार हमें ऐसा करने के लिए मजबूर कर देता है। एक युवा जब नौकरी करता है, तो सबसे पहले उस पर दबाव आता है कि वह बड़ी गाड़ी खरीदे। शादी होती है तो परिवार और रिश्तेदार कहते हैं कि अब तुम्हें बड़ा घर लेना चाहिए। बच्चे स्कूल

जाते हैं तो माता-पिता तुलना करने लगते हैं कि दूसरों के बच्चे किस महंगे स्कूल में पढ़ रहे हैं, तो हमारे बच्चे भी उसी स्तर के स्कूल में जाएँ।

यानी इच्छाओं का एक बड़ा हिस्सा हमारा अपना नहीं होता, बल्कि समाज द्वारा थोपा गया होता है। लोग अक्सर इस डर से भी खर्च करते हैं कि कहीं वे दूसरों की नज़रों में छोटे न लग जाएँ। यही कारण है कि हम ऐसे-ऐसे काम कर बैठते हैं जिनकी हमें वास्तव में ज़रूरत नहीं होती।

उदाहरण के लिए—शादी-ब्याह का आयोजन। गाँवों और कस्बों में भी आजकल लोग लाखों-करोड़ों खर्च कर देते हैं। जबकि सच्चाई यह है कि शादी दो लोगों का रिश्ता है, उसका मूल आनंद सादगी में भी उतना ही होता है। लेकिन समाज का दबाव लोगों से ऐसी इच्छाएँ पूरी करवाता है जो उनकी आर्थिक क्षमता से कहीं ज़्यादा होती हैं।

उपभोक्तावादी संस्कृति का गहरा असर

आज की उपभोक्तावादी संस्कृति ने हमें एक उपभोक्ता भर बना दिया है। हर जगह विज्ञापन, सेल और ऑफ़र इस तरह बनाए जाते हैं कि हमें लगे कि हमें वह चीज़ तुरंत चाहिए। टीवी से लेकर मोबाइल तक, मॉल से लेकर सोशल मीडिया तक—हर जगह यही संदेश मिलता है कि "अगर तुम्हारे पास यह नया सामान नहीं है तो तुम्हारी ज़िंदगी अधूरी है।"

धीरे-धीरे यह सोच इतनी गहरी हो जाती है कि हम सच और झूठ में फर्क करना भूल जाते हैं। एक साधारण मोबाइल, जो आसानी से हमारी ज़रूरत पूरी कर सकता है, हमें अब अधूरा लगने लगता है। हमें नया मॉडल चाहिए, क्योंकि कंपनी हमें यही समझाती है कि यही "स्टेटस" है।

इस उपभोक्तावादी संस्कृति ने रिश्तों पर भी असर डाला है। लोग अब रिश्तों की गहराई से ज़्यादा उनके साथ किए गए खर्च को महत्व देने लगे हैं। अगर किसी दोस्त को महंगा गिफ्ट न दो तो लगता है कि रिश्ता अधूरा है। जबकि सच तो यह है कि दोस्ती की ताक़त गिफ्ट में नहीं, बल्कि अपनापन और विश्वास में होती है।

वास्तविक जीवन से किस्से

दिल्ली का एक उदाहरण है। एक व्यक्ति ने केवल समाज में प्रतिष्ठा पाने के लिए अधिक लोन लेकर बड़ा बंगला बनाया। शुरू में लोग उसकी तारीफ करने लगे। लेकिन धीरे-धीरे लोन चुकाने का बोझ इतना बढ़ गया कि उसको पूरा करने के लिए वह पार्ट टाइम जॉब भी करने लगा जिससे वह घर पर समय नहीं बीता पता था और धीरे धीरे उसकी सेहत भी बिगड़ने लगी। उसके बच्चों ने भी कहा कि "पापा, हमें इतने बड़े घर की ज़रूरत ही नहीं थी, अगर आप पहले की तरह हमारे साथ ज़्यादा समय बिताते तो वही काफ़ी था।" यह कहानी हमें बताती है कि इच्छाओं के पीछे भागना अक्सर हमें उस खुशी से दूर कर देता है जिसकी तलाश में हम यह सब करते हैं।

इसके विपरीत, एक छोटे कस्बे में रहने वाले शिक्षक की कहानी है। उनका घर साधारण था, गाड़ी पुरानी थी, लेकिन उन्होंने कभी अनावश्यक इच्छाओं को अपनी ज़रूरत नहीं बनाया। हर शाम वे अपने परिवार और पड़ोसियों के साथ बैठकर बातें करते, चाय पीते और गाना गाते। उनके चेहरे की चमक और संतोष देखकर हर कोई चकित होता। लोग कहते—“इनके पास भौतिक साधन कम हैं, लेकिन इनके पास जो शांति है, वह अमूल्य है।”

निष्कर्ष की ओर बढ़ते हुए

जब हम इन कहानियों और अनुभवों पर गौर करते हैं, तो साफ़ समझ आता है कि इच्छाओं का पीछा हमें दौड़ते-दौड़ते थका देता है। जबकि ज़रूरतें हमें स्थिर रखती हैं। इच्छाएँ तब तक अच्छी हैं जब तक वे प्रेरणा बनें, लेकिन जब वे हमारे जीवन पर बोझ बन जाएँ तो वे हमें भीतर से खोखला करने लगती हैं।

अगर हम सच में संतोषी और खुश रहना चाहते हैं, तो हमें यह सीखना होगा कि कौन-सी चीज़ हमारे जीवन के लिए आवश्यक है और कौन-सी केवल इच्छा है। यही अंतर हमें मानसिक शांति भी देगा और आर्थिक आज़ादी भी।इच्छाओं से मुक्ति के छोटे अभ्यास

इच्छाएँ पूरी तरह खत्म नहीं की जा सकतीं, क्योंकि इंसान का स्वभाव ही कुछ पाने की ओर बढ़ना है। लेकिन उन्हें नियंत्रित करना और संतुलित रखना संभव है। इसके लिए हमें अपने जीवन में कुछ छोटे-छोटे अभ्यास शामिल करने चाहिए।

सबसे पहले, सजगता (Awareness) का अभ्यास करें। जब भी आपके मन में कोई चीज़ लेने की इच्छा उठे, तुरंत खुद से पूछें—"क्या यह मेरी ज़रूरत है या केवल इच्छा?" इस एक सवाल से आधी इच्छाएँ अपने-आप फीकी पड़ जाती हैं।

दूसरा, विलंब (Delay) का अभ्यास करें। अगर आपको कोई वस्तु लेनी है, तो तुरंत न खरीदें। उसे एक सप्ताह या एक महीने तक टाल दें। अगर उस समय के बाद भी वह वस्तु सचमुच आवश्यक लगे, तभी उसे लें। अक्सर देखा गया है कि कई इच्छाएँ समय के साथ अपने-आप ख़त्म हो जाती हैं।

तीसरा, कृतज्ञता (Gratitude) का अभ्यास करें। रोज़ सोने से पहले तीन ऐसी चीज़ें लिखें जिनके लिए आप आभारी हैं। यह आदत धीरे-धीरे मन को संतोषी बनाती है और इच्छाओं की आग को शांत करती है।

परिवार और बच्चों को सिखाना

सिर्फ हमें ही नहीं, बल्कि हमारे परिवार और बच्चों को भी यह समझाना ज़रूरी है कि ज़रूरत और इच्छा में क्या फर्क है। आजकल बच्चे टीवी और मोबाइल विज्ञापनों से प्रभावित होकर तरह-तरह की चीज़ें माँगते रहते हैं। अगर हम हर बार उनकी इच्छाएँ पूरी करेंगे, तो धीरे-धीरे वे यह मानने लगेंगे कि हर चाहत तुरंत पूरी होनी चाहिए।

इसके बजाय हमें उन्हें धैर्य और संतोष सिखाना होगा। जैसे—अगर बच्चा नया खिलौना माँगता है, तो उसे यह समझाएँ कि पुराने खिलौनों में भी खुशी मिल सकती है। परिवार में मिलकर यह चर्चा करना कि "आज हमारी ज़रूरत क्या है और हमारी इच्छाएँ क्या हैं"—यह बच्चों के मन में स्पष्टता पैदा करता है।

परिवार के स्तर पर अगर हम सादगी अपनाएँगे, तो बच्चे भी वही सीखेंगे। अगर वे देखेंगे कि माता-पिता हर छोटी चीज़ पर खर्च नहीं करते, बल्कि सोच-समझकर निर्णय लेते हैं, तो वे भी यही आदत अपने जीवन में अपनाएँगे।

स्थायी संतोष की ओर

इच्छाएँ तब तक हमारे लिए प्रेरणा का स्रोत हैं, जब तक वे संतुलित रहती हैं। लेकिन जब वे जीवन पर हावी हो जाती हैं, तब वे हमें भीतर से खाली कर देती हैं। असली संतोष तभी मिलता है जब हम समझते हैं कि हमारे पास जितना है, वही पर्याप्त है।

यह संतोष न केवल मानसिक शांति देता है, बल्कि रिश्तों को भी गहरा बनाता है। जब हम दिखावे से दूर रहते हैं, तो हमारे संबंध भरोसे और प्रेम पर टिकते हैं। और जब परिवार और समाज में संतोष और सादगी बढ़ती है, तो पूरा वातावरण हल्का और शांत हो जाता है।

संदेश

प्रिय पाठक, इस अध्याय का सार यही है कि आवश्यकताएँ हमें जीने की ताक़त देती हैं और इच्छाएँ हमें आगे बढ़ने की प्रेरणा। लेकिन जब इच्छाएँ हमारी आवश्यकताओं पर हावी हो जाती हैं, तो वे हमें तनाव और बेचैनी की ओर ले जाती हैं।

इसलिए हमें जीवन में बार-बार यह सवाल करना चाहिए—“क्या यह मेरी ज़रूरत है, या केवल इच्छा?” यही सवाल हमें सही दिशा देगा

अगर हम अपनी ज़रूरतों को पहचानकर इच्छाओं को सीमित कर लें, तो जीवन न केवल सरल होगा बल्कि गहरा और सुखद भी होगा।

याद रखिए—

सच्ची समृद्धि वह नहीं जो हमारे पास सामान के रूप में है, बल्कि वह है जो हमारे मन के संतोष और शांति के रूप में है।

अध्याय 5 : समय का सही उपयोग – समय भी संसाधन है, उसका संतुलित प्रयोग

समय का महत्व पैसे से अधिक

समय एक ऐसा संसाधन है जो हमें जन्म से ही मिला है। फर्क केवल इतना है कि हम इसे पहचानते नहीं। पैसे की अहमियत सबको दिखती है, लेकिन समय की अहमियत तब समझ आती है जब वह हाथ से फिसल जाता है। आप चाहें तो पैसा खोकर फिर से कमा सकते हैं, लेकिन समय खोकर आप उसे कभी वापस नहीं ला सकते। यही समय की सबसे बड़ी सच्चाई है।

हमारी जिंदगी में कई बार ऐसा होता है कि हम सोचते हैं—"काश उस समय मैंने यह काम कर लिया होता।" या "काश मैंने उस वक्त अपने परिवार को ज्यादा वक्त दिया होता।" लेकिन तब तक बहुत देर हो चुकी होती है। यह पछतावा इस बात का प्रमाण है कि समय की कीमत पैसे से कहीं अधिक है।

अगर हम पीछे झाँकें तो पाएँगे कि हमारी सबसे गहरी यादें उन पलों से जुड़ी हैं जो हमने अपने प्रियजनों के साथ बिताए, न कि उन पैसों से जो हमने खर्च किए। किसी बच्चे की पहली मुस्कान, माता-पिता के साथ बिताए पल, दोस्तों के साथ बिताई शामें—ये क्षण समय का ही तो उपहार हैं। लेकिन अफसोस, आजकल हम इन्हीं पलों को पैसे और महत्वाकांक्षा की दौड़ में खोते जा रहे हैं।

समय का सही उपयोग ही हमें यह तय करने देता है कि हम किस तरह की जिंदगी जी रहे हैं। पैसे के पीछे भागकर हम अस्थायी सुख पा सकते हैं, लेकिन समय का सही निवेश हमें स्थायी संतोष देता है।

"Time Management" नहीं, "Life Management" ज़रूरी

समय का सही उपयोग करने की बात आते ही सबसे पहले लोग "टाइम मैनेजमेंट" शब्द को याद करते हैं। आजकल किताबों, सेमिनारों और कोर्सेज़ में यही सिखाया जाता है कि कैसे हर घंटे को बाँटकर काम किया जाए। लेकिन सच्चाई यह है कि समय को मैनेज नहीं किया जा सकता, क्योंकि समय अपने हिसाब से चलता है। हम चाहकर भी उसे रोक नहीं सकते, बढ़ा नहीं सकते और घटा नहीं सकते। असली चुनौती यह है कि हम अपने जीवन को कैसे मैनेज करते हैं।

यही फर्क "टाइम मैनेजमेंट" और "लाइफ मैनेजमेंट" में है। टाइम मैनेजमेंट का मतलब होता है—कामों की सूची बनाना, प्राथमिकता तय करना और हर काम को तय समय पर करना। यह तरीका काम तो आसान कर सकता है, लेकिन अगर हमारी प्राथमिकताएँ गलत हैं तो यह मैनेजमेंट भी बेकार साबित होता है। उदाहरण के लिए—अगर कोई इंसान अपने पूरे दिन का सबसे बड़ा हिस्सा केवल पैसे कमाने में लगा रहा और परिवार या स्वास्थ्य को समय नहीं दिया, तो यह टाइम मैनेजमेंट भले ही अच्छा हो, लेकिन लाइफ मैनेजमेंट बहुत खराब है।
जीवन प्रबंधन का अर्थ है—हमारी प्राथमिकताएँ जीवन के संतुलन के अनुसार हों। इसमें केवल काम नहीं, बल्कि परिवार, स्वास्थ्य, आत्मविकास और मानसिक शांति भी शामिल होनी चाहिए। असली सवाल यह नहीं है कि हम समय कहाँ खर्च कर रहे हैं, बल्कि यह है कि हम अपने जीवन के किन हिस्सों को महत्व दे रहे हैं।
हममें से कई लोग यह गलती करते हैं कि समय को केवल काम और पैसे से जोड़ देते हैं। लेकिन ज़रा सोचिए—अगर आपके पास ढेर सारा पैसा हो और आप बीमार पड़ जाएँ या परिवार आपके साथ न हो, तो उस पैसे का क्या अर्थ रह जाएगा? यही कारण है कि "लाइफ मैनेजमेंट" ज़रूरी है, जिसमें हर चीज़ को संतुलित महत्व दिया जाए।
एक संतुलित जीवन वही है जिसमें इंसान यह समझता है कि काम भी ज़रूरी है, परिवार भी, स्वास्थ्य भी और आत्मिक शांति भी। अगर इनमें से किसी एक पहलू को नज़रअंदाज़ किया जाए, तो जीवन अधूरा हो जाता है।
उदाहरण: संतुलित दिनचर्या
समय का सही उपयोग तभी संभव है जब हमारी दिनचर्या संतुलित हो। असंतुलित दिनचर्या हमें थका देती है और जीवन से आनंद छीन लेती है। जबकि एक संतुलित दिनचर्या हमें ऊर्जा देती है, रिश्तों को गहराई देती है और जीवन को संतोष से भर देती है।
ज़रा सोचिए, अगर कोई व्यक्ति सुबह देर से उठे, जल्दी-जल्दी नाश्ता करे, ऑफिस भागे, पूरे दिन तनाव में काम करे, शाम को थका हुआ लौटे और फिर टीवी या मोबाइल में डूब जाए—तो उसका जीवन कैसा होगा? उसमें न परिवार के लिए समय है, न अपने लिए, न स्वास्थ्य के लिए। धीरे-धीरे यह जीवन केवल बोझ बन जाता है। यह उदाहरण हममें से बहुतों के जीवन से मेल खाता है।
इसके विपरीत, अगर कोई व्यक्ति सुबह जल्दी उठे, थोड़ी देर ध्यान और व्यायाम करे, परिवार के साथ बैठकर नाश्ता करे, फिर पूरी ऊर्जा के साथ काम पर जाए, दिन में छोटे-छोटे ब्रेक ले, शाम को बच्चों के साथ खेल ले और रात को सोने से पहले कुछ पढ़ ले—तो उसकी दिनचर्या संतुलित होगी। यह व्यक्ति न केवल स्वस्थ रहेगा, बल्कि उसके रिश्ते भी मजबूत होंगे और जीवन संतोष से भरा होगा।
संतुलित दिनचर्या का अर्थ यह नहीं कि हमें हर चीज़ बिल्कुल परफेक्ट करनी है। इसका अर्थ केवल इतना है कि हम जीवन के हर पहलू को महत्व दें—काम, परिवार, स्वास्थ्य और आत्मिक शांति। अगर हम हर दिन थोड़ा-थोड़ा समय इन सबको दें, तो जीवन संतुलित हो जाएगा।
छोटे बदलाव भी बड़ा फर्क ला सकते हैं। जैसे सुबह 30 मिनट टहलना, परिवार के साथ खाना खाना, मोबाइल बंद करके बच्चों की बातें सुनना या सोने से पहले पाँच मिनट आभार प्रकट करना। यह छोटे कदम हमें यह एहसास दिलाते हैं कि समय केवल काम के लिए नहीं है, बल्कि जीवन जीने के लिए है।
अभ्यास: दिन का एक घंटा परिवार/स्वयं के लिए

हमारे जीवन की सबसे बड़ी समस्या यही है कि हम अपने समय का सबसे अच्छा हिस्सा काम और दौड़-भाग में दे देते हैं। दिनभर हम दूसरों के लिए भागते हैं—ऑफिस के लिए, समाज के लिए, जिम्मेदारियों के लिए। लेकिन जब बात खुद के लिए या अपने परिवार के लिए समय निकालने की आती है, तो हम कहते हैं—"समय नहीं है।" असलियत यह है कि समय की कमी नहीं होती, प्राथमिकताओं की कमी होती है।

अगर हम सचमुच चाहते हैं कि जीवन संतुलित और खुशहाल बने, तो हमें हर दिन का कम से कम एक घंटा परिवार या स्वयं के लिए निकालना होगा। यह घंटा सोने-जागने के बीच कहीं भी हो सकता है। ज़रूरी यह है कि इस समय को हम पूरी सजगता से जिएँ। न मोबाइल, न टीवी, न कोई और बाधा। सिर्फ परिवार या स्वयं।

परिवार को दिया गया यह समय रिश्तों में गहराई लाता है। बच्चे जब देखते हैं कि उनके माता-पिता उनके साथ बैठकर बातें करते हैं, खेलते हैं या सिर्फ उनकी बातें ध्यान से सुनते हैं, तो उनके मन में एक गहरी सुरक्षा और अपनापन जन्म लेता है। पति-पत्नी के बीच भी यह समय रिश्ते को मज़बूत करता है। माता-पिता के साथ बिताए गए ये पल उनकी बुढ़ापे को आसान बनाते हैं।

अगर यह एक घंटा स्वयं को दिया जाए तो यह भी उतना ही महत्वपूर्ण है। यह समय आत्मचिंतन, ध्यान, प्रार्थना, किताब पढ़ने या किसी शौक़ में लगाया जा सकता है। यह हमें मानसिक शांति देता है, हमें अंदर से मज़बूत बनाता है और हमें याद दिलाता है कि हम केवल मशीन नहीं हैं, बल्कि संवेदनशील इंसान हैं।

यह आदत जीवन को कैसे बदल देती है

शुरुआत में यह अभ्यास कठिन लग सकता है। लोग कहेंगे कि हमारे पास इतना समय कहाँ है। लेकिन जैसे ही आप इसे अपनी दिनचर्या का हिस्सा बनाते हैं, आप पाएँगे कि जीवन की दिशा बदलने लगी है। तनाव कम होने लगता है, रिश्ते गहरे होने लगते हैं और मन में एक स्थायी संतोष बैठने लगता है।

वास्तविक जीवन के कई उदाहरण बताते हैं कि जिन लोगों ने यह आदत अपनाई, उनके जीवन में अद्भुत बदलाव आया। एक व्यापारी ने स्वीकार किया कि वह सालों तक केवल पैसे कमाने में डूबा रहा। लेकिन जब उसने तय किया कि वह हर दिन शाम को एक घंटा परिवार को देगा, तो उसे एहसास हुआ कि यही असली निवेश है। उसने कहा—"पैसा मैं हमेशा कमा सकता हूँ, लेकिन बच्चों के बचपन के वो पल दोबारा कभी नहीं लौटेंगे।"

निष्कर्ष

समय एक ऐसा संसाधन है जो नज़र नहीं आता, लेकिन जिसकी कीमत अनमोल है। इस अध्याय में हमने समझा कि समय का महत्व पैसे से कहीं अधिक है, और हमें केवल "टाइम मैनेजमेंट" नहीं, बल्कि "लाइफ मैनेजमेंट" की ज़रूरत है।

एक संतुलित दिनचर्या ही हमें स्वस्थ, खुश और संतोषी बना सकती है। और अगर हम हर दिन का एक घंटा परिवार या स्वयं को दे दें, तो यही छोटी-सी आदत हमारी पूरी जिंदगी को बदल सकती है।

याद रखिए—

पैसा खोकर हम दोबारा पा सकते हैं, लेकिन समय खोकर उसे कभी वापस नहीं ला सकते।

इसलिए समय को पहचानिए, उसका संतुलित उपयोग कीजिए और अपने जीवन को पूर्ण और सार्थक बनाइए

अध्याय 6 : संपत्ति नहीं, संबंध मायने रखते हैं – रिश्तों की ताकत

धन से अधिक रिश्तों की अहमियत

पिछले अध्यायों में हमने देखा कि जीवन में असली खुशी और संतोष कहाँ से आता है—न तो केवल भोग से, न केवल पैसे से, बल्कि संतुलित दृष्टिकोण और समय के सही उपयोग से। अब इस अध्याय में हम एक और गहरी सच्चाई को समझेंगे: रिश्तों की ताक़त।

पैसा हमारे जीवन को सुविधाएँ देता है, लेकिन अपनापन और जुड़ाव केवल रिश्ते देते हैं।

सोचिए—आपके पास लाखों रुपये हों, शानदार घर हो, महंगी कार हो, लेकिन अगर आपके साथ उन्हें साझा करने वाला कोई न हो, तो वह सब किस काम का? खाली घर की दीवारें कितनी भी सुंदर क्यों न हों, वे दिल को सुकून नहीं दे सकतीं।

इसके विपरीत, अगर आपके पास साधारण साधन हों, लेकिन परिवार और दोस्त आपके साथ हों, तो हर भोजन दावत बन जाता है और हर छोटी खुशी त्योहार की तरह लगती है। यही कारण है कि पुरानी कहावतें हमें बार-बार याद दिलाती हैं—"धन से घर बनता है, लेकिन संबंधों से परिवार बनता है।"

जीवन की असली पूँजी यही रिश्ते हैं। एक माँ की दुआ, एक पिता का स्नेह, एक दोस्त का साथ, बच्चों की हँसी—ये वे चीज़ें हैं जिन्हें किसी भी बैंक बैलेंस से नहीं खरीदा जा सकता।

आधुनिक जीवन में अकेलापन क्यों बढ़ रहा है

आज के समय में जब दुनिया पहले से कहीं ज़्यादा जुड़ी हुई है—मोबाइल, इंटरनेट और सोशल मीडिया के माध्यम से—फिर भी लोग पहले से कहीं अधिक अकेले हैं। यह विरोधाभास चौंकाने वाला है। सवाल यह है कि ऐसा क्यों हो रहा है?

असल में, हमारी प्राथमिकताएँ बदल गई हैं। हमने रिश्तों को पीछे छोड़कर पैसे और उपलब्धियों को आगे रख दिया है। जहाँ पहले परिवार और समाज मिलकर जीवन का केंद्र होते थे, आज वहाँ व्यक्तिगत सफलता और दिखावा हावी हो गया है। लोग दिन-रात काम में डूबे

रहते हैं, ताकि ज़्यादा कमा सकें, ज़्यादा खरीद सकें, और दूसरों को प्रभावित कर सकें। इस दौड़ में वे अपने सबसे क़रीबी रिश्तों से दूर होते जाते हैं।

सोशल मीडिया ने भी एक अलग तरह का भ्रम पैदा कर दिया है। वहाँ हजारों "दोस्त" दिखते हैं, लेकिन जब दिल से बात करने की ज़रूरत होती है तो कोई नहीं मिलता। लोग अपने असली भाव छिपाकर केवल सजाए-सँवारे रूप में सामने आते हैं। इससे हम जुड़ाव की जगह और गहरी दूरी महसूस करने लगते हैं।

बुज़ुर्गों की हालत देखिए। पहले संयुक्त परिवारों में वे बच्चों और पोते-पोतियों के बीच रहते थे। अब शहरी जीवन और "न्यूक्लियर फैमिली" की वजह से वे अकेलेपन में धकेल दिए गए हैं। उनका जीवन सुविधाओं से भरा हो सकता है, लेकिन आत्मिक संतोष और अपनापन उनसे छिन गया है।

युवा भी इस अकेलेपन से अछूते नहीं हैं। पढ़ाई, नौकरी और करियर की होड़ में वे अपनों से दूर रहते हैं। बाहरी दुनिया में उनकी पहचान तो बनती है, लेकिन भीतर का खालीपन बढ़ता जाता है। यही कारण है कि अवसाद (डिप्रेशन) और तनाव आज आम हो गए हैं।

अगर हम गहराई से सोचें तो यह सब पिछले अध्यायों से जुड़ा हुआ है। अध्याय 4 में हमने देखा कि कैसे इच्छाओं और उपभोक्तावाद की दौड़ हमें थका देती है। अध्याय 5 में समझा कि समय का संतुलित उपयोग न हो तो जीवन अधूरा लगता है। अब यह स्पष्ट हो जाता है कि जब हम अपना समय रिश्तों को नहीं देते और केवल भौतिक इच्छाओं में उलझे रहते हैं, तो आधुनिक जीवन हमें अकेलेपन की ओर धकेल देता है।

छोटी-छोटी बातों से रिश्तों को मजबूत करना

रिश्तों की खूबसूरती यह है कि इन्हें मजबूत करने के लिए बड़े-बड़े कामों की ज़रूरत नहीं होती। अक्सर हम यह सोचते हैं कि किसी को खुश करने के लिए हमें बहुत कुछ करना पड़ेगा—महंगे तोहफ़े देना, लंबी यात्राएँ करना या कुछ खास आयोजन करना। लेकिन सच्चाई यह है कि रिश्ते छोटी-छोटी बातों से ही गहराई पाते हैं।

एक बच्चे को पिता के साथ बिताए गए पाँच मिनट भी पूरे दिन को खुशहाल बना देते हैं। माँ के हाथ का बना खाना परिवार के हर सदस्य को सुरक्षा और अपनापन देता है। पति-पत्नी के बीच एक छोटा-सा "धन्यवाद" या "तुम मेरे लिए बहुत मायने रखते हो" जैसे शब्द रिश्ते को नई ऊर्जा दे देते हैं। यही छोटी-छोटी बातें बड़ी नींव का काम करती हैं।

रिश्तों को मजबूत करने का सबसे आसान तरीका है—समय देना और ध्यान से सुनना। अक्सर हम अपने प्रियजनों के साथ तो रहते हैं, लेकिन मन कहीं और होता है—मोबाइल, काम या तनाव में। असली जुड़ाव तब होता है जब हम पूरी तरह सामने वाले पर ध्यान केंद्रित करते हैं। जब बच्चा अपनी मासूम कहानी सुनाता है और पिता बिना बीच में टोके ध्यान से सुनते हैं, तब बच्चा महसूस करता है कि उसकी बात की कीमत है। यही जुड़ाव उसे आत्मविश्वासी बनाता है।

रिश्तों में सम्मान भी बहुत ज़रूरी है। कई बार हम अपने परिवार या दोस्तों से इतनी सहजता से पेश आते हैं कि उनका महत्व भूल जाते हैं। धीरे-धीरे यह उपेक्षा उन्हें भीतर से चोट पहुँचाती है। इसके विपरीत, अगर हम रोज़मर्रा की छोटी बातों में सम्मान और आभार जताएँ, तो रिश्तों में अपनापन और विश्वास गहराते हैं।

सोचिए, कितनी बार हम अपने माता-पिता से कहते हैं कि "आपने हमारे लिए कितना किया है, हम आभारी हैं।" या कितनी बार हम दोस्तों को यह बताते हैं कि "तुम्हारे बिना जीवन अधूरा होता।" शायद बहुत कम। लेकिन यही शब्द रिश्तों की नींव को मजबूत बनाते हैं।

छोटे-छोटे काम—जैसे साथ बैठकर चाय पीना, मिलकर खाना बनाना, शाम को टहलना, या बस बिना किसी कारण “कैसे हो?” पूछ लेना—ये सब रिश्तों को जीवंत रखते हैं।

अगर हम पिछले अध्यायों से जोड़कर देखें तो यह साफ़ होता है कि समय का संतुलित उपयोग (अध्याय 5) तभी सार्थक है जब उसमें रिश्तों के लिए जगह हो। और इच्छाओं की दौड़ (अध्याय 4) तभी रोकी जा सकती है जब हम रिश्तों को प्राथमिकता दें। क्योंकि अंततः वही रिश्ते हैं जो हमें असली सुख और स्थिरता देते हैं।

कहानी: कठिन समय में परिवार और दोस्त ही साथ आते हैं

जीवन हमेशा आसान नहीं होता। कभी बीमारी आती है, कभी आर्थिक संकट, तो कभी भावनात्मक टूटन। ऐसे कठिन समय में असली परीक्षा होती है—हमारे रिश्तों की। पैसे, दौलत और शोहरत उस वक्त उतना सहारा नहीं बनते जितना परिवार और दोस्त बनते हैं।

एक कहानी है—राजेश नाम का व्यक्ति, जो एक बड़े शहर में सफल व्यापारी था। उसके पास सबकुछ था—बंगला, कार, नाम और शोहरत। लेकिन अचानक उसका व्यवसाय डूबने लगा। धीरे-धीरे सबकुछ बिक गया। जिन लोगों ने कभी उसकी तारीफ़ों के पुल बाँधे थे, वे सब दूर हो गए। पार्टियों में साथ देने वाले दोस्त अचानक गायब हो गए। उस वक्त राजेश को लगा कि अब जिंदगी खत्म हो गई।

लेकिन जब वह टूट रहा था, तब उसके माता-पिता, पत्नी और कुछ पुराने सच्चे दोस्त उसके साथ खड़े हो गए। माता-पिता ने कहा—“पैसा चला गया तो क्या हुआ, हम सब साथ हैं।” पत्नी ने बिना शिकायत हर मुश्किल में उसका साथ दिया। और दोस्त—जो सालों से चुपचाप उसके साथ जुड़े थे—उन्होंने उसका हौसला बढ़ाया और नए सिरे से काम शुरू करने में मदद की।

धीरे-धीरे राजेश ने फिर से खड़ा होना शुरू किया। बाद में उसने कहा—“उस वक्त मुझे समझ आया कि असली संपत्ति रिश्ते होते हैं। पैसा तो आ-जा सकता है, लेकिन सच्चे रिश्ते ही वो ताक़त हैं जो गिरने पर हमें उठाते हैं।”

ऐसी कहानियाँ सिर्फ राजेश की नहीं, हम सबकी ज़िंदगी में कहीं न कहीं मौजूद हैं। जब हम पीछे मुड़कर देखते हैं तो पाते हैं कि मुश्किल समय में सबसे बड़ा सहारा वही लोग बने जिनसे हमारा भावनात्मक रिश्ता था—परिवार, दोस्त या कोई शिक्षक।

रिश्तों का असली महत्व

आज की भागदौड़ भरी जिंदगी में हम अक्सर रिश्तों को हल्के में ले लेते हैं। हमें लगता है कि वे तो अपने आप चलेंगे, लेकिन ऐसा नहीं है। रिश्तों को भी देखभाल और समय चाहिए। जिस तरह पौधे को पानी और धूप चाहिए होती है, उसी तरह रिश्तों को संवाद, सम्मान और अपनापन चाहिए होता है।

रिश्ते हमें यह अहसास दिलाते हैं कि हम अकेले नहीं हैं। वे हमारी खुशियों को कई गुना बढ़ा देते हैं और दुखों को बाँटकर हल्का कर देते हैं। यही कारण है कि बुज़ुर्ग हमेशा कहते हैं—“धन नहीं, मनुष्यों का साथ सबसे बड़ी पूँजी है।”

अगर हम जीवन को सच्चे अर्थों में जीना चाहते हैं तो हमें संपत्ति और दिखावे की जगह रिश्तों को प्राथमिकता देनी होगी। पैसे से हम सुख-सुविधाएँ खरीद सकते हैं, लेकिन रिश्तों से हमें आत्मा का सुकून मिलता है।

निष्कर्ष

इस अध्याय का सार यही है कि जीवन की असली ताक़त रिश्तों में है, न कि संपत्ति में। आधुनिक जीवन में बढ़ते अकेलेपन को हम केवल तब कम कर सकते हैं जब रिश्तों को समय दें और छोटी-छोटी बातों से उन्हें मजबूत करें।

अगर पिछले अध्यायों को देखें तो स्पष्ट है कि—

- खुशी का असली स्रोत (अध्याय 3) भीतर है, और वह भीतर तभी खिलता है जब हम रिश्तों से जुड़े हों।
- इच्छाओं और आवश्यकताओं का संतुलन (अध्याय 4) हमें यह सिखाता है कि असली ज़रूरत रिश्तों की है, न कि भौतिक विलासिता की।
- समय का सही उपयोग (अध्याय 5) हमें यह बताता है कि परिवार और दोस्तों के लिए समय निकालना ही जीवन का सबसे बड़ा निवेश है।

अब यह अध्याय हमें यह एहसास दिलाता है कि पैसा और संपत्ति केवल साधन हैं, लेकिन जीवन की सच्ची संपत्ति हमारे संबंध हैं।

याद रखिए—

जब जिंदगी आसान हो तो पैसा काम आता है, लेकिन जब जिंदगी कठिन होती है तो सिर्फ रिश्ते साथ आते हैं।

अध्याय 7 : मन का बोझ हल्का करना – नकारात्मक विचारों से दूरी मन में बोझ क्यों बनता है

हम सब जानते हैं कि शरीर का बोझ उठाना कठिन होता है, लेकिन उससे कहीं ज़्यादा कठिन है मन का बोझ उठाना। यह बोझ दिखाई नहीं देता, लेकिन भीतर से हमें तोड़ता रहता है। कई बार लोग बाहर से मुस्कुराते हुए दिखते हैं, लेकिन भीतर गहरे दर्द और तनाव से जूझ रहे होते हैं।
मन का बोझ तब बनता है जब हम नकारात्मक विचारों को पकड़कर बैठ जाते हैं। किसी ने कुछ बुरा कह दिया, किसी रिश्ते में चोट लग गई, कोई सपना अधूरा रह गया—ये सब घटनाएँ समय के साथ पीछे छूट जानी चाहिए थीं। लेकिन हम उन्हें मन में पकड़कर रखते हैं और यही यादें धीरे-धीरे बोझ बन जाती हैं।
अकसर लोग कहते हैं—"मैं भूल तो गया हूँ, लेकिन माफ़ नहीं कर पाया।" असल में यही बोझ है। जब तक हम माफ़ नहीं करते, घटना बार-बार मन में दोहराई जाती है। यह गुस्से, ईर्ष्या, डर और असुरक्षा के रूप में हमारे भीतर बैठ जाती है। यही कारण है कि कई बार छोटी-सी बात भी हमें सालों तक परेशान करती रहती है।
अगर हम पिछले अध्यायों से जोड़ें तो यह साफ़ दिखाई देता है कि जिस तरह इच्छाओं का बोझ हमें थका देता है (अध्याय 4), और समय का गलत उपयोग जीवन को भारी बना देता है (अध्याय 5), उसी तरह नकारात्मक विचारों का बोझ हमारे मन की ऊर्जा को खत्म कर देता है। भौतिक चीज़ों का बोझ तो हम उतार सकते हैं, लेकिन मानसिक बोझ तभी हल्का होगा जब हम अपने विचारों को बदलेंगे।
मन का बोझ इसलिए भी खतरनाक है क्योंकि यह केवल मानसिक नहीं रहता। धीरे-धीरे यह हमारे शरीर को भी प्रभावित करने लगता है। तनाव सिरदर्द, उच्च रक्तचाप, अनिद्रा और पाचन की समस्या में बदल जाता है। यानी जो बोझ हमने मन में रखा, वह शरीर तक पहुँचकर हमें और बीमार बना देता है।
जीवन की सुंदरता तब खुलती है जब मन हल्का होता है। जैसे किसी ने कहा है—"मन साफ़ हो तो संसार भी साफ़ दिखाई देता है।" इसलिए पहला कदम यही है कि हम समझें कि मन में बोझ क्यों बनता है। और जब यह समझ आ जाएगी, तभी हम उसे हल्का करने की दिशा में आगे बढ़ पाएँगे।

क्षमा और छोड़ने की कला

मन के बोझ को हल्का करने का सबसे शक्तिशाली साधन है – क्षमा करना और छोड़ना। लेकिन क्षमा करना आसान नहीं होता। जब कोई हमें चोट पहुँचाता है, धोखा देता है या हमारी भावनाओं को आहत करता है, तो मन में गुस्सा और कड़वाहट जमा हो जाती है। हम सोचते हैं कि सामने वाले को माफ़ कर दिया तो मानो हम हार गए। लेकिन सच्चाई इसके बिल्कुल उलट है – क्षमा करना हमारी सबसे बड़ी जीत होती है, क्योंकि यह हमें भीतर से मुक्त करता है।
क्षमा का मतलब यह नहीं कि हम उस गलती को सही मान लेते हैं या जो हमारे साथ हुआ उसे भूल जाते हैं। क्षमा का असली अर्थ है – उस घटना के बोझ को अपने मन से उतार देना। हम यह स्वीकार कर लेते हैं कि जो हुआ वह अतीत का हिस्सा है और अब उसे पकड़कर रखने से

हमें ही नुकसान है। जैसे कोई भारी पत्थर पीठ पर लादकर चल रहा हो, और अचानक वह पत्थर नीचे रख दे – वही हल्कापन क्षमा करने से मिलता है।
छोड़ने की कला (Letting Go) भी जीवन में उतनी ही महत्वपूर्ण है। हम कई बार बीती बातों को पकड़कर बैठे रहते हैं – कोई असफलता, कोई अपमान, कोई रिश्ता जो टूट गया। हम बार-बार उन यादों को दोहराते हैं और खुद को दुखी करते रहते हैं। लेकिन छोड़ना यानी यह स्वीकार करना कि अतीत बीत चुका है, अब आगे बढ़ना ही सही रास्ता है।
अगर हम देखें तो क्षमा और छोड़ने की कला केवल आध्यात्मिक बातें नहीं हैं, बल्कि हमारे मानसिक स्वास्थ्य के लिए आवश्यक हैं। कई शोध बताते हैं कि जो लोग माफ़ करना सीख लेते हैं, उनका तनाव कम हो जाता है, उनका रक्तचाप सामान्य रहता है और वे अधिक स्वस्थ और खुश रहते हैं। इसके विपरीत, जो लोग कड़वाहट को पकड़े रहते हैं, उनका जीवन तनाव और बीमारियों से घिर जाता है।
एक साधारण उदाहरण लें। कल्पना कीजिए दो दोस्त हैं। एक ने गलती से दूसरे को चोट पहुँचा दी। अगर दूसरा दोस्त सालों तक उस घटना को पकड़कर बैठा रहेगा तो दोनों का रिश्ता खत्म हो जाएगा। लेकिन अगर वह दोस्त क्षमा कर दे, तो न केवल रिश्ता बच जाएगा बल्कि उसका मन भी हल्का हो जाएगा।
पिछले अध्यायों से जोड़कर देखें तो यह बात और गहरी हो जाती है। अध्याय 6 में हमने सीखा कि संपत्ति नहीं, रिश्ते ही असली मायने रखते हैं। लेकिन रिश्ते तभी मजबूत रह सकते हैं जब हम क्षमा और छोड़ना सीखें। अगर हम हर छोटी गलती पर रिश्तों को तोड़ देंगे, तो अकेलापन और तनाव बढ़ेगा। इसलिए क्षमा करना सिर्फ दूसरों के लिए नहीं, बल्कि खुद की भलाई के लिए भी ज़रूरी है।

अभ्यास: "Let Go" तकनीक
क्षमा और छोड़ने की कला सुनने में तो सरल लगती है, लेकिन जब हम इसे जीवन में अपनाने की कोशिश करते हैं तो यह कठिन महसूस होती है। मन तुरंत कहता है – "उसने मेरे साथ गलत किया, मैं कैसे भूल जाऊँ?" या "मुझे इंसाफ़ चाहिए, मैं क्यों छोड़ दूँ?" यही वह जगह है जहाँ "Let Go" तकनीक मदद करती है।
"Let Go" यानी "छोड़ देना"। इसका अर्थ यह नहीं कि हम अपनी भावनाओं को दबा दें या उन्हें नकार दें। इसका असली अर्थ है – अपनी भावनाओं को स्वीकार करना और फिर उन्हें धीरे-धीरे मुक्त करना।
इस तकनीक को अपनाने के कुछ आसान कदम हैं:
पहला कदम: स्वीकार करना।
कई बार हम अपने दर्द और गुस्से से ही भागते रहते हैं। लेकिन छोड़ने की प्रक्रिया तभी शुरू होती है जब हम स्वीकार करते हैं कि हाँ, मैं आहत हूँ, मुझे दुख हुआ है। इस स्वीकार में ईमानदारी ज़रूरी है।
दूसरा कदम: महसूस करना।
अपनी भावनाओं को महसूस कीजिए। अगर गुस्सा है तो यह मानिए कि यह गुस्सा मेरे भीतर है। अगर ईर्ष्या है तो यह स्वीकार कीजिए कि मैं ईर्ष्या महसूस कर रहा हूँ। भावनाओं से भागने के बजाय उनसे जुड़कर उन्हें समझना ही उन्हें कमजोर कर देता है।
तीसरा कदम: छोड़ना।

अब कल्पना कीजिए कि यह गुस्सा या दुख आपके मुट्ठी में पकड़े कंकर जैसा है। अगर आप उसे कसकर पकड़ेंगे तो वह आपको ही चोट पहुँचाएगा, लेकिन अगर आप धीरे से हाथ खोल देंगे तो ये कंकर अपने आप नीचे गिर जाएंगे । यही छोड़ना है — मन को खोल देना और भावनाओं को जाने देना।

चौथा कदम: आगे बढ़ना।

जब हम छोड़ देते हैं, तो जगह खाली होती है। उस खाली जगह को सकारात्मक विचारों से भरना ज़रूरी है। कृतज्ञता, प्यार और आशा से मन को भरिए।

यह तकनीक धीरे-धीरे अभ्यास से मजबूत होती है। एक बार नहीं, कई बार करनी पड़ती है। जैसे शरीर की एक्सरसाइज़ से धीरे-धीरे मांसपेशियाँ मजबूत होती हैं, वैसे ही "Let Go" तकनीक से मन हल्का होता है।

कल्पना कीजिए — अगर हम हर दिन छोटे-छोटे गुस्से, नाराज़गी और शिकायतों को छोड़ते जाएँ, तो हमारा मन कितना हल्का और साफ़ हो जाएगा। हम उस ऊर्जा को नए रिश्तों, रचनात्मक काम और खुशहाल जीवन में लगा पाएँगे।

पिछले अध्यायों को याद कीजिए — समय का सही उपयोग (अध्याय 5) और रिश्तों की अहमियत (अध्याय 6)। अगर हम नकारात्मक विचारों से चिपके रहेंगे, तो न तो समय का सही उपयोग कर पाएँगे और न ही रिश्तों को संवार पाएँगे। इसलिए “Let Go” तकनीक केवल मानसिक शांति ही नहीं देती, बल्कि जीवन को संपूर्ण बनाती है।

उदाहरण: गुस्से और ईर्ष्या से मुक्त होने के फायदे

गुस्सा और ईर्ष्या मन के सबसे बड़े बोझ हैं। ये हमारी सोच को जकड़ लेते हैं और हमें उस आज़ादी से दूर कर देते हैं जो भीतर की शांति से मिलती है। गुस्सा हमें जलाता है, और ईर्ष्या हमें लगातार तुलना के जाल में फँसाए रखती है। सच तो यह है कि गुस्सा और ईर्ष्या का नुकसान सामने वाले से ज़्यादा हमें खुद को होता है।

एक उदाहरण लीजिए। एक व्यक्ति अपने पड़ोसी की तरक्की से लगातार ईर्ष्या करता था। जब पड़ोसी नई कार लाता, तो यह सोचकर रातभर करवटें बदलता कि “मेरे पास क्यों नहीं है?” जब पड़ोसी का बच्चा अच्छे कॉलेज में दाख़िला पाता, तो वह अपने बच्चों की तुलना करने लगता और अपने ही परिवार से नाराज़ हो जाता। धीरे-धीरे उसका मन असंतोष से भर गया। उसका चेहरा उदास रहने लगा, और उसका स्वास्थ्य भी गिरने लगा। असल में पड़ोसी अपनी दुनिया में खुश था, लेकिन यह व्यक्ति अपनी ही ईर्ष्या से जल रहा था।

अब सोचिए, अगर वही व्यक्ति यह स्वीकार कर ले कि “हर किसी की यात्रा अलग होती है, और मेरा मूल्य मेरी परिस्थितियों और मेहनत से तय होता है, न कि दूसरों से तुलना करके,” तो उसका मन कितना हल्का हो जाएगा। पड़ोसी की खुशी से जलने के बजाय अगर वह प्रेरणा ले तो उसकी ऊर्जा सकारात्मक दिशा में लगेगी। यही “Let Go” का असली फायदा है।

गुस्से के साथ भी यही बात है। जब हम किसी से गुस्सा करते हैं, तो उस व्यक्ति को अपने मन में बार-बार याद करते रहते हैं। वह घटना हमारे भीतर जहर की तरह घूमती रहती है। लेकिन जैसे ही हम छोड़ना सीखते हैं, मन एकदम हल्का हो जाता है। क्षमा करके हम सामने वाले को नहीं, बल्कि खुद को आज़ाद करते हैं।

मन का बोझ हल्का करना: सबसे बड़ी आज़ादी

जीवन में असली आज़ादी यह नहीं कि हमारे पास बहुत पैसा हो या ढेर सारी चीज़ें हों। असली आज़ादी यह है कि हमारा मन हल्का हो। जब हम नकारात्मक विचारों को छोड़ देते हैं, गुस्से और ईर्ष्या से दूर हो जाते हैं, तो हमारे भीतर एक नई ऊर्जा पैदा होती है। हम वर्तमान क्षण को

जीने लगते हैं, रिश्तों को गहराई से महसूस करने लगते हैं और छोटी-छोटी खुशियों से भी संतोष पाने लगते हैं।

पिछले अध्यायों से जोड़कर देखें तो यह अध्याय हमें एक नई गहराई देता है। अध्याय 3 में हमने सीखा कि असली खुशी भीतर से आती है। अध्याय 4 ने हमें सिखाया कि इच्छाओं और आवश्यकताओं में फर्क करना ज़रूरी है। अध्याय 5 ने बताया कि समय का संतुलित उपयोग जीवन का असली निवेश है। अध्याय 6 ने रिश्तों की ताक़त पर रोशनी डाली। और अब अध्या 7 हमें यह समझाता है कि अगर मन ही बोझिल रहेगा, तो न तो रिश्तों का आनंद ले पाएँगे, न समय का सही उपयोग, और न ही खुशी का अनुभव।

मन हल्का हो तो जीवन सरल हो जाता है। नकारात्मकता छोड़कर हम दूसरों को नहीं, खुद को सबसे बड़ा उपहार देते हैं।

निष्कर्ष

इस अध्याय का सार यही है कि मन का बोझ उठाकर जीना हमें थकाता है, जबकि उसे छोड़ देना हमें मुक्त करता है।

क्षमा और छोड़ने की कला हमें गुस्से और ईर्ष्या जैसी नकारात्मक भावनाओं से दूर करती है। "Let Go" तकनीक रोज़मर्रा की जिंदगी में अपनाकर हम अपने भीतर की शांति को फिर से सकते हैं।

याद रखिए –

जिस दिन आप मन का बोझ उतार देंगे, उसी दिन आपको लगेगा कि जिंदगी कितनी हल्की और सुंदर है।

अध्याय 8 : ध्यान और प्राणायाम – बिना खर्च के मानसिक स्वास्थ्य

जब हम अब तक लिखे गए अध्यायों पर नज़र डालते हैं तो एक बात बहुत साफ़ समझ आती है कि जीवन में असली सुख किसी बाहरी वस्तु से नहीं, बल्कि हमारे भीतर से आता है। हमने देखा कि खुशी का असली स्रोत हमारी सोच और दृष्टिकोण है, रिश्तों की ताक़त हमें मुश्किल समय में संभालती है और नकारात्मक विचारों का बोझ छोड़ना हमें हल्का बनाता है। लेकिन अब सवाल यह है कि मन को लगातार कैसे संतुलित रखा जाए? जब दुनिया का शोर हमें चारों ओर से घेरे रहता है, तो भीतर की शांति को कैसे जगाया जाए? यही जगह है जहाँ ध्यान और प्राणायाम हमारे लिए वरदान बनकर आते हैं।

ध्यान और साँस का विज्ञान उतना ही पुराना है जितना मनुष्य का अस्तित्व। हमारी साँस केवल हवा का आदान-प्रदान नहीं है, यह जीवन की धारा है। हर बार जब हम गहरी साँस लेते हैं, तो मानो शरीर के हर कोने तक जीवन का संदेश पहुँचता है। लेकिन अफसोस यह है कि हममें से ज़्यादातर लोग अपनी साँस पर ध्यान ही नहीं देते। हम भागते-भागते साँस लेते हैं, तनाव में साँस रुक-रुककर चलती है, गुस्से में साँस तेज़ हो जाती है और चिंता में साँस हल्की। हमारी मानसिक अवस्था और साँस का सीधा रिश्ता है। यही कारण है कि जब हम अपनी साँस पर ध्यान देना शुरू करते हैं, तो मन अपने आप शांत होने लगता है।

ध्यान का विज्ञान यही सिखाता है कि हमें वर्तमान क्षण में जीना है। हमारा मन हमेशा अतीत और भविष्य के बीच झूलता रहता है। कभी हम बीती बातों के बोझ में दबे रहते हैं, तो कभी आने वाले कल की चिंता में। नतीजा यह होता है कि हम वर्तमान को जी ही नहीं पाते। ध्यान हमें यह कला सिखाता है कि कैसे विचारों की भीड़ को धीरे-धीरे शांत किया जाए और अपने भीतर की शांति से जुड़ा जाए। यह कोई जादू नहीं है, बल्कि एक अभ्यास है। जब हम आँखें बंद करके केवल साँस पर ध्यान केंद्रित करते हैं, तो धीरे-धीरे विचारों का तूफ़ान धीमा हो जाता है। यह अनुभव हर किसी को अलग-अलग तरीके से मिलता है, लेकिन परिणाम हमेशा एक ही होता है—मन हल्का और शांत हो जाता है।

प्राणायाम इस दिशा में और भी शक्तिशाली साधन है। प्राण का अर्थ है जीवन ऊर्जा और आयाम का अर्थ है उसका विस्तार। यानी प्राणायाम का अर्थ हुआ—अपने भीतर की ऊर्जा को संतुलित और विस्तारित करना। जब हम गहरी साँस अंदर लेते हैं और धीरे-धीरे बाहर छोड़ते हैं, तो न केवल शरीर को अधिक ऑक्सीजन मिलती है, बल्कि मन भी स्थिर हो जाता है। यह प्रक्रिया हमारी नसों को शांत करती है, दिल की धड़कनों को संतुलित करती है और मस्तिष्क को नई ताज़गी देती है।

कई वैज्ञानिक शोध भी यह सिद्ध कर चुके हैं कि प्राणायाम और ध्यान से तनाव कम होता है, प्रतिरक्षा प्रणाली मजबूत होती है और अवसाद व चिंता जैसी समस्याएँ घटती हैं। लेकिन इन सबसे बढ़कर यह हमें भीतर से जोड़ता है। जब हम रोज़ कुछ देर ध्यान और प्राणायाम करते हैं, तो हमें यह अहसास होता है कि हम केवल शरीर नहीं हैं, बल्कि उससे कहीं अधिक हैं। यह अनुभूति हमें जीवन के हर पहलू को नए नज़रिये से देखने में मदद करती है।

अब सवाल आता है—क्या इसके लिए हमें घंटों बैठना होगा? क्या हमें बड़े-बड़े नियम अपनाने होंगे? नहीं। ध्यान और प्राणायाम की खूबसूरती यही है कि यह बेहद सरल है और हर कोई इसे कर सकता है। अगर आप दिन में केवल 20 मिनट भी निकाल लें, तो यह आपके जीवन को

बदलने के लिए पर्याप्त है। सुबह उठकर या रात को सोने से पहले शांत बैठकर अपनी साँस पर ध्यान देना, धीरे-धीरे गहरी साँस लेना और छोड़ना—यही पर्याप्त है। शुरुआत में मन भटकता है, लेकिन जैसे-जैसे अभ्यास बढ़ता है, मन स्थिर होने लगता है।

एक विद्यार्थी की कहानी इस संदर्भ में बेहद प्रेरणादायक है। बैजू नाम का एक छात्र पढ़ाई में अच्छा था, लेकिन परीक्षा के समय उसका मन इतना विचलित हो जाता कि उसकी मेहनत का परिणाम कभी सामने नहीं आता। वह घबराहट, तनाव और चिंता में डूबा रहता। उसके शिक्षक ने उसे प्राणायाम और ध्यान का अभ्यास करने की सलाह दी। शुरुआत में बैजू को यह कठिन लगा। बैठते ही मन इधर-उधर भागने लगता। लेकिन धीरे-धीरे उसने इसे अपनी दिनचर्या का हिस्सा बना लिया। हर दिन वह केवल दस मिनट साँस पर ध्यान देता और धीरे-धीरे उसका मन शांत होने लगा। परीक्षा के समय भी वह घबराने के बजाय आत्मविश्वास से भर गया। परिणाम यह हुआ कि उसने अच्छे अंक प्राप्त किए और सबसे बड़ी बात, उसने पढ़ाई का आनंद लेना शुरू कर दिया।

यह कहानी हमें बताती है कि ध्यान और प्राणायाम केवल आध्यात्मिक साधना नहीं हैं, बल्कि यह हमारे रोज़मर्रा के जीवन की व्यावहारिक समस्याओं का हल हैं। चाहे आप विद्यार्थी हों, नौकरीपेशा हों, गृहिणी हों या बुज़ुर्ग—हर कोई इससे लाभ उठा सकता है।

सोचिए, जब हम अपने मन को हल्का कर लेते हैं, तो रिश्तों में भी मधुरता आ जाती है। जब मन शांत होता है, तो हम परिवार और दोस्तों से प्यार से बात करते हैं। जब हम भीतर से मजबूत होते हैं, तो जीवन की चुनौतियाँ हमें डराती नहीं। यह अध्याय पिछले अध्यायों से जुड़कर यही संदेश देता है—खुशी, संतुलन और रिश्तों की ताक़त तभी फलती-फूलती है जब हमारा मन शांत और हल्का हो। और मन को हल्का और शांत करने का सबसे सरल साधन है ध्यान और प्राणायाम।

ध्यान और साँस का विज्ञान वास्तव में इतना गहरा है कि इसे केवल शब्दों में बाँधना कठिन है। जब हम जन्म लेते हैं तो पहला काम हम साँस लेते हैं, और जब जीवन समाप्त होता है तो आखिरी काम भी साँस छोड़ना होता है। यानी हमारे जीवन का पूरा चक्र इसी अदृश्य धारा पर टिका है। लेकिन दुर्भाग्य यह है कि हम इस साँस के महत्व को समझ ही नहीं पाते। हम रोज़ हज़ारों बार साँस लेते और छोड़ते हैं, लेकिन शायद ही कभी यह महसूस करते हैं कि यह साँस हमारे शरीर और मन को किस तरह प्रभावित कर रही है। जब हम गुस्से में होते हैं तो साँस तेज़ और भारी हो जाती है, जब डरते हैं तो साँस रुक-सी जाती है, और जब हम शांति में होते हैं तो साँस धीमी और गहरी चलती है। यानी साँस हमारे भावनात्मक संसार का दर्पण है। ध्यान इसी दर्पण को साफ़ करने का नाम है।

ध्यान का अर्थ है अपने मन की भीड़ को थोड़ा विराम देना। हम सब जानते हैं कि दिनभर दिमाग़ में कितने विचार घूमते रहते हैं। काम की चिंता, रिश्तों की उलझनें, भविष्य का डर, अतीत का पछतावा—ये सब मिलकर एक भीड़ बना देते हैं। इस भीड़ में मन थक जाता है और हम भीतर से खाली महसूस करने लगते हैं। ध्यान हमें यह कला सिखाता है कि इस भीड़ को किनारे करके कुछ पल के लिए मौन में प्रवेश किया जाए। जब हम आँखें बंद करके केवल साँस पर ध्यान देते हैं, तो धीरे-धीरे विचारों का शोर कम होने लगता है। यह किसी मशीन को रीस्टार्ट करने जैसा है। मन को एक नई ऊर्जा और ताज़गी मिलती है।

प्राणायाम इस प्रक्रिया को और गहराई से समझाता है। प्राण केवल हवा नहीं है, यह जीवन की वह ऊर्जा है जो हमें जीवित रखती है। जब हम प्राणायाम करते हैं तो हम केवल फेफड़ों को भरने

और खाली करने का अभ्यास नहीं कर रहे होते, बल्कि अपनी पूरी जीवन-ऊर्जा को संतुलित कर रहे होते हैं। यह संतुलन हमारे शरीर में स्थिरता लाता है, मन को शांत करता है और आत्मा को भीतर से मजबूत बनाता है। कई बार लोग कहते हैं कि ध्यान और प्राणायाम में क्या अंतर है। अंतर यह है कि ध्यान अधिकतर मानसिक प्रक्रिया है, जबकि प्राणायाम श्वास और शरीर के माध्यम से मन को नियंत्रित करने की विधि है। लेकिन दोनों का लक्ष्य एक ही है—भीतर की शांति और संतुलन।

प्राणायाम के अनगिनत लाभ हैं। यह शरीर में ऑक्सीजन का प्रवाह बढ़ाता है, रक्त को शुद्ध करता है और हृदय को स्वस्थ बनाता है। मानसिक स्तर पर यह बेचैनी, तनाव और चिंता को कम करता है। आध्यात्मिक स्तर पर यह हमें गहरी जागरूकता की ओर ले जाता है। जब हम लगातार प्राणायाम करते हैं, तो हमें महसूस होता है कि हम बाहरी परिस्थितियों से उतने प्रभावित नहीं होते जितना पहले हुआ करते थे। छोटी-छोटी बातें हमें परेशान नहीं करतीं, और हम समस्याओं को अधिक संतुलित मन से देख पाते हैं।

यहाँ एक साधारण अनुभव का ज़िक्र करना ज़रूरी है। जब मैं पहली बार प्राणायाम से जुड़ा, तो मुझे लगा कि यह केवल साँसों की कसरत है। लेकिन धीरे-धीरे मैंने पाया कि यह मेरे भीतर के गुस्से और चिड़चिड़ेपन को कम कर रहा है। पहले छोटी-छोटी बातों पर मैं भड़क उठता था, लेकिन कुछ हफ्तों के अभ्यास के बाद मुझे लगा कि वही परिस्थितियाँ अब मुझे उतना परेशान नहीं कर रही हैं। धीरे-धीरे मैंने यह भी अनुभव किया कि सोने में आसानी हो रही है, सिरदर्द और थकान कम हो गई है, और सबसे बड़ी बात यह कि मन कहीं ज़्यादा स्थिर और हल्का महसूस करता है। यह कोई किताब का ज्ञान नहीं, बल्कि वास्तविक अनुभव था जिसने मुझे यकीन दिलाया कि ध्यान और प्राणायाम का विज्ञान केवल सैद्धांतिक नहीं, बल्कि पूरी तरह व्यावहारिक है।

अगर हम इसे पिछले अध्यायों से जोड़कर देखें, तो बात और भी स्पष्ट हो जाती है। जब हमने अध्याय 7 में नकारात्मक विचारों से दूरी बनाने की बात की थी, तो सवाल था कि इसे रोज़मर्रा में कैसे किया जाए। ध्यान और प्राणायाम ही वह साधन हैं जिनसे यह संभव है। यह केवल बातें करने का विषय नहीं, बल्कि अभ्यास का विषय है। जब हम गुस्से और ईर्ष्या को छोड़ना चाहते हैं, तो केवल यह सोचकर नहीं होगा कि "मैं गुस्सा नहीं करूँगा।" इसके लिए हमें अपने मन को स्थिर करना पड़ेगा, और यह स्थिरता साँस के माध्यम से आती है। यही वजह है कि ध्यान और प्राणायाम जीवन में "लेटलाइफ" की तरह हैं—बिना खर्च के मिलने वाली सबसे कीमती दवा।ध्यान और प्राणायाम के बारे में अक्सर लोग यह सोचते हैं कि यह केवल योगियों या साधुओं के लिए है, लेकिन सच यह है कि यह हर आम इंसान के लिए है। आप चाहे किसी भी उम्र के हों, किसी भी परिस्थिति में हों, अपने दिन से केवल दस मिनट निकालना आपके जीवन की दिशा बदल सकता है। यह सुनने में बहुत साधारण लगता है, लेकिन यही साधारण अभ्यास भीतर से असाधारण परिवर्तन लाता है। सुबह उठकर जब दुनिया अभी शोर-शराबे से दूर होती है, अगर हम केवल दस मिनट शांति से बैठकर अपनी साँस पर ध्यान दें, तो मन जैसे नए सिरे से जन्म लेता है। इन दस मिनटों में हमें किसी विशेष आसन की ज़रूरत नहीं, किसी उपकरण की ज़रूरत नहीं, बस एक जगह बैठकर धीरे-धीरे साँस लेना और छोड़ना, और उस लय को महसूस करना है। शुरुआत में मन बहुत भटकेगा, विचार आएँगे और जाएँगे, लेकिन धीरे-धीरे मन समझने लगता है कि अब उसे शांत होना है। यह उसी तरह है जैसे कोई बच्चा शुरू में शरारत करता है लेकिन जब प्यार से बार-बार समझाया जाए तो वह धीरे-धीरे शांत हो जाता है।

जो लोग इस छोटे से अभ्यास को अपनी दिनचर्या का हिस्सा बना लेते हैं, वे बताते हैं कि उनकी ज़िंदगी में धीरे-धीरे बड़ा परिवर्तन आने लगा। पहले जिन बातों पर गुस्सा आ जाता था, वे अब उतनी गंभीर नहीं लगतीं। पहले जहाँ नींद ठीक से नहीं आती थी, वहाँ अब गहरी और सुकूनभरी नींद मिलने लगी। दिमाग़ की थकान और शरीर की जकड़न जैसे खुलने लगती है। यह बदलाव किसी एक दिन का नहीं होता, बल्कि नियमित अभ्यास से धीरे-धीरे जमा होता है। दस मिनट की यह साधना एक ऐसा बीज है जो समय के साथ भीतर की शांति और स्थिरता के पेड़ में बदलता है।

इस अभ्यास की सबसे सुंदर बात यह है कि यह हमें बाहर की दुनिया पर निर्भर नहीं बनाता। अगर हम थके हुए हैं तो अक्सर हम मनोरंजन की तलाश करते हैं—फ़िल्में देखते हैं, गाने सुनते हैं, सोशल मीडिया स्क्रॉल करते हैं। यह सब थोड़ी देर के लिए ध्यान भटकाता है लेकिन भीतर का तनाव वहीं बना रहता है। लेकिन जब हम ध्यान और प्राणायाम करते हैं, तो यह हमें हमारी ही साँस से, हमारे ही भीतर से शांति देता है। यह शांति बाहर से नहीं आती, बल्कि हमारे अपने भीतर से निकलती है। यही वजह है कि यह टिकाऊ होती है।

कई लोग कहते हैं कि उनके पास समय नहीं है। लेकिन सोचिए, हम दिन में कितने घंटे मोबाइल पर बर्बाद कर देते हैं, कितनी देर बेवजह चिंता करते हैं या टीवी देखते हैं। अगर उनमें से सिर्फ़ दस मिनट भी हम अपने लिए निकाल लें तो क्या यह संभव नहीं है? असल में समस्या समय की कमी नहीं, बल्कि प्राथमिकता की होती है। अगर हम सच में चाहें तो यह दस मिनट हमें मिल ही सकते हैं। और यही दस मिनट धीरे-धीरे हमारे पूरे दिन को बदल देते हैं।

इस अभ्यास के मानसिक लाभ जितने गहरे हैं, उतने ही इसके भावनात्मक और रिश्तों पर भी असर पड़ते हैं। जब हमारा मन शांत होता है, तो हम अपने प्रियजनों से अलग तरीके से पेश आते हैं। छोटी-छोटी बातों पर झगड़ने के बजाय हम समझने लगते हैं, हम ज्यादा धैर्यवान बनते हैं। यही वजह है कि जिन लोगों ने ध्यान और प्राणायाम को अपनाया है, वे बताते हैं कि उनके रिश्ते पहले से ज्यादा मधुर और मजबूत हुए हैं। परिवार में शांति और प्यार का वातावरण बन गया है। यह कोई चमत्कार नहीं, बल्कि उस मन का असर है जो हल्का और शांत हो गया है।

अगर इसे पिछले अध्यायों से जोड़ा जाए तो यह और भी स्पष्ट हो जाता है। अध्याय 6 में हमने रिश्तों की ताक़त की बात की थी और अध्याय 7 में नकारात्मक विचारों से मुक्त होने की। लेकिन दोनों ही बातें तभी संभव होती हैं जब मन को साधने का कोई तरीका हो। ध्यान और प्राणायाम वही तरीका है। यह हमें सिखाते हैं कि कैसे गुस्से और ईर्ष्या को धीरे-धीरे पिघलाया जाए, कैसे रिश्तों को धैर्य और करुणा से भरा जाए, और कैसे जीवन की भागदौड़ में भी अपने भीतर का संतुलन बनाए रखा जाए।

दीर्घकालिक रूप से ध्यान और प्राणायाम हमारे जीवन को जिस तरह बदलते हैं, वह अविश्वसनीय है। शरीर अधिक स्वस्थ रहता है, क्योंकि तनाव कम होता है और प्रतिरोधक क्षमता बढ़ती है। मन अधिक संतुलित रहता है, क्योंकि नकारात्मक विचार धीरे-धीरे कम हो जाते हैं। और आत्मा अधिक मुक्त महसूस करती है, क्योंकि हम जीवन को केवल भाग-दौड़ और प्रतियोगिता की दृष्टि से नहीं देखते, बल्कि उसे एक उपहार की तरह जीते हैं। यह परिवर्तन बाहर से दिखता नहीं, लेकिन भीतर से हमें पूरी तरह बदल देता है। जो व्यक्ति पहले छोटी-छोटी बातों में उलझ जाता था, वही व्यक्ति अब परिस्थितियों को सहजता से स्वीकार करता है। यही असली आज़ादी है—बिना शोर-शराबे के, बिना दौलत के, भीतर से हल्का और शांत महसूस करना।

अगर इस अध्याय को अब तक के अध्यायों से जोड़कर देखें तो स्पष्ट हो जाता है कि जीवन की सच्चाई केवल भोग या दौलत नहीं है। खुशी भीतर से आती है (अध्याय 3), इच्छाओं और आवश्यकताओं का संतुलन ज़रूरी है (अध्याय 4), समय का सही उपयोग हमें जीवन के करीब लाता है (अध्याय 5), रिश्ते सबसे बड़ी संपत्ति हैं (अध्याय 6), और नकारात्मक विचारों से दूरी बनाना हमें हल्का करता है (अध्याय 7)। अब अध्याय 8 हमें यह सिखाता है कि इस पूरी यात्रा में ध्यान और प्राणायाम हमारे लिए वह साधन हैं जिनसे हम इन सभी शिक्षाओं को व्यवहार में ला सकते हैं।

किताब पढ़ने वाला जब यहाँ तक पहुँचता है तो उसे यह समझ आता है कि यह केवल विचारों की बात नहीं है, बल्कि जीवन जीने का तरीका है। ध्यान और प्राणायाम किसी आलसी विलासिता का हिस्सा नहीं, बल्कि वह वास्तविक उपकरण हैं जिनसे हम अपने बोझ को उतार सकते हैं। सबसे सुंदर बात यह है कि इसके लिए किसी खर्च की ज़रूरत नहीं, किसी महंगे साधन या यात्रा की आवश्यकता नहीं। केवल दस मिनट, केवल अपनी साँस, और केवल अपने भीतर का मौन—यही सब काफी है।

इस अध्याय का सार यही है कि ध्यान और प्राणायाम कोई विकल्प नहीं, बल्कि आज के दौर में मानसिक और भावनात्मक स्वास्थ्य के लिए अनिवार्यता हैं। जिस दिन हम इन्हें सच में अपनाएँगे, उसी दिन हमें यह एहसास होगा कि शांति खरीदी नहीं जा सकती, बल्कि भीतर से जगाई जाती है। यह एक ऐसा सत्य है जिसे केवल अनुभव किया जा सकता है, शब्दों से पूरा नहीं समझाया जा सकता।

अध्याय 9 : प्रकृति के साथ जुड़ाव – सादगी क सबसे आसान रास्ता

हम सब जानते हैं कि इंसान का असली घर प्रकृति है। लेकिन आज की तेज़-तर्रार ज़िंदगी में हम उससे इतने दूर हो गए हैं कि यह भूल बैठे हैं कि हमारी असली जड़ें कहाँ हैं। ज़रा सोचिए, आखिरी बार आपने खुले आसमान को बिना जल्दी में देखे कब निहारा था? आखिरी बार कब आपने घास पर नंगे पाँव चलकर उस ठंडक को महसूस किया था? या कब आपने हवा की हल्की थपकियों को चेहरे पर महसूस करके सच में मुस्कुराया था? शायद बहुत समय हो गया होगा। यही कारण है कि हम भीतर से थके हुए, बोझिल और खोए हुए महसूस करते हैं।

प्रकृति के करीब रहने के फायदे इतने गहरे हैं कि उन्हें शब्दों में पूरी तरह उतारना मुश्किल है। जब हम हरे-भरे पेड़ों के बीच बैठते हैं तो मन अपने आप शांत हो जाता है। पत्तों की सरसराहट पक्षियों की चहचहाहट और हवा की ताज़गी किसी भी दवा से ज़्यादा असरदार होती है।

वैज्ञानिक भी मानते हैं कि प्रकृति के बीच समय बिताने से तनाव कम होता है, रक्तचाप संतुलित रहता है और मन में सकारात्मकता आती है। लेकिन यह केवल वैज्ञानिक तथ्य नहीं, बल्कि एक भावनात्मक सच्चाई भी है। एक साधारण-सा उदाहरण लें—गर्मियों के दिन में जब हम गाँव में आम के पेड़ की छाँव में बैठते हैं और हवा हल्के-हल्के झूलती है, तो वह सुकून किसी एसी रूम में भी नहीं मिल सकता। यह अनुभव हमें याद दिलाता है कि सादगी ही असल विलासिता है।

हरियाली, नदियाँ और पहाड़ हमारे मन पर गहरा असर डालते हैं। नदी के किनारे बैठकर पानी की लहरों को बहते देखना हमें यह सिखाता है कि जीवन भी लगातार बहता है, रुकता नहीं। पहाड़ हमें धैर्य और स्थिरता का सबक देते हैं, जैसे वे कह रहे हों कि चाहे कितनी भी आँधियाँ आएँ, अगर जड़ें मजबूत हों तो इंसान डगमगाता नहीं। पेड़ हमें यह सिखाते हैं कि देने में ही सच्चा सुख है—वे बिना किसी स्वार्थ के छाया, फल और ऑक्सीजन देते हैं। और फूल हमें यह बताते हैं कि सुंदरता सरलता में होती है। प्रकृति का हर रूप एक शिक्षक है, बस ज़रूरत है कि हम उसके करीब जाएँ और उससे सीखने की विनम्रता रखें।

लेकिन दुख की बात यह है कि आधुनिक जीवन ने हमें प्रकृति से काट दिया है। शहरी जीवन म हम कंक्रीट की दीवारों, गाड़ियों के शोर और धुएँ के बीच घिरे रहते हैं। हम सुबह उठते हैं तो सबसे पहले मोबाइल की स्क्रीन देखते हैं, खिड़की से आती सूरज की किरण नहीं। हम रात को सोते हैं तो एसी की ठंडी हवा में, न कि चाँदनी या ठंडी हवा के झोंकों में। धीरे-धीरे यह दूरी हमारे मन और शरीर दोनों को थकाने लगी है। यही वजह है कि शहर के लोग अक्सर तनाव, अवसाद और अकेलेपन से जूझते हैं।

फिर भी इस व्यस्त और शोरगुल भरी दुनिया में भी हम प्रकृति से जुड़ सकते हैं, बस नीयत क ज़रूरत है। शहरी जीवन में प्रकृति से जुड़ने के कई आसान उपाय हैं। जैसे, अगर आप बालकन में कुछ पौधे लगा लें, तो हर सुबह उन्हें पानी देते समय आपको वही शांति मिलेगी जो किसी बगीचे में घूमने से मिलती है। अगर रोज़ पार्क में दस मिनट टहलें, तो आपके मन और शरीर को उतनी ही ऊर्जा मिलेगी जितनी घंटों ध्यान करने से मिलती है। छत पर बैठकर आसमान तारे देखने से जो सुकून मिलता है, वह किसी भी फिल्म या सीरीज़ से ज़्यादा असली होता है।

कभी-कभी बस खिड़की खोलकर हवा को अंदर आने देना भी इतना असर डालता है कि मन हल्का हो जाता है।

अब आइए थोड़ा हल्के-फुल्के अंदाज़ में बात करें। गाँव और शहर की हवा का अंतर तो हर किसी ने महसूस किया होगा। गाँव की हवा में एक ताज़गी होती है। जैसे ही बस या ट्रेन से गाँव पहुँचते हैं, तो लगता है कि फेफड़े सच में साँस ले रहे हैं। वहीं शहर की हवा में धुआँ और प्रदूषण इतना है कि कभी-कभी लगता है हम साँस नहीं, धुआँ पी रहे हैं। एक बार मेरा एक दोस्त दिल्ली से गाँव आया। जैसे ही उसने गहरी साँस ली, तुरंत बोला—"यार, ये हवा तो मीठी है।" मैंने हँसते हुए कहा—"भाई, ये हवा मीठी नहीं, बस साफ है।" दोनों हँस पड़े। लेकिन उस हँसी के पीछे एक गहरी सच्चाई छुपी थी कि हम शहर में जीते-जीते इस सबसे मूलभूत चीज़ से भी दूर हो गए हैं—साफ हवा।

पाठक अगर इस अध्याय को पढ़ते हुए सोचें तो शायद उन्हें अपने बचपन की याद आ जाए। जब गर्मियों में दादी-नानी के साथ गाँव में रात को छत पर सोते थे और तारे गिनते-गिनते नींद आ जाती थी। जब खेतों में खेलते-खेलते कपड़े मिट्टी से भर जाते थे लेकिन मन खुशी से झूमता था। जब नदी में तैरते समय किसी घड़ी या मोबाइल की चिंता नहीं होती थी। यह सब यादें हमें यह समझाने के लिए काफी हैं कि प्रकृति के साथ जुड़ाव केवल सेहत का नहीं, बल्कि आत्मा का भी सवाल है।

शायद यह अध्याय पढ़ते समय कोई मुस्कुरा दे, क्योंकि उसे अपनी ऐसी ही पुरानी कोई घटना याद आ जाए—जैसे आम के बाग़ से आम तोड़ना, बारिश में भीगना, या सर्दियों की धूप में बैठकर मूँगफली खाना। ये छोटी-छोटी बातें हमें यह सिखाती हैं कि असली आनंद साधारण चीज़ों में छुपा होता है।

आधुनिक जीवन की सबसे बड़ी विडंबना यह है कि हम सुविधा की तलाश में असुविधा खरीद बैठे हैं। हमने सोचा था कि ऊँची-ऊँची इमारतें हमें सुरक्षित करेंगी, लेकिन उन्हीं दीवारों ने हमें कैद कर दिया। हमने माना कि गाड़ियाँ हमें तेज़ बनाएँगी, पर उनके धुएँ ने हमारी साँसें धीमी कर दीं। हमने सोचा था कि शहर की रोशनी हमें जगमग कर देगी, पर उसी रोशनी ने आसमान के तारे छीन लिए। यह सब इसलिए हुआ क्योंकि हमने प्रकृति को केवल संसाधन समझा, साथी नहीं। यही कारण है कि शहरों में रहते हुए भी अक्सर लोग अकेलापन और घुटन महसूस करते हैं। चारों ओर भीड़ है, लेकिन भीतर एक खालीपन है, जो केवल हरियाली, हवा और खुले आकाश से ही भर सकता है।

शहरों में रहते हुए लोग अक्सर कहते हैं कि हमारे पास समय ही नहीं है। लेकिन अगर हम ध्यान से देखें तो समय की कमी नहीं, दृष्टिकोण की कमी है। ऑफिस जाते समय अगर हम दस मिनट पार्क के रास्ते से निकलें तो वही हरियाली हमारे दिनभर की थकान को कम कर सकती है। बालकनी में दो गमले ही क्यों न हों, उनसे भी यह अहसास होता है कि हम किसी जीवित चीज़ से जुड़े हुए हैं। सुबह की पहली धूप को खिड़की से ही महसूस करना या रात को थोड़ी देर आसमान में चाँद को देखना भी मन को संतुलित करता है। यह सब बहुत साधारण बातें हैं, लेकिन इन्हीं साधारण बातों से असाधारण संतुलन बनता है।

एक बार एक बुज़ुर्ग से मुलाकात हुई, जो कई साल शहर में रहने के बाद अपने गाँव लौट आए थे। उन्होंने मुस्कुराते हुए कहा, "बेटा, शहर में मेरे पास सब कुछ था—बड़ा घर, गाड़ी, दुकानें पास में, लेकिन नींद नहीं थी। गाँव में मेरे पास शायद सुविधाएँ कम हैं, लेकिन चैन की नींद है।" उनकी यह बात सीधी-सादी थी, पर इतनी गहरी कि लंबे समय तक सोचने पर मजबूर कर

गई। हम अक्सर भूल जाते हैं कि जीवन का असली मूल्य चैन और संतोष है, और यह प्रकृति से जुड़कर ही संभव है।

प्रकृति से जुड़ने का एक और तरीका है बच्चों से सीखना। अगर आप ध्यान दें तो बच्चे मिट्टी में खेलते हुए सबसे खुश होते हैं। उन्हें किसी महंगे खिलौने की ज़रूरत नहीं, बस रेत, पानी और खुले मैदान ही काफी हैं। बच्चों की यह सहज खुशी हमें याद दिलाती है कि असली आनंद जटिलताओं में नहीं, सादगी में छुपा है। लेकिन हम बड़े होते-होते इस सादगी को भूल जाते हैं। हम अपने बच्चों को भी प्रदूषित हवा और बंद दीवारों में पाला-पोसा कर वही गलती दोहरा रहे हैं जो हमने खुद की है। अगर हम उन्हें पार्क, बगीचे या गाँव की छुट्टियों में प्रकृति से जोड़ें, तो वे ज़्यादा संतुलित और प्रसन्न रहेंगे।

शहर में रहकर भी प्रकृति को अपने जीवन का हिस्सा बनाने के कई तरीके हैं। आप छत पर छोटे-छोटे पौधे लगा सकते हैं, खिड़कियों पर तुलसी या एलोवेरा रख सकते हैं। ये न केवल हवा को साफ करते हैं बल्कि मन को भी ताज़गी देते हैं। सप्ताह में एक बार पास के किसी प्राकृतिक स्थल पर जाना, जैसे झील, पार्क या पहाड़ी, हमारे भीतर ऊर्जा भर देता है। और सबसे ज़रूरी बात यह कि हमें अपने भीतर यह आदत डालनी होगी कि जब भी समय मिले, हम आकाश, धरती और हवा को महसूस करें। यह कोई अतिरिक्त काम नहीं, बल्कि जीवन की मूल ज़रूरत है।

कभी-कभी हम यह भी सोचते हैं कि शहर का जीवन हमें व्यस्त रखता है, लेकिन सच यह है कि व्यस्तता केवल बहाना है। असली कारण यह है कि हमने अपनी प्राथमिकताओं में प्रकृति को जगह ही नहीं दी। जैसे हम भोजन और नींद को अनिवार्य मानते हैं, वैसे ही अगर प्रकृति को भी अनिवार्य मान लें, तो हमारे जीवन की कई समस्याएँ अपने आप हल हो जाएँगी। प्रकृति से दूरी ही वह कारण है कि आज तनाव, अवसाद और बीमारियाँ इतनी तेज़ी से बढ़ रही हैं। यह मान लेना कि दवा ही समाधान है, अधूरा सच है। असली इलाज तो यही है कि हम अपने स्रोत से, यानी प्रकृति से, फिर से जुड़ें।

प्रकृति और मन का रिश्ता इतना पुराना है कि यह कहना गलत नहीं होगा कि मनुष्य की आत्मा का असली घर प्रकृति ही है। जब भी हम प्रकृति के करीब जाते हैं, हमें यह अहसास होता है कि हमारे भीतर का तनाव, गुस्सा और चिंता धीरे-धीरे गलने लगती है। यह अनुभव शब्दों से परे है। कभी आप नदी किनारे बैठें और बहते पानी की आवाज़ सुनें, तो लगता है जैसे कोई आपके मन की सारी उलझनों को बहाकर ले जा रहा हो। पहाड़ों पर खड़े होकर दूर तक फैले दृश्य को देखें, तो अहंकार अपने आप छोटा हो जाता है। एक पेड़ के नीचे छाया में बैठें और उसकी जड़ों को देखें, तो लगेगा जैसे वह चुपचाप कह रहा है—"गहराई में जाओ, जड़ें मजबूत रखो, जीवन की आँधियाँ तुम्हें गिरा नहीं पाएँगी।" यही सबक किताबों से नहीं, बल्कि प्रकृति से मिलता है।

गाँव और शहर की तुलना इस संदर्भ में बहुत दिलचस्प है। गाँव की सुबह ही अलग होती है। मुर्गे की बाँग, गाय की घंटियों की आवाज़, खेतों की खुशबू और हल्की-हल्की धुंध सब मिलकर ऐसा दृश्य बनाते हैं जिसे देखकर कोई भी मुस्कुरा दे। वहीं शहर की सुबह अलार्म घड़ी की चीख, गाड़ियों के हॉर्न और धुएँ से भरी हवा में खुलती है। गाँव में लोग खेतों की ओर जाते हैं तो एक-दूसरे को मुस्कुराकर नमस्ते कहते हैं, जबकि शहर में लोग सड़क पर चलते हुए भी मोबाइल स्क्रीन में गुम रहते हैं। यह तुलना कठोर लग सकती है, लेकिन यह सच्चाई है। गाँव की सादगी जीवन को हल्का करती है, और शहर की जटिलता हमें बोझिल बना देती है।

एक बार मैं अपने एक दोस्त के साथ गाँव गया था। वह शहर का लड़का था और पहली बार खेत देख रहा था। वहाँ पहुँचकर उसने कहा, “अरे यार, ये तो सच में हरा-हरा कालीन बिछा है।” हम सब हँस पड़े, लेकिन उसकी यह बात सुनकर लगा कि जो चीज़ गाँववालों के लिए रोज़मर्रा की साधारण दृश्य थी, वही किसी शहरवाले के लिए किसी सपने जैसी लगती है। उसी दिन शाम को जब हम सब नदी में नहाने गए, तो उसने इतना मज़ा किया कि बोला—“भाई, ये स्विमिंग पूल से कहीं अच्छा है।” उसकी यह मासूमियत भरी खुशी यह साबित कर रही थी कि असली आनंद कृत्रिम जगहों पर नहीं, बल्कि प्रकृति की गोद में है।

शहर में रहते हुए भी हमें प्रकृति के साथ जुड़ने के मौके तलाशने चाहिए। कई बार लोग कहते हैं कि हमारे पास तो पहाड़ या नदी नहीं है, हम कैसे जुड़ें? सच यह है कि जुड़ाव केवल भौगोलिक नहीं, भावनात्मक होता है। एक गमले में उगती नई पत्ती को देखकर भी वैसा ही आनंद मिल सकता है जैसा किसी जंगल में घूमने से मिलता है। एक बरसाती शाम में छत पर खड़े होकर बारिश को महसूस करना हमें उतना ही हल्का करता है जितना किसी झरने के पास जाना। फर्क सिर्फ इतना है कि हम उन पलों को कितनी संवेदनशीलता से जीते हैं।

प्रकृति से जुड़ाव का असर केवल मानसिक नहीं, बल्कि सामाजिक भी होता है। जो लोग प्रकृति में समय बिताते हैं, वे ज़्यादा मिलनसार, धैर्यवान और संवेदनशील पाए जाते हैं। सोचिए, अगर आप रोज़ शाम को किसी पार्क में जाते हैं, तो वहाँ आपको नए लोग मिलेंगे, बच्चे खेलते दिखेंगे, और शायद आप किसी अनजाने से भी मुस्कान बाँट लेंगे। ये छोटी-छोटी बातें हमें इंसान से इंसान जोड़ती हैं। इसके उलट, शहर के बंद कमरों और स्क्रीन से चिपके रहने से दूरी और अकेलापन बढ़ता है।

कभी-कभी प्रकृति हमें हँसाती भी है। जैसे गाँव में जब बिजली जाती है और सब लोग बाहर चौपाल पर बैठते हैं, तो कोई मज़ाक करता है, कोई कहानी सुनाता है और पूरा माहौल हल्का हो जाता है। वहीं शहर में जब बिजली जाती है तो लोग परेशान हो जाते हैं, चिड़चिड़ा जाते हैं और सबसे पहले शिकायतें शुरू कर देते हैं। यही अंतर है सादगी और जटिलता का। प्रकृति हमें परिस्थितियों को सहजता से स्वीकारना सिखाती है, जबकि कृत्रिमता हमें और चिड़चिड़ा बना देती है।जब हम गाँव और शहर की कहानियों को ध्यान से देखते हैं तो यह समझ आता है कि दोनों जगहों की ज़िंदगी हमें अलग-अलग सबक देती है। गाँव हमें सिखाता है कि सादगी में कितनी सुंदरता होती है। मिट्टी से सनी हुई पगडंडियाँ, कुएँ से खींचा हुआ पानी, सुबह-सुबह खेतों से आती ताज़गी भरी खुशबू—ये सब जीवन को गहराई से जीना सिखाते हैं। वहीं शहर हमें सुविधा और अवसर देता है, लेकिन उसी सुविधा के पीछे हम कभी-कभी अपने मन की शांति खो बैठते हैं। असली बुद्धिमानी यही है कि हम दोनों के बीच संतुलन बनाना सीखें। अगर शहर की भागदौड़ में भी हम गाँव जैसी सादगी के लिए समय निकालें, तो जीवन कहीं ज़्यादा हल्का और सार्थक हो सकता है।

प्रकृति से जुड़ाव केवल मन को शांत नहीं करता, बल्कि हमें खुद से भी मिलाता है। जब आप किसी पेड़ के नीचे बैठते हैं और हवा आपके चेहरे को छूती है, तो अचानक लगता है कि जीवन की सारी भागदौड़ केवल एक नाटक है। उस पल में जो शांति मिलती है, वह हमें यह अहसास कराती है कि हम भी उसी प्रकृति का हिस्सा हैं, अलग नहीं। यह अनुभव शब्दों से परे है, यह कोई किताब नहीं सिखा सकती, केवल जीकर ही समझा जा सकता है। यही जुड़ाव हमें भीतर से मजबूत बनाता है |

एक गाँव में रात को सब लोग आँगन में खाट बिछाकर सो रहे थे। अचानक एक बच्चा आसमान की ओर इशारा करके बोला, “देखो, तारा टूट रहा है!” सबने ऊपर देखा और सच में

आकाश में एक चमकती हुई लकीर गुज़री। उस पल सबके चेहरे पर आश्चर्य और मुस्कान थी। कोई इच्छा माँग रहा था, कोई बस हँस रहा था। उस साधारण-सी घटना में इतना आनंद था कि लगा जैसे पूरे जीवन की थकान मिट गई हो। अब ज़रा सोचिए, यही घटना अगर शहर में होती, तो शायद ही किसी ने आसमान की ओर देखा होता। यह अंतर हमें बताता है कि प्रकृति से जुड़ना न केवल आनंद देता है, बल्कि हमारी संवेदनशीलता भी वापस लौटाता है।

प्रकृति के साथ जुड़ाव हमें यह भी सिखाता है कि जीवन का असली आनंद उपभोग में नहीं, अनुभव में है। शहर में हम चीज़ें जमा करते रहते हैं—कपड़े, गैजेट्स, सजावट, लेकिन गाँव की यादों में हमें जो खुशी मिलती है वह किसी खरीदारी से कभी नहीं मिली। सोचिए, सर्दियों की सुबह आग के पास बैठकर गुड़ और मूँगफली खाना, या बारिश के मौसम में छत से टपकती बूँदों के नीचे खड़े होना—ये क्षण पैसे से नहीं खरीदे जा सकते। ये हमें मुफ्त मिलते हैं और इन्हीं में असली सादगी और खुशी छुपी है।

अगर हम अपने बच्चों को केवल मॉल, सिनेमाघर और गेमिंग ज़ोन दिखाएँगे तो वे सोचेंगे कि खुशी वही है। लेकिन अगर हम उन्हें खेत में ले जाएँ, उन्हें नंगे पाँव मिट्टी पर दौड़ने दें, उन्हें नदी में तैरने दें, तो वे समझेंगे कि असली खुशी प्रकृति के साथ है। यही शिक्षा उन्हें भविष्य में एक संतुलित इंसान बनाएगी। यह हमारी जिम्मेदारी है कि हम आने वाली पीढ़ियों को यह सच्चाई दिखाएँ, ताकि वे भी इस कृत्रिमता की भीड़ में खो न जाएँ।

इस अध्याय का निष्कर्ष यही है कि प्रकृति से जुड़ना ही सादगी का सबसे आसान रास्ता है। हमें अपने जीवन को जटिल बनाने की ज़रूरत नहीं, बल्कि सरल बनाने की ज़रूरत है। जब हम हरियाली, नदियों और पहाड़ों से जुड़े रहते हैं तो मन अपने आप हल्का और शांत हो जाता है। यह जुड़ाव हमें याद दिलाता है कि इंसान चाहे कितनी भी तरक्की कर ले, अंत में उसे वही हवा, वही पानी और वही मिट्टी चाहिए। यही सच्चाई है, यही वास्तविकता है।

और शायद जब पाठक इस अध्याय को पढ़ते हुए मुस्कुराएँ और यह महसूस करें कि हाँ, मैंने भी कभी बचपन में यह सब जिया था, तो यही इस किताब की सफलता होगी। क्योंकि किताब का मकसद केवल पढ़ाना नहीं, बल्कि आपको अपने भीतर लौटाना है। और प्रकृति से जुड़ाव ही वह पुल है जो हमें उस भीतर की दुनिया तक ले जाता है, जहाँ असली सादगी और असली खुशी छुपी हुई है।

अध्याय 10 : कमाई से अधिक, खर्च पर नियंत्रण – बजटिंग की कला

अक्सर लोग सोचते हैं कि आर्थिक सादगी का मतलब गरीब होना या खुद को तरक्की से रोकना है, जबकि असलियत इससे बिल्कुल अलग है। आर्थिक सादगी का असली मतलब है अपनी ज़िंदगी को इस तरह सँवारना कि कमाई और खर्च के बीच तालमेल बना रहे। हम जितना कमाते हैं, अगर उससे कहीं ज़्यादा खर्च करने लगते हैं तो चाहे लाखों की सैलरी हो, तनाव कम नहीं होगा। दूसरी ओर, अगर हमारी कमाई सीमित है लेकिन हम खर्चों को संतुलित रखते हैं तो कम आय में भी चैन और खुशी से जिया जा सकता है। यही संतुलन जीवन की असली कला है। कहते हैं कि पैसा इंसान को आराम दे सकता है लेकिन संतोष नहीं। संतोष तभी आता है जब हम अपने खर्चों पर नियंत्रण रखना सीखते हैं। सोचिए, अगर किसी को हर महीने पचास हज़ार मिलते हैं लेकिन वह साठ हज़ार खर्च कर देता है तो उसके जीवन में हमेशा तनाव रहेगा। वहीं दूसरी ओर, अगर कोई व्यक्ति तीस हज़ार कमाता है और बीस हज़ार में आराम से गुज़ार लेता है तो उसके पास दस हज़ार बचत के रूप में रहती है और वही बचत उसे आत्मविश्वास देती है। असली समृद्धि कमाई की ऊँचाई से नहीं, बल्कि खर्च की समझ से तय होती है।

हम अक्सर देखते हैं कि लोग अपनी कमाई दिखाने के लिए बड़े-बड़े खर्च करते हैं। नया मोबाइल आ गया तो पुराना काम करने के बावजूद तुरंत नया ले लिया। शादी-ब्याह या पार्टियों में दिखावे के लिए लाखों खर्च कर दिए, ताकि लोग कहें कि वाह क्या धूमधाम थी। लेकिन यही लोग महीने के आखिर में तनाव में रहते हैं कि अब EMI कैसे चुकाएँगे या बच्चों की फीस कहाँ से आएगी। यह विडंबना हमारे समाज में आम हो चुकी है। आर्थिक सादगी हमें यह सिखाती है कि दिखावे से बड़ी चीज़ संतुलन है।

बजट बनाने की कला इसी संतुलन को साधने का सबसे सरल तरीका है। बजट का मतलब यह नहीं कि आप कंजूस बन जाएँ, बल्कि यह है कि आप अपनी ज़रूरतों और इच्छाओं में फर्क करना सीखें। अगर हम हर महीने बैठकर अपनी आमदनी और खर्च की सूची बना लें तो हमें साफ दिखेगा कि कहाँ हम ज़रूरत से ज़्यादा खर्च कर रहे हैं। मान लीजिए कि कोई परिवार हर महीने 40,000 रुपये कमाता है और उसमें से 15,000 किराए में, 10,000 खाने-पीने में, 5,000 बच्चों की पढ़ाई में और 5,000 सफर में खर्च हो जाते हैं, तो उनके पास 5,000 रुपये बचते हैं। अगर यही पाँच हज़ार वे दिखावे या बेवजह की खरीदारी में लगा दें तो बचत शून्य हो जाएगी। लेकिन अगर वे उसी पाँच हज़ार में से दो हज़ार बचाकर रखें और बाकी तीन हज़ार छोटे-छोटे सुखों के लिए रखें तो जीवन संतुलित रहेगा।

एक मज़ेदार किस्सा है मेरे एक दोस्त का। उसकी आदत थी कि जब भी बाजार जाता तो “सेल” देखकर चीज़ें खरीद लेता, चाहे ज़रूरत हो या न हो। अलमारी में उसके पास पाँच जैकेट थे लेकिन फिर भी उसने छठा खरीद लिया सिर्फ इसलिए कि 50% ऑफ लिखा था। बाद में मजाक में खुद ही कहता था कि “भाई, अब मैं डिस्काउंट देखकर गरीब हो रहा हूँ।” हम सब हँसते थे लेकिन असलियत यही थी। इस किस्से से हमें यही सीख मिलती है कि बजटिंग केवल

खर्च कम करना नहीं है, बल्कि यह समझना है कि किस खर्च की सच में ज़रूरत है और किसक नहीं।

छोटे परिवारों का संतुलित जीवन हमें बहुत कुछ सिखा सकता है। जैसे किसी परिवार की मासिक आय 25,000 है लेकिन वे अपने खर्च को 18,000 तक सीमित रखते हैं। हर महीने 7,000 बचत कर लेते हैं। यही बचत उन्हें आपातकाल में मदद करती है, बच्चों की पढ़ाई या अचानक आए खर्चों में सहारा देती है। ऐसे परिवार भले ही बड़े-बड़े ब्रांड्स के कपड़े न पहनते ह लेकिन उनके चेहरे पर संतोष और आत्मविश्वास रहता है। यह संतोष किसी महंगे रेस्टोरेंट क डिनर से नहीं मिलता, बल्कि उस सुरक्षा से मिलता है कि कल अगर कुछ हुआ तो उनके पास सहारा है।

आर्थिक सादगी का असली सुख यह है कि यह हमें डर से मुक्त करती है। जब हमारे पास बच होती है और खर्च नियंत्रित होते हैं तो हमें यह चिंता नहीं रहती कि महीने के आखिरी दिनों में जेब खाली हो जाएगी। हमें उधार लेने या कर्ज़ में डूबने का डर नहीं रहता। यही डर से मुक्ति असली अमीरी है। कई बार लोग कहते हैं कि अमीर वही है जिसके पास करोड़ों की संपत्ति है, लेकिन असल में अमीर वह है जो बिना डर और तनाव के अपनी ज़िंदगी जी सकता है।

अब अगर अभ्यास की बात करें तो यह बहुत सरल है। हर पाठक इस अध्याय को पढ़ने के बा एक कागज़ लें और दो कॉलम बनाएँ—एक में आमदनी, दूसरे में खर्च। खर्च वाले कॉलम में स कुछ लिखें, चाहे वह बिजली का बिल हो या कॉफी पर खर्च किए हुए पैसे। जब यह लिस्ट पूरी जाएगी तो साफ दिखेगा कि कहाँ हम गैरज़रूरी चीज़ों पर पैसा बहा रहे हैं। यही अभ्यास हमें धीरे-धीरे आर्थिक सादगी की ओर ले जाएगा।

हमारे समाज में अक्सर लोग इस बात पर गर्व करते हैं कि उनकी कमाई कितनी है, लेकिन य शायद ही कोई पूछता है कि वे हर महीने कितना बचा पाते हैं। असली समझदारी इसी में है कि हम अपनी आय को सही दिशा में लगाएँ। बचत को लोग अक्सर टालते हैं और कहते हैं कि ज ज्यादा कमाएँगे तब बचाएँगे, लेकिन सच तो यह है कि अगर आदत नहीं है तो लाखों की कम भी हाथ से पानी की तरह बह जाएगी। मैंने एक ऐसे आदमी को देखा है जिसकी आय लाखों में थी लेकिन महीने के आखिर में उस के पास उधार माँगने के अलावा कोई चारा नहीं रहता था। वहीं दूसरी ओर, मेरी गली में रहने वाले एक सज्जन थे जो मामूली आय में भी हर महीने थोड़ा-थोड़ा बचाकर एक छोटा-सा घर खड़ा कर पाए। यह फर्क केवल सोच का था, कमाई का नहीं।

बजटिंग की कला को लोग अकाउंटेंट का काम समझते हैं, जबकि यह तो जीवन का सबसे जरूरी अभ्यास है। जैसे हम शरीर को स्वस्थ रखने के लिए रोज़मर्रा का खान-पान नियंत्रित करते हैं, वैसे ही वित्तीय स्वास्थ्य के लिए बजट जरूरी है। बजट हमें यह अहसास कराता है कि हमारी ज़रूरतें और हमारी इच्छाएँ अलग-अलग चीज़ें हैं। ज़रूरतें वे हैं जिनके बिना जीवन कठिन हो जाएगा—जैसे खाना, कपड़ा, मकान, बच्चों की पढ़ाई या इलाज। जबकि इच्छाएँ वे जिन्हें पूरा करना अच्छा लगता है लेकिन उनके बिना भी काम चल सकता है। समस्या यह है कि हम अक्सर इच्छाओं को ज़रूरत मान बैठते हैं और यहीं से असंतुलन शुरू होता है।

एक परिवार का किस्सा है जो दिखावे में इतना डूब गया कि कर्ज़ से बाहर ही नहीं निकल पाय घर में एक अच्छी-खासी गाड़ी थी लेकिन जब पड़ोसी ने नई गाड़ी खरीदी तो इन्हें भी लेने की हड़बड़ी हो गई। EMI पर गाड़ी ली, फिर उसके बाद गाड़ी का खर्च अलग। बच्चों को बढ़िया स्कूल में डाल दिया लेकिन फीस भरना मुश्किल हो गया। महीने के खर्च पूरे करने के लिए उधार लेना पड़ा और धीरे-धीरे हालत ऐसी हो गई कि तनाव ही जीवन का हिस्सा बन गया।

अगर यह परिवार अपने सामर्थ्य के अनुसार चलता, दिखावे में न पड़ता तो शायद कम में भी ज्यादा चैन से जीता। यह कहानी बहुत आम है और लगभग हर शहर में हमें ऐसे कई परिवार मिल जाएँगे।

कभी-कभी बजटिंग को बोझ समझा जाता है लेकिन अगर सही ढंग से देखें तो यह तो जीवन को हल्का करने का साधन है। जब हमें पता होता है कि कहाँ खर्च करना है और कहाँ रोकना है तो हम बिना डर और चिंता के खर्च कर पाते हैं। कई लोग कहते हैं कि पैसे का हिसाब रखना बोरिंग है लेकिन वही लोग महीने के आखिर में तनाव में रहते हैं। सोचिए, अगर कोई जानता है कि उसके पास इस महीने मनोरंजन के लिए दो हज़ार अलग रखे हैं तो वह फिल्म देखने जाएगा भी तो guilt free होकर। वहीं अगर बिना हिसाब के जाएगा तो बाद में पछताएगा कि पैसा कहाँ चला गया।

बजटिंग का एक दिलचस्प पहलू यह भी है कि यह हमें छोटे-छोटे सुखों की कद्र करना सिखाता है। जब हम समझदारी से खर्च करते हैं तो हमें यह एहसास होता है कि खुशी किसी बड़ी खरीद में नहीं, बल्कि साधारण अनुभवों में है। कभी परिवार के साथ घर की छत पर बैठकर चाय पीना उतना ही आनंद देता है जितना किसी महंगे होटल का कॉफी। फर्क सिर्फ नजरिए का है। यही आर्थिक सादगी हमें यह याद दिलाती है कि खुशी खरीदी नहीं जा सकती।

आधुनिक जीवन में एक और समस्या है—क्रेडिट कार्ड का जाल। कई लोग इसे सुविधा मानते हैं लेकिन यह अक्सर फाँसी का फंदा साबित होता है। लोग सोचते हैं अभी खरीद लो, बाद में भर देंगे, लेकिन यही “बाद में” कभी आता ही नहीं और धीरे-धीरे कर्ज़ पहाड़ बन जाता है। यह समझना जरूरी है कि उधार का पैसा हमारी कमाई नहीं है, यह तो सिर्फ भविष्य को बोझिल बनाने का तरीका है। असली राहत तो तभी है जब हम उसी पर खर्च करें जो वास्तव में हमारी जेब में है।

छोटे परिवारों के उदाहरण बहुत प्रेरक होते हैं। मैंने एक ऐसे परिवार को देखा जहाँ पति-पत्नी दोनों नौकरी करते थे, आय बहुत बड़ी नहीं थी लेकिन दोनों ने मिलकर एक साफ नियम बना रखा था—हर महीने आय का 20% बचत में जाएगा चाहे कुछ भी हो। शुरू-शुरू में मुश्किल लगी लेकिन धीरे-धीरे आदत बन गई। पाँच साल बाद उनके पास इतनी बचत हो गई कि वे बिना कर्ज़ लिए अपना खुद का घर खरीद पाए। उनके चेहरे पर गर्व और संतोष साफ झलकता था। यह वही संतोष है जो केवल बजटिंग और सादगी से आता है, न कि अनियंत्रित खर्च से।

हमारे समाज में बच्चों को भी यह शिक्षा देना जरूरी है कि पैसा पेड़ों पर नहीं उगता। जब हम अपने बच्चों को बजट का हिस्सा बनाते हैं, उन्हें बताते हैं कि जेब खर्च का भी हिसाब रखना चाहिए, तभी वे आगे चलकर समझदार बनते हैं। अगर हम उन्हें सब कुछ बिना सोचे-समझे देते रहेंगे तो वे यह सीखेंगे कि पैसा अनंत है और खर्च करते रहना ही जीवन है। लेकिन अगर वे खुद महसूस करेंगे कि हर चीज़ का हिसाब है तो वे अपने जीवन में भी वही संतुलन अपनाएँगे।

हमारे जीवन की सबसे बड़ी सच्चाई यह है कि पैसा कभी भी पर्याप्त नहीं होता, चाहे कमाई कितनी भी क्यों न हो। हमेशा कुछ न कुछ नया खरीदने की इच्छा बनी रहती है। लेकिन असली संतुलन तब आता है जब इंसान यह समझ लेता है कि हर इच्छा पूरी करना जरूरी नहीं है। यह समझ हमें मुक्त करती है। जब हम खर्चों को प्राथमिकता देते हैं और तय करते हैं कि कौन-सा खर्च सच में जीवन के लिए जरूरी है और कौन-सा सिर्फ अहंकार या दिखावे के लिए, तभी असली बजटिंग शुरू होती है। उदाहरण के लिए, अगर कोई व्यक्ति हर महीने ब्रांडेड कपड़ों पर दस हज़ार खर्च करता है और दूसरी ओर घर में बच्चों की पढ़ाई या माता-पिता की दवाओं के

लिए पैसे कम पड़ जाते हैं, तो यह संतुलन नहीं, बल्कि मूर्खता है। बजटिंग हमें यही सिखाती है कि प्राथमिकताएँ तय करना ही सबसे बड़ा विवेक है।

मेरे पड़ोस में एक परिवार था जिनकी आमदनी बहुत बड़ी नहीं थी, लेकिन उनका जीवन हमेशा खुशहाल और सुकूनभरा लगता था। राज़ यह था कि उन्होंने अपने खर्चों को इस तरह व्यवस्थित कर रखा था कि कभी किसी चीज़ की कमी महसूस नहीं होती थी। पति महीने की पहली तारीख को ही सारी जरूरी चीज़ों की सूची बना लेता, पत्नी हर खर्च को कॉपी में लिखती और दोनों मिलकर तय करते कि इस महीने किस पर कितना खर्च होगा। इस प्रक्रिया में बच्चे भी शामिल होते। महीने के अंत में जब सब बैठकर हिसाब देखते तो बच्चे यह सीखते कि पैसों का महत्व क्या है। यही आदत धीरे-धीरे उनके जीवन का हिस्सा बन गई और उन्होंने कभी उधार या कर्ज़ की ज़रूरत महसूस नहीं की। यह देखकर हमेशा लगता था कि असली अमीरी कमाई से नहीं, अनुशासन से आती है।

पैसे के मामले में कई बार हम भावनाओं के शिकार हो जाते हैं। जब जेब में थोड़े ज्यादा पैसे होते हैं तो हमें लगता है कि चलो इस बार थोड़ा और खर्च कर लें। लेकिन यही "थोड़ा और" धीरे-धीरे बहुत बड़ा बन जाता है और हमें ऐसे बोझ में डाल देता है जिससे निकलना मुश्किल होता है। एक बार मेरे एक दोस्त ने मजाक में कहा था, "भाई, EMI और ब्याज ने तो हमारी सैलरी से ज्यादा हक जमा लिया है।" उस मजाक में भी गहरी पीड़ा छुपी थी। सच यही है कि जब हम खर्चों को नियंत्रित नहीं करते तो धीरे-धीरे हमारी कमाई का असली मालिक बैंक और कर्ज़दाता बन जाते हैं।

अगर आप ध्यान दें तो देखेंगे कि सादगी और बजटिंग केवल वित्तीय स्थिरता नहीं लाते बल्कि मानसिक शांति भी देते हैं। जब हमें यह पता होता है कि हमने इस महीने बचत कर ली है और कोई भी अप्रत्याशित स्थिति आए तो हम संभाल लेंगे, तब हमारे भीतर आत्मविश्वास बढ़ता है। इसके विपरीत, जब हम हाथ खाली पाते हैं तो छोटी-सी परेशानी भी हमें डरा देती है। यही कारण है कि जिन परिवारों में बजटिंग की आदत होती है, वहाँ झगड़े और तनाव कम होते हैं क्योंकि हर कोई जानता है कि किस सीमा तक खर्च करना है।

यह भी ध्यान देने वाली बात है कि बजटिंग हमें केवल वर्तमान नहीं, भविष्य के लिए भी तैयार करती है। जब हम हर महीने थोड़ा-थोड़ा बचाते हैं तो धीरे-धीरे वही छोटा-सा बीज बड़े पेड़ की तरह बन जाता है। यह पेड़ हमें कठिनाइयों से बचाता है और हमारी आने वाली पीढ़ियों को भी सुरक्षा देता है। सोचिए, अगर हर महीने पाँच हज़ार की बचत की जाए तो दस साल में वही रकम लाखों में बदल सकती है। लेकिन यह चमत्कार तभी संभव है जब हम खर्चों को नियंत्रित करें और लालच के पीछे न भागें।

बजटिंग का एक और पहलू है कि यह हमें अपने भीतर झाँकने पर मजबूर करती है। जब हम खर्चों की लिस्ट बनाते हैं तो कई बार पता चलता है कि हम कितनी बेवजह चीज़ों पर पैसा बर्बाद कर रहे हैं। जैसे बाहर की कॉफी, बार-बार ऑनलाइन शॉपिंग या अनावश्यक सब्सक्रिप्शन। इन्हें काटने से न केवल पैसे बचते हैं बल्कि हमें यह भी समझ आता है कि हमारी खुशी उन चीज़ों से जुड़ी नहीं है। असली खुशी तो उन रिश्तों, अनुभवों और पलों में है जिन्हें हम पैसे के बिना भी जी सकते हैं।

कभी आपने गौर किया है कि हमारी ज़िंदगी में सबसे बड़ी समस्या पैसों की कमी नहीं होती, बल्कि पैसे को सँभालने की समझ की कमी होती है। यही वजह है कि दो लोग एक जैसी कमाई करने के बावजूद एक खुश और सुरक्षित रहता है जबकि दूसरा हमेशा तनाव में जीता है। यह फर्क केवल इस बात से आता है कि कोई खर्चों पर नियंत्रण रखता है और कोई बस मन के बहाव

में बहता चला जाता है। खर्चों पर नियंत्रण रखने का मतलब यह नहीं कि हम जीवन की छोटी-छोटी खुशियों को छोड़ दें, बल्कि इसका अर्थ है कि हम खुशी और दिखावे में फर्क कर पाएं।

बचपन के दिनों को याद करें तो उस समय हमारे माता-पिता की कमाई आज की तुलना में बहुत कम थी लेकिन फिर भी घर में सुरक्षा और संतोष का माहौल रहता था। वजह यह थी कि हर खर्च की योजना होती थी। माँ घर का हिसाब बड़ी बारीकी से रखती थीं। महीने की शुरुआत में ही तय कर लिया जाता था कि दाल-चावल के लिए कितना, बच्चों की फीस के लिए कितना और बचत के लिए कितना। यही कारण था कि कम आय होने के बावजूद परिवार कठिनाइयों से भी मजबूती से गुजर जाता था। आज हमारी कमाई बढ़ गई है लेकिन हिसाब रखने की आदत खो गई है। और जब हिसाब खो जाए तो चाहे लाखों कमाओ, महीने के अंत में जेब खाली ही लगती है।

आर्थिक सादगी का एक और अद्भुत पहलू यह है कि यह हमें स्वतंत्रता देती है। जब हमारा खर्च नियंत्रित होता है और बचत मौजूद होती है तो हमें किसी के सामने हाथ फैलाने की जरूरत नहीं पड़ती। हम अपने फैसले खुद ले सकते हैं। इसके विपरीत, जब हम कर्ज़ या उधार में डूब जाते हैं तो हमारा आत्मसम्मान भी गिर जाता है। कई लोग ऐसे हैं जो बाहर से बहुत अमीर दिखते हैं लेकिन भीतर से हमेशा इस डर में जीते हैं कि किस्त कैसे चुकाएँगे। यह डर इंसान की नींद और चैन दोनों छीन लेता है। वहीं जो लोग साधारण जीवन जीते हैं लेकिन बचत और बजट को अपनाते हैं, उनके चेहरे पर एक अलग ही शांति और आत्मविश्वास झलकता है। यही आत्मविश्वास असली अमीरी है।

एक कहानी मुझे हमेशा प्रेरित करती है। एक कस्बे में एक व्यापारी था जिसकी आय बहुत सीमित थी। लेकिन उसने अपने जीवन का एक नियम बना लिया था कि चाहे जितनी भी कमाई हो, उसमें से 20 प्रतिशत बचाना ही है। वह अपनी पत्नी और बच्चों को भी इसमें शामिल करता था। बच्चे भी समझ गए थे कि यह केवल पैसे बचाना नहीं बल्कि भविष्य को सुरक्षित करना है। वर्षों की यह आदत धीरे-धीरे इतनी बड़ी बचत में बदल गई कि उसने अपने बच्चों की पढ़ाई, बेटी की शादी और माता-पिता के इलाज सब बिना किसी कर्ज़ के पूरे कर लिए। उसका कहना था कि “मेरे पास भले ही लाखों की तनख्वाह नहीं थी लेकिन मेरे पास संतुलन था और वही मेरी सबसे बड़ी संपत्ति है।” यह कहानी यह दिखाती है कि कमाई से ज्यादा खर्च पर नियंत्रण ही जीवन की असली कुंजी है।

बजटिंग हमें यह भी सिखाती है कि पैसा केवल साधन है, साध्य नहीं। अगर हम पैसे को केवल साधन मानेंगे तो यह हमारे जीवन को सरल बनाएगा, लेकिन अगर हम इसे साध्य बना लेंगे तो यह हमें गुलाम बना देगा। यही कारण है कि लोग अक्सर पैसे के पीछे भागते-भागते थक जाते हैं लेकिन कभी संतुष्ट नहीं होते। संतोष तभी आता है जब हम अपनी इच्छाओं पर लगाम लगाना सीखते हैं। जब हम अपनी ज़रूरतों के अनुसार खर्च करते हैं और दिखावे के पीछे नहीं भागते तो हमें यह एहसास होता है कि असली खुशी सादगी में है, भौतिक वस्तुओं के ढेर में नहीं।

इस अध्याय का सार यही है कि हमें अपनी कमाई पर नहीं, अपने खर्चों पर गर्व होना चाहिए। क्योंकि कमाई भाग्य, अवसर या परिस्थितियों पर निर्भर करती है, लेकिन खर्चों पर नियंत्रण पूरी तरह हमारी अपनी समझ पर निर्भर करता है। अगर हम यह कला सीख जाएँ तो जीवन न केवल आर्थिक रूप से सुरक्षित होगा बल्कि मानसिक रूप से भी हल्का और संतुलित होगा।

अगली बार जब आपको लगे कि पैसा कम है, तो खुद से यह सवाल पूछिए कि क्या वाकई कमी कमाई की है या कमी समझदारी की। शायद जवाब आपको भीतर ही मिल जाएगा।

अध्याय 11 : अनावश्यक खर्च की पहचान – दिखावे से परे जीवन

इंसान की सबसे बड़ी मुश्किल यह नहीं कि उसके पास पैसा कम है, बल्कि यह है कि वह यह समझ नहीं पाता कि उसका पैसा कहाँ बह रहा है। यही अनावश्यक खर्च की असली समस्या है बहुत बार हम यह सोचते हैं कि हम बस ज़रूरी चीज़ें ही खरीद रहे हैं लेकिन महीने के अंत में जब हिसाब करते हैं तो पाते हैं कि आधा पैसा उन चीज़ों पर चला गया जिनकी हमें न उस समय ज़रूरत थी, न आज है। यह आदत धीरे-धीरे कर्ज़, तनाव और असंतोष का कारण बन जाती है। हम बार-बार यह गलती क्यों करते हैं? इसका जवाब हमारे मन की कमजोरियों में छुपा है। हम अक्सर अपनी असली ज़रूरतों और सामाजिक दिखावे में फर्क नहीं कर पाते। हमें लगता है कि अगर हमने ब्रांडेड कपड़ा नहीं पहना, अगर हमने नया मोबाइल नहीं लिया तो लोग हमें छोटा समझेंगे। यही मानसिकता हमें अनावश्यक खर्च की ओर धकेल देती है।
फ़िज़ूलखर्ची क्यों होती है, इसका सबसे बड़ा कारण है दूसरों की नकल करना और समाज में अपनी छवि बनाए रखना। जब हम देखते हैं कि हमारे पड़ोसी ने नया टीवी खरीदा है तो हमें भ अचानक अपना पुराना टीवी छोटा और पुराना लगने लगता है। जब किसी दोस्त ने महंगी का ली तो हमें भी लगता है कि अब हमारी गाड़ी बहुत साधारण है। यही तुलना धीरे-धीरे हमें ऐसे खर्चों में उलझा देती है जो हमारे बस में नहीं होते। इसमें सबसे खतरनाक चीज़ है विज्ञापनों क जाल। विज्ञापन बनाने वाले बड़े चतुर होते हैं। वे जानते हैं कि इंसान की सबसे कमजोर नस उसकी इच्छाएँ हैं। वे हमें यह यक़ीन दिलाते हैं कि अगर आपने यह उत्पाद नहीं लिया तो आपकी ज़िंदगी अधूरी है। सोचिए, एक साधारण साबुन को भी ऐसे दिखाया जाता है जैसे वह आपकी ज़िंदगी बदल देगा। एक मोबाइल को ऐसे प्रस्तुत किया जाता है मानो उसके बिना आ प्यार भी नहीं कर सकते, काम भी नहीं कर सकते और खुश भी नहीं रह सकते। धीरे-धीरे हम इस झूठ को सच मान लेते हैं और अपनी मेहनत की कमाई इन चीज़ों पर खर्च कर देते हैं।
मैंने अपने एक दोस्त को देखा है जो हर नया मोबाइल आने पर उसे लेने के लिए बेचैन हो जात है। पुराने मोबाइल में कोई खराबी नहीं होती लेकिन उसे लगता है कि अगर नया मॉडल नहीं लिया तो वह दुनिया से पीछे रह जाएगा। उसने मजाक में खुद कहा था, "मेरे लिए मोबाइल कोई गैजेट नहीं, यह तो आत्मसम्मान है।" हम सब हँसे लेकिन भीतर से मुझे यह बात बहुत दुखी कर गई क्योंकि यही हमारी असली बीमारी है—हम चीज़ों से अपनी पहचान जोड़ लेते हैं यही पहचान का दबाव हमें फिज़ूलखर्च बना देता है।
अनावश्यक खर्च को रोकने का एक अद्भुत तरीका है "30 दिन नियम।" इसका मतलब है वि अगर आपको कोई चीज़ बहुत पसंद आई और आप उसे खरीदना चाहते हैं तो तुरंत न खरीदें, बल्कि 30 दिन इंतज़ार करें। इस दौरान आप देखेंगे कि पहली उत्तेजना धीरे-धीरे शांत हो जाएगी और आपको समझ आएगा कि वह चीज़ सच में जरूरी थी या सिर्फ मन की लालसा थ कई बार हम पाते हैं कि जिस चीज़ के बिना जीना मुश्किल लग रहा था, वह 30 दिन बाद

बिल्कुल भी महत्वपूर्ण नहीं लगती। यही अभ्यास हमें अनावश्यक खर्च की आदत से बाहर निकाल सकता है।

कहानी के ज़रिए यह और स्पष्ट हो जाता है। एक बार एक छोटे शहर में एक परिवार ने अपनी बेटी की शादी में इतना पैसा खर्च कर दिया कि शादी के बाद कई साल तक कर्ज़ चुकाते रहे। उन्होंने महंगा बैंक्वेट हॉल बुक किया, सैकड़ों मेहमान बुलाए, डिज़ाइनर कपड़े और गहने लिए ताकि लोग कहें कि शादी भव्य थी। शादी के बाद सब मेहमान चले गए, तालियाँ बंद हो गईं, रोशनी बुझ गई और रह गया सिर्फ कर्ज़। दूसरी ओर, उसी मोहल्ले में एक और परिवार ने अपनी बेटी की शादी साधारण ढंग से की। घर के आँगन में पंडाल लगाया, रिश्तेदारों और दोस्तों को बुलाया, सादगी भरा लेकिन प्यार से भरा माहौल रखा। शादी के बाद उनके पास न कोई बोझ था, न कोई तनाव। आज भी जब लोग उस शादी को याद करते हैं तो कहते हैं कि कितना आत्मीय माहौल था। यह कहानी हमें यही सिखाती है कि दिखावे की कीमत सिर्फ पैसे से नहीं चुकाई जाती, यह हमारी मानसिक शांति और भविष्य की सुरक्षा छीन लेती है।

अनावश्यक खर्च से बाहर निकलना आसान नहीं है क्योंकि यह हमारी आदतों और सोच से जुड़ा है। लेकिन अगर हम यह स्वीकार कर लें कि खुशी वस्तुओं से नहीं आती, तो यह यात्रा आसान हो जाती है। हम सब जानते हैं कि नई चीज़ मिलने पर खुशी ज्यादा दिन नहीं टिकती। नया मोबाइल या नई कार पहले हफ़्ते में हमें रोमांचित करती है लेकिन धीरे-धीरे वह भी सामान्य लगने लगती है। इसके बाद फिर अगली चीज़ की लालसा शुरू हो जाती है। यह कभी खत्म न होने वाली दौड़ है। लेकिन अगर हम रुककर देखें तो हमें पता चलता है कि असली खुशी हमारे रिश्तों, अनुभवों और आत्मिक शांति में है।

इस अध्याय का निष्कर्ष यही है कि हमें अपनी ज़िंदगी से अनावश्यक खर्चों की पहचान कर उन्हें हटाना सीखना चाहिए। चाहे वह विज्ञापनों का छलावा हो, समाज का दबाव हो या हमारी अपनी इच्छाओं का लालच—हमें इन सब पर लगाम लगानी होगी। जब हम यह कला सीख जाते हैं तो न केवल हमारी आर्थिक स्थिति बेहतर होती है बल्कि जीवन भी हल्का और स्वतंत्र हो जाता है। दिखावे के बोझ से मुक्त होकर जीना ही असली आज़ादी है।अगर हम गौर करें तो पाएँगे कि अनावश्यक खर्च केवल जेब खाली नहीं करता बल्कि धीरे-धीरे आत्मसम्मान और रिश्तों पर भी असर डालता है। जब कोई व्यक्ति दिखावे के पीछे भागता है तो वह दूसरों की नज़रों में चमक तो हासिल कर लेता है, लेकिन अपने भीतर बेचैनी का बोझ भर लेता है। कई बार यह बेचैनी इतनी बढ़ जाती है कि घर के भीतर झगड़े शुरू हो जाते हैं। पति-पत्नी के बीच बहस होती है कि पैसा कहाँ चला गया, बच्चों के सामने ताने दिए जाते हैं कि खर्च संभल क्यों नहीं रहा। इस तरह अनावश्यक खर्च केवल बैंक बैलेंस ही नहीं घटाता बल्कि रिश्तों की मिठास भी कम कर देता है। इसलिए खर्च की पहचान करना और उसे नियंत्रित करना सिर्फ आर्थिक ज़रूरत नहीं बल्कि भावनात्मक संतुलन के लिए भी उतना ही आवश्यक है।

आज की दुनिया में विज्ञापन हमारे जीवन पर सबसे बड़ा हमला कर रहे हैं। यह हमला बंदूक से नहीं, बल्कि भावनाओं और इच्छाओं से होता है। आपको याद होगा बचपन में टीवी पर चॉकलेट का विज्ञापन आता था जिसमें दिखाया जाता था कि इसे खाने से आप सबसे प्यारे और लोकप्रिय बन जाएँगे। तब हम मासूम थे और मान लेते थे कि सचमुच चॉकलेट से दोस्त बढ़ते हैं। लेकिन आज बड़े होने के बाद भी वही रणनीति हमारे ऊपर काम करती है, बस उत्पाद बदल गए हैं। अब यह विज्ञापन कार, फोन, कपड़े और यहाँ तक कि छुट्टियों के पैकेज के लिए आते हैं। यह हमें बताते हैं कि अगर आपने यह नहीं लिया तो आपकी ज़िंदगी अधूरी है। हम इस

छलावे में फँस जाते हैं और उस चीज़ को खरीद लेते हैं जिसकी हमें सच में ज़रूरत नहीं होती। यही वह जगह है जहाँ विवेक की परीक्षा होती है।

अनावश्यक खर्च की पहचान करने का सबसे सरल तरीका यह है कि हम खुद से यह सवाल पूछें कि जो चीज़ मैं खरीदने जा रहा हूँ क्या उसके बिना मेरा जीवन रुक जाएगा। अगर जवाब है कि जीवन पर कोई फर्क नहीं पड़ेगा तो वह खर्च आवश्यक नहीं है। कई बार यह सवाल पूछने से ही मन शांत हो जाता है और लालसा का भूत उतर जाता है। लेकिन अगर हम बिना सोचे-समझे हर इच्छा को पूरा करने लगें तो यह आदत लत बन जाती है। यह लत शराब या नशे की तरह धीरे-धीरे हमें खोखला कर देती है। फर्क बस इतना है कि शराब शरीर को खोखला करती है और फिज़ूलखर्ची भविष्य को।

मैंने एक बार अपने मोहल्ले में देखा कि एक युवक सिर्फ इसलिए बाइक बदल रहा था क्योंकि उसके दोस्तों के पास नई-नई बाइक्स थीं। पुरानी बाइक बिल्कुल ठीक थी, इंजन भी अच्छा चल रहा था, लेकिन उसे लगता था कि अगर उसके पास नई बाइक नहीं होगी तो लोग उसे कम समझेंगे। उसने EMI पर नई बाइक ले ली, शुरू-शुरू में बहुत गर्व महसूस हुआ, लेकिन कुछ महीनों बाद किस्त चुकाना मुश्किल हो गया। नौकरी में भी तनाव बढ़ा और अंततः उसे लगा कि यह बाइक खुशी नहीं, बोझ बन गई है। यह कहानी सिर्फ उस युवक की नहीं, हम सबकी है। हम सब कभी न कभी इस जाल में फँसते हैं और फिर पछताते हैं।

“30 दिन नियम” इसी जाल से निकलने का उपाय है। यह नियम हमें धैर्य और आत्मनियंत्रण सिखाता है।

यह सच है कि समाज की अपेक्षाओं से पूरी तरह बच पाना आसान नहीं है। लेकिन यह भी सच है कि हमें अपने जीवन की प्राथमिकताएँ खुद तय करनी होंगी। अगर हम हर बार समाज के दबाव में आकर खर्च करेंगे तो कभी स्वतंत्र नहीं हो पाएँगे। असली स्वतंत्रता तब है जब हम अपने पैसे का मालिक खुद बनें, न कि समाज की अपेक्षाएँ। जब हम यह साहस जुटा लेते हैं तो धीरे-धीरे हमें महसूस होता है कि जीवन वास्तव में कितना सरल और सुंदर हो सकता है।

अनावश्यक खर्च को समझने के लिए हमें अपने भीतर की उस बेचैनी को पहचानना होगा जो हमें हर समय कुछ नया पाने के लिए उकसाती है। यह बेचैनी अक्सर खालीपन से आती है, जब हमें लगता है कि जीवन में कुछ कमी है और उस कमी को भरने के लिए हम बाहर से वस्तुएँ खरीदने लगते हैं। लेकिन सच तो यह है कि बाहर की चीजें कभी भी भीतर की कमी को पूरा नहीं कर सकतीं। एक नया फोन, एक नई घड़ी या महंगे जूते कुछ समय के लिए उत्साह तो देते हैं लेकिन वह उत्साह उतना ही क्षणिक होता है जितनी देर आतिशबाज़ी आसमान में चमकती है। असली संतोष तो तब आता है जब हम अपने खर्चों और इच्छाओं पर काबू पाना सीख लेते हैं।

फिज़ूलखर्ची का एक बड़ा कारण है सामाजिक तुलना। जब हम अपने आसपास के लोगों को देखते हैं तो हमें लगता है कि हमें भी वही सब चाहिए जो उनके पास है। लेकिन यह तुलना हमें लगातार भीतर से कमजोर करती है। एक बार मेरे एक दोस्त ने कहा, “यार, मेरे पड़ोसी के पास इतना बड़ा टीवी है कि मेरा तो अब छोटा सा बॉक्स जैसा लगता है।” मैंने उससे पूछा, “क्या तुम्हें सचमुच बड़ा टीवी चाहिए या सिर्फ इसलिए परेशान हो रहे हो क्योंकि उसके पास है?” वह कुछ देर चुप रहा और फिर बोला, “शायद सिर्फ इसलिए क्योंकि उसके पास है।” यही है असली समस्या। हम अपनी इच्छाएँ खुद नहीं बनाते बल्कि दूसरों से उधार लेते हैं। और यही उधार ली हुई इच्छाएँ हमें कर्ज़ में डुबो देती हैं।

विज्ञापन इस तुलना को और हवा देते हैं। वे हमें लगातार यह अहसास कराते हैं कि हमारी ज़िंदगी अधूरी है। एक कार का विज्ञापन कहता है कि अगर आपके पास यह कार नहीं है तो आप सफल नहीं हैं। एक कॉस्मेटिक का विज्ञापन कहता है कि अगर आप यह इस्तेमाल नहीं करते तो आप आकर्षक नहीं हैं। धीरे-धीरे हम इन संदेशों को अपने मन में जगह दे देते हैं और यही झूठी ज़रूरतें बन जाती हैं। हमें लगता है कि यह सब खरीदना जरूरी है। लेकिन सच्चाई यह है कि इन चीज़ों से हमारी असली पहचान या खुशी नहीं जुड़ी होती। ये सिर्फ हमारी जेब हल्की करती हैं और भीतर का खालीपन जस का तस रह जाता है।
अनावश्यक खर्च की पहचान करने के लिए आत्मचिंतन जरूरी है। हमें यह देखने की आदत डालनी होगी कि हमारे खर्च कहाँ जा रहे हैं। अगर हम महीने भर के बिल और रसीदें देखकर यह जानें कि कितनी राशि सिर्फ दिखावे या क्षणिक खुशी पर गई तो हमें खुद पर आश्चर्य होगा। कई बार लोग एक ही तरह के पाँच-पाँच जूते खरीद लेते हैं, अलमारी में कपड़े भर जाते हैं लेकिन पहनने के लिए हमेशा वही दो-तीन पुराने कपड़े चुनते हैं। यह बताता है कि हम खरीदते ज़्यादा हैं, इस्तेमाल कम करते हैं। यह सिर्फ पैसों की बर्बादी नहीं, हमारी ऊर्जा और समय की भी बर्बादी है।
फिज़ूलखर्ची को रोकने का सबसे अच्छा तरीका है कि हम अपने पैसे को अनुभवों पर खर्च करें न कि वस्तुओं पर। वस्तुएँ पुरानी हो जाती हैं, टूट जाती हैं या फैशन से बाहर हो जाती हैं, लेकिन अनुभव जीवनभर हमारे साथ रहते हैं। परिवार के साथ बिताया गया समय, दोस्तों के साथ साझा की गई हँसी, किसी सफर में महसूस की गई हवा—ये सब कभी पुराने नहीं होते। जब हम समझदारी से खर्च करते हैं और दिखावे से दूर रहते हैं तो हमें यह एहसास होता है कि असली संपत्ति यही अनुभव हैं।
अनावश्यक खर्च की जड़ को काटने के लिए यह भी जरूरी है कि हम बच्चों को सही शिक्षा दें। अगर हम उन्हें यह सिखाएँ कि महंगे खिलौने ही खुशी का साधन नहीं हैं बल्कि दोस्तों के साथ खेलना, कहानियाँ सुनना और परिवार के साथ समय बिताना भी उतना ही मूल्यवान है, तो वे बड़े होकर भी दिखावे के चक्कर में नहीं पड़ेंगे। बच्चों को यह समझाना हमारा कर्तव्य है कि पैसा एक साधन है, जीवन का उद्देश्य नहीं।अनावश्यक खर्च पर सबसे ज्यादा असर तब दिखता है जब हम जीवन की लंबी यात्रा को देखते हैं। शुरुआत में हमें यह छोटे-छोटे खर्च तुच्छ लगते हैं, जैसे ऑनलाइन शॉपिंग में कोई नया गैजेट लेना या अक्सर ऑनलाइन खाना ऑर्डर कर लेना।यही छोटी-छोटी आदतें धीरे-धीरे हमारे भविष्य को कमजोर कर देती हैं। अक्सर लोग कहते हैं कि 500-1000 रुपये में क्या फर्क पड़ता है, लेकिन जब यही खर्च महीने भर में कई बार दोहराए जाते हैं तो हजारों का नुकसान हो जाता है। यही आदत अगर सालों तक जारी रहे तो लाखों रुपये बर्बाद हो जाते हैं। यही लाखों रुपये अगर बचत या निवेश में लगाए जाते तो जीवन को पूरी तरह बदल सकते थे। यह अंतर हम तभी समझ पाते हैं जब हम अपने खर्चों पर बारीकी से नज़र डालते हैं।
दिखावे से परे जीवन जीने का साहस हर किसी में नहीं होता। समाज हमें बार-बार यह अहसास कराता है कि सफलता का मतलब है बड़ा घर, महंगी कार और ब्रांडेड कपड़े। लेकिन सच यह है कि सफलता का असली मतलब है चैन की नींद, बिना तनाव का जीवन और अपने परिवार के साथ बिताया गया सुखद समय। मैंने कई अमीर लोगों को देखा है जो हर समय कर्ज़, EMI और दिखावे की दौड़ में इतने उलझे रहते हैं कि उनके पास न चैन है, न संतोष। वहीं दूसरी ओर, कई साधारण लोग हैं जिनके पास साधारण घर और सामान्य साधन हैं लेकिन चेहरे पर मुस्कान और दिल में शांति है। यह अंतर सिर्फ खर्चों की समझ से आता है।

कभी-कभी यह फर्क बहुत चुभने वाला होता है। एक बार मेरी मुलाकात एक ऐसे दंपति से हुई जो बहुत बड़ी तनख्वाह पाते थे लेकिन महीने के अंत तक अक्सर कर्ज़ में डूब जाते थे। उन्होंने अपने घर को आलीशान सजाया, हर साल विदेश यात्रा की, बच्चों को सबसे महंगे स्कूल में डाला और दोस्तों के सामने हमेशा अपनी जीवनशैली का प्रदर्शन किया। लेकिन जब अचानक उनकी नौकरी छूटी तो पूरा तंत्र ढह गया। EMI चुकाना मुश्किल हो गया, कर्ज़दाताओं के फोन आने लगे और वही दोस्त जिनके सामने वे शान दिखाते थे, अब गायब हो गए। उस समय उन्होंने समझा कि दिखावे पर खड़ा जीवन बहुत कमजोर होता है। दूसरी ओर, मैंने एक किसान परिवार को देखा जो बहुत साधारण जीवन जीते थे, उनका घर मिट्टी का था, बच्चे सरकारी स्कूल में पढ़ते थे, कपड़े भी साधारण थे। लेकिन जब कोई संकट आता तो उनके पास अनाज, बचत और सबसे बढ़कर रिश्तों का सहारा होता था। यही सहारा उन्हें ताकत देता था। यह तुलना हमें यह सिखाती है कि असली समृद्धि दिखावे में नहीं बल्कि सादगी और समझदारी में है। कुछ ऐसे भी साधारण आए वाले परिवार है जो हमेशा अपने से धनी परिवार से तुलना करके दुखी रहते हैं अगर खुश रहना है तो तुलना अपने से कम आय वाले लोगों से करें और सोचे कि जो मेरे पास संसाधन उपलब्ध है वह इस संसार में बहुत लोगों के पास नहीं है।

जब हम हर समय सोचते रहते हैं कि नया क्या खरीदना है, कहाँ खर्च करना है, तो हमारा मन कभी शांत नहीं रहता। यह बेचैनी हमें लगातार थकाती है। लेकिन जब हम खर्चों पर नियंत्रण पाना सीख लेते हैं तो मन भी हल्का हो जाता है। हमें पता होता है कि हम किसी दबाव में नहीं हैं, किसी दिखावे के लिए नहीं जी रहे हैं। यह आत्मनिर्भरता हमें भीतर से आज़ाद कर देती है। यह आज़ादी पैसों की मात्रा से नहीं आती बल्कि उनके सही इस्तेमाल से आती है।

आखिरकार, अनावश्यक खर्च की पहचान सिर्फ पैसे की बचत का साधन नहीं है, यह जीवन को सरल और सुंदर बनाने का उपाय है। जब हम अनावश्यक खर्चों को रोकते हैं तो हमारे पास अधिक संसाधन बचते हैं जिन्हें हम सही जगह इस्तेमाल कर सकते हैं—जैसे बच्चों की पढ़ाई, माता-पिता की देखभाल, स्वास्थ्य या भविष्य की सुरक्षा। इससे हमें संतोष भी मिलता है और आत्मविश्वास भी। यह जानकर कि हमने दिखावे की चमक-दमक में नहीं बल्कि असली ज़रूरतों और खुशियों में निवेश किया है, एक अलग ही गर्व महसूस होता है।

इस अध्याय का सार यही है कि हमें अपने जीवन की लगाम अपने हाथ में रखनी है। अगर हम समाज, विज्ञापन या दूसरों की तुलना के दबाव में खर्च करेंगे तो जीवन का नियंत्रण हमारे हाथ से निकल जाएगा। लेकिन अगर हम अपने विवेक से निर्णय लेंगे और अनावश्यक खर्च की पहचान कर उसे त्याग देंगे तो हम न केवल आर्थिक रूप से मजबूत होंगे बल्कि भावनात्मक रूप से भी स्वतंत्र हो जाएँगे। असली आज़ादी यही है—अपने पैसे, अपने समय और अपने मन का मालिक खुद बनना। दिखावे से परे जीवन जीना कठिन जरूर है लेकिन यही जीवन सबसे हल्का, सबसे सच्चा और सबसे सुखद होता है।

अध्याय 12 : कम पैसों में सुखद अनुभव – छोटी-छोटी खुशियाँ कैसे मिलती हैं

खुशियों की तलाश में इंसान अक्सर यह भूल जाता है कि खुशी पैसे की थैली में नहीं बल्कि उन अनुभवों में छुपी होती है जिन्हें हम अपने प्रियजनों के साथ जीते हैं। हममें से ज़्यादातर लोग यह मानकर चलते हैं कि जितना ज्यादा पैसा होगा, उतना ज्यादा आनंद मिलेगा, लेकिन जीवन बार-बार यह साबित करता है कि सबसे सुखद क्षण वे होते हैं जिनमें पैसे की बहुत बड़ी भूमिका नहीं होती। जब बच्चा अपनी मासूम हँसी से घर के कोनों को गूँजाता है, जब परिवार एक साथ बैठकर पुरानी यादों पर हँसता है, जब शाम को घर की छत पर बैठकर ठंडी हवा का आनंद लिया जाता है—ये पल किसी महंगे होटल की पार्टी या शॉपिंग मॉल की भीड़ से कहीं ज्यादा अमूल्य होते हैं। यह समझना आसान नहीं है क्योंकि समाज लगातार हमें यह सिखाता है कि खुशी खरीदने की चीज़ है। लेकिन असल में खुशी तो मुफ्त है, बस हमें उसे पहचानना सीखना होता है।

महंगी चीज़ें हमें आकर्षित करती हैं क्योंकि उनका चमक-दमक हमें लुभाती है। लेकिन उनका जादू जल्दी ही फीका पड़ जाता है। नई कार कुछ समय तक रोमांच देती है, नया मोबाइल कुछ दिन तक हमें गर्व महसूस कराता है, लेकिन धीरे-धीरे यह सब सामान्य लगने लगता है और फिर हम अगली चीज़ की तलाश शुरू कर देते हैं। यह कभी न खत्म होने वाली दौड़ है। इसके विपरीत, अनुभवों से मिलने वाली खुशी लंबे समय तक हमारे दिल और दिमाग में रहती है। परिवार के साथ की गई सैर, किसी मित्र के साथ बिताया गया ईमानदार पल या बच्चों के साथ खेला गया खेल सालों बाद भी हमें मुस्कुराने पर मजबूर कर देता है। यही कारण है कि अनुभवों की खुशी स्थायी होती है जबकि चीज़ों की खुशी अस्थायी।

एक बार मैंने देखा कि एक परिवार हर रविवार को बिना ज्यादा खर्च किए आनंदित होता था। वे न तो किसी रेस्टोरेंट में जाते थे, न शॉपिंग करते थे, बल्कि पास के पार्क में जाकर साथ बैठते, बातें करते और कभी-कभी लुका-छिपी या बैडमिंटन खेलते। बच्चे हँसते, माता-पिता हल्के हो जाते और दादा-दादी भी उस समय में बच्चों की तरह शामिल हो जाते। घर लौटते समय सबके चेहरे पर संतोष की मुस्कान होती। वहीं मैंने ऐसे भी परिवार देखे हैं जो हर रविवार मॉल में जाते हैं, हज़ारों रुपये खर्च करते हैं, लेकिन लौटते समय थकान और खीज चेहरे पर झलकती है। यही अंतर है महंगी चीज़ों और अनुभवों की खुशी में।

बच्चों के साथ खेलना इसका सबसे सजीव उदाहरण है। बच्चों को महंगे खिलौनों से उतनी खुशी नहीं मिलती जितनी खुशी उन्हें तब मिलती है जब माँ-बाप उनके साथ समय बिताते हैं। बच्चे चाहते हैं कि उन्हें सुना जाए, उनके खेल में हिस्सा लिया जाए, उनकी छोटी-सी उपलब्धि पर ताली बजाई जाए। एक बार मैंने एक पिता को देखा जो अपने बेटे के साथ पतंग उड़ा रहा था। पतंग की डोर संभालते समय दोनों के चेहरे पर जो चमक थी, वह किसी भी महंगे खिलौने

से नहीं आ सकती। बच्चे की खुशी इस बात में थी कि उसका पिता उसके साथ है और पिता की खुशी इस बात में कि उसने अपने बेटे को असली आनंद का स्वाद चखाया। ऐसे अनुभव बच्चों के दिल में जीवनभर रहते हैं।

अगर हम चाहें तो अपने जीवन में ऐसे छोटे-छोटे आनंददायी पल खुद बना सकते हैं। यह जरूरी नहीं कि इसके लिए पैसे खर्च हों। एक साथ बैठकर चाय पीना, पुराने गानों पर हँसी-मज़ाक करना, परिवार के साथ फोटो एलबम देखना या घर की छत पर बैठकर तारों को निहारना—ये सब पल दिल को उतना ही सुख देते हैं जितना कि कोई बड़ा आयोजन। बल्कि अक्सर यह खुशी कहीं ज्यादा गहरी होती है क्योंकि इसमें कोई दिखावा नहीं होता। यह सब दिल से होता है और दिल से जुड़ी खुशी हमेशा लंबे समय तक रहती है।

इसका एक अभ्यास हम अपने जीवन में शामिल कर सकते हैं—हर हफ़्ते बिना पैसे खर्च किए एक आनंददायी पल बनाना। यह पल कुछ भी हो सकता है—घर के बच्चों के साथ खेलना, दोस्तों के साथ लंबी पैदल सैर करना, बगीचे में पौधे लगाना या पड़ोसियों के साथ बैठकर कहानियाँ साझा करना। जब यह आदत बन जाती है तो धीरे-धीरे हमें यह समझ आता है कि खुशी बाहर की चीज़ों में नहीं, बल्कि भीतर की सादगी और जुड़ाव में है।

कभी-कभी यह सादगी हमें हँसी से भी भर देती है। मुझे याद है एक बार मेरा पूरा परिवार बरसात में छत पर गया और सबने मिलकर बारिश में भीगना शुरू कर दिया। शुरू में सब संकोच कर रहे थे कि यह बच्चों वाली हरकत है, लेकिन थोड़ी ही देर में सब बच्चे बन गए। हँसी, ठिठोली और पानी की बूँदों के बीच उस रात जो खुशी मिली, वह आज तक याद है। यह खुशी न किसी पैसे से खरीदी गई थी, न किसी दिखावे का हिस्सा थी। यह तो बस एक पल था जो हमने मिलकर जिया और जिसने हमें यह सिखाया कि जिंदगी के सबसे सुंदर लम्हे अक्सर मुफ्त होते हैं।

यही असली संदेश है—कम पैसों में भी सुखद अनुभव मिल सकते हैं। बल्कि सच तो यह है कि असली सुखद अनुभव वही होते हैं जिनमें पैसे की भूमिका सबसे कम होती है और दिल का जुड़ाव सबसे ज्यादा। जब हम महंगी चीज़ों की जगह छोटे-छोटे अनुभवों पर ध्यान देते हैं तो हमें यह अहसास होता है कि जीवन बहुत सुंदर है और उसकी सुंदरता को देखने के लिए बस हमें अपनी आँखें खोलनी हैं।

जीवन की असली सुंदरता वहीं महसूस होती है जब हम साधारण पलों को संजोना सीखते हैं। अक्सर लोग यह मान लेते हैं कि मज़ा सिर्फ बड़े मौकों पर आता है, जैसे शादी, जन्मदिन की पार्टियाँ या विदेश यात्राएँ, लेकिन अगर हम गौर से देखें तो हमारी यादों में सबसे प्यारे पल वह होते हैं जो बिना किसी बड़े खर्च के बीते होते हैं। कभी दोस्तों के साथ कॉलेज की कैंटीन में बैठकर चाय पीना, कभी रात देर तक छत पर बैठकर गपशप करना, कभी अचानक से परिवार के साथ हँसी का फव्वारा फूट जाना—ये सब लम्हे महंगे नहीं होते, लेकिन दिल को हमेशा के लिए अमीर बना देते हैं। यही अनुभव हमें यह सिखाते हैं कि सुख पैसों से नहीं, बल्कि जुड़ाव से आता है।

जब हम परिवार या दोस्तों के साथ समय बिताते हैं तो हम देखते हैं कि असली खुशी उसी पल में छुपी है। बच्चों के साथ खेलना, बूढ़े माता-पिता के साथ बैठकर उनकी कहानियाँ सुनना या भाई-बहनों के साथ पुराने किस्सों पर हँसना—ये सब ऐसे अनुभव हैं जिन्हें पैसे से खरीदा नहीं जा सकता। मुझे याद है, एक बार हमारे घर अचानक बिजली चली गई थी और सब लोग एक साथ मोमबत्तियों के पास बैठ गए। शुरुआत में सब परेशान थे लेकिन धीरे-धीरे किसी ने

चुटकुले सुनाने शुरू किए, बच्चों ने खेल खेलना शुरू किया और हम सबने महसूस किया कि बिना टीवी, मोबाइल और इंटरनेट के भी जीवन कितना खूबसूरत हो सकता है। उस रात ने हमें सिखाया कि सच्ची खुशी तभी आती है जब हम एक-दूसरे के साथ होते हैं, न कि जब हम महंगे साधनों में घिरे होते हैं।

महंगी चीज़ों का आकर्षण हमेशा क्षणिक होता है लेकिन अनुभवों की गहराई स्थायी होती है। उदाहरण के लिए, अगर आप महंगे होटल में खाना खाते हैं तो हो सकता है वह एक दिन के लिए आपको खुशी दे, लेकिन सालों बाद याद आने वाली बात वही होगी जब आप परिवार के साथ घर की रसोई में मिलकर खाना बना रहे थे और गलती से नमक ज्यादा पड़ गया था, फिर सबने उस पर मजाक किया और हँसी से घर गूँज उठा। वह पल आपको हमेशा याद रहेगा, जबकि महंगे होटल का स्वाद धीरे-धीरे मिट जाएगा। यही अंतर अनुभव और वस्तुओं में है। आज के समय में जब सब लोग सोशल मीडिया पर दिखावे में लगे रहते हैं तो यह और भी जरूरी हो जाता है कि हम अपने जीवन को अनुभवों की ओर मोड़ें। सोशल मीडिया पर लोग अपने महंगे कपड़े, गाड़ियाँ और छुट्टियाँ दिखाते हैं, लेकिन असली सवाल यह है कि क्या वे भीतर से खुश भी हैं? कई बार वे लोग जो सबसे ज्यादा दिखावा करते हैं, सबसे ज्यादा अकेले और बेचैन होते हैं। इसके विपरीत, जो लोग छोटी-छोटी खुशियों को जीना जानते हैं, वे भले ही साधारण जीवन जीते हों लेकिन भीतर से समृद्ध और संतुष्ट होते हैं।

कम पैसों में सुखद अनुभव पाने का सबसे अच्छा तरीका है कि हम अपनी दिनचर्या में सरल और सच्चे पलों के लिए जगह बनाएँ। जैसे हर शाम परिवार के साथ आधा घंटा बैठना और दिनभर की बातें साझा करना। यह छोटा-सा अभ्यास पूरे परिवार के रिश्तों को मजबूत कर देता है। कई बार माता-पिता सोचते हैं कि वे बच्चों के लिए महंगे खिलौने खरीदेंगे तो बच्चे खुश होंगे, लेकिन सच यह है कि बच्चे तब सबसे ज्यादा खुश होते हैं जब माँ-बाप उनके साथ खेलते हैं। उनकी नज़रों में खिलौना नहीं बल्कि साथ का अहसास मायने रखता है।

कभी-कभी जीवन हमें ऐसे सबक हँसी-मजाक में भी दे देता है।

कभी-कभी हम सोचते हैं कि खुशी पाने के लिए बहुत खर्च जरूरी है, लेकिन सच्चाई यह है कि अगर हम अपने दृष्टिकोण को बदलें तो बिना खर्च के भी जीवन में असंख्य खुशियाँ हैं। सुबह की ताज़ी हवा में टहलना, नदी किनारे बैठकर पानी की लहरों को देखना, खेतों में हरियाली को निहारना या बस अपने किसी प्रियजन से दिल खोलकर बातें करना—ये सब ऐसी चीज़ें हैं जिनमें पैसा खर्च नहीं होता, लेकिन आत्मा तक को सुकून पहुँचता है। यह सुकून किसी भी महंगी चीज़ से बड़ा है।

जीवन के सबसे कीमती लम्हे वही होते हैं जिन्हें हम जीते समय यह नहीं सोचते कि इसमें कितना खर्च हुआ। वे लम्हे खुद ही इतने कीमती होते हैं कि उनका मूल्य पैसों से आँका ही नहीं जा सकता। अक्सर देखा गया है कि महंगे अनुभवों की तुलना में साधारण और सहज अनुभव हमें ज्यादा संतोष और गहराई देते हैं। जब किसी गाँव के मेले में बच्चे मिट्टी में खेलते हैं, झूला झूलते हैं और हाथ में गुब्बारा लेकर मुस्कुराते हैं, तो उनकी खुशी किसी महंगे थीम पार्क से भी बड़ी होती है। यह खुशी उनकी मासूमियत में है, न कि उन चीज़ों में जिन्हें खरीदने के लिए हजारों रुपये खर्च करने पड़ें। यही बात बड़ों पर भी लागू होती है। कई बार हम किसी छोटे-से पल से इतनी खुशी पा लेते हैं कि सालों तक उसे याद करके मुस्कुराते रहते हैं।

परिवार के साथ सैर पर निकलना इसका एक अच्छा उदाहरण है। अगर आप ध्यान दें तो देखेंगे कि सैर के दौरान लोग सबसे ज्यादा खुलकर बातें करते हैं। घर की चारदीवारी में अक्सर समय की कमी, काम का बोझ या मोबाइल फोन के कारण बातचीत अधूरी रह जाती है, लेकिन जब

परिवार साथ चलता है तो दिल की बातें भी खुलकर सामने आती हैं। बच्चों की छोटी-छोटी शरारतें, पति-पत्नी के बीच मजाक, माँ-बाप की पुरानी कहानियाँ—ये सब रास्ते को यादगार बना देते हैं। इस सैर में पैसा खर्च नहीं होता लेकिन रिश्ते मजबूत होते हैं। और रिश्तों की मजबूती ही तो असली खुशी है।

हमारी संस्कृति में हमेशा से यह सिखाया गया है कि सच्ची खुशी सामूहिक अनुभवों से आती है। यही कारण है कि पुराने समय में लोग आँगन में बैठकर एक साथ खाना खाते थे, त्योहार पूरे मोहल्ले के साथ मनाए जाते थे और शादी-ब्याह केवल रस्में नहीं बल्कि सामाजिक मेलजोल का माध्यम होते थे। वहाँ दिखावे का महत्व कम और साथ बिताए गए समय का महत्व ज्यादा था। लेकिन आज आधुनिक जीवनशैली ने हमें इस सादगी से दूर कर दिया है। अब हम सोचते हैं कि जब तक महंगा आयोजन न हो तब तक खुशी अधूरी है। लेकिन यह सोच हमें खालीपन देती है। अगर हम पुराने ढंग की सामूहिकता को अपनाएँ तो हमें फिर से वही गहराई और सच्चा सुख मिल सकता है।

बच्चों के साथ खेलना न केवल उन्हें बल्कि बड़ों को भी खुशी देता है। बच्चे हमें वर्तमान में जीना सिखाते हैं। वे भविष्य की चिंता नहीं करते, न ही अतीत की गलती पर रोते हैं। वे सिर्फ उस पल का आनंद लेते हैं। जब हम बच्चों के साथ खेलते हैं तो हम भी उस पल में खो जाते हैं और हमें अहसास होता है कि जीवन कितना सरल और आनंदमय हो सकता है। यह अनुभव किसी भी महंगे मनोरंजन से कहीं ज्यादा मूल्यवान है। एक पिता जब अपने बेटे के साथ पतंग उड़ाता है या एक माँ जब अपनी बेटी के साथ किचन में खाना बनाते समय हँसती है तो यह अनुभव न केवल बच्चों की यादों में बल्कि माता-पिता के दिलों में भी हमेशा के लिए जगह बना लेता है।

कभी-कभी छोटी-सी सैर भी हमें वह शांति दे जाती है जिसकी तलाश हम बड़े रिसॉर्ट्स या छुट्टियों में करते हैं। मैंने कई बार महसूस किया है कि जब हम सुबह-सुबह पार्क में पेड़ों और फूलों के बीच चलते हैं तो मन अजीब-सी ताजगी से भर जाता है। पत्तियों पर जमी ओस की बूँदें, पक्षियों की चहचहाहट और सूरज की पहली किरणें हमें याद दिलाती हैं कि जीवन की सबसे बड़ी सुंदरता तो मुफ्त है। इसके लिए पैसे खर्च करने की ज़रूरत नहीं है, बस समय निकालने और आँखें खोलने की ज़रूरत है। यही पल हमें भीतर से हल्का करते हैं और हमें अहसास कराते हैं कि खुशी सच में बहुत साधारण है।

जब हम अनुभवों को महत्व देना शुरू करते हैं तो धीरे-धीरे हमारा नजरिया बदलने लगता है। हमें एहसास होता है कि महंगे कपड़े, गाड़ियाँ या गैजेट्स हमें पहचान नहीं देते बल्कि हमारे रिश्ते और अनुभव हमें पहचान देते हैं। लोग हमें उस हँसी के लिए याद रखते हैं जो हमने उनके साथ साझा की थी, उस मदद के लिए जो हमने की थी या उस पल के लिए जब हम उनके साथ खड़े थे। यह सब बिना पैसे खर्च किए होता है। लेकिन इसका प्रभाव जीवनभर रहता है। यही अनुभव हमें अमीर बनाते हैं, न कि बैंक खाते की संख्याएँ।

जीवन की असली समृद्धि उसी पल में झलकती है जब हम साधारण को असाधारण बना देते हैं। पैसा तो साधन है, लेकिन अनुभवों की मिठास ही असली धन है। अगर आप गौर से देखें तो पाएँगे कि जब आप परिवार के साथ बैठकर चाय पीते हैं और एक-दूसरे से अपने दिन की बातें साझा करते हैं तो वह पल आपको किसी बड़े रेस्टोरेंट की कॉफी से कहीं ज्यादा खुशी देता है। यह इसलिए होता है क्योंकि वहाँ रिश्तों की गर्माहट घुली होती है, वहाँ जुड़ाव होता है, वहाँ मन का सुकून होता है। इसी जुड़ाव से हमारी आत्मा संतुष्ट होती है। और यही अनुभव हमें यह सिखाते हैं कि खुशी का सबसे सरल रास्ता कम पैसों में भी पाया जा सकता है।

एक बार मैंने देखा कि एक साधारण परिवार ने अपनी छुट्टियाँ बहुत अनोखे तरीके से बिताईं। वे कहीं बाहर घूमने नहीं गए, न कोई महंगा रिज़ॉर्ट बुक किया, बस अपने घर की छत को सजाया, कुछ पुराने खेल खेले और सबने मिलकर खाना बनाया। बच्चों ने पतंग उड़ाई, बड़ों ने पुराने गाने गाए और बुज़ुर्गों ने अपनी कहानियाँ सुनाईं। तीन दिन तक वे घर से बाहर नहीं निकले लेकिन जब छुट्टियाँ खत्म हुईं तो सबकी आँखों में चमक थी, सबके दिल में संतोष था। यह छोटा-सा अनुभव साबित करता है कि असली छुट्टी तब होती है जब हम तनाव से दूर होकर अपने प्रियजनों के साथ समय बिताते हैं। इसके लिए पैसे की जरूरत नहीं, बस साथ की जरूरत होती है।

कम पैसों में सुखद अनुभव पाने का एक और पहलू है प्रकृति से जुड़ना। जब हम खेतों की हरियाली, पहाड़ों की शांति या नदी की कल-कल को महसूस करते हैं तो हमें याद आता है कि जीवन में सबसे सुंदर चीज़ें मुफ्त हैं। शहरी जीवन की भाग-दौड़ हमें यह भूलने पर मजबूर कर देती है कि प्रकृति ही हमारा सबसे बड़ा शिक्षक है। लेकिन जब हम कुछ समय प्रकृति में बिताते हैं तो भीतर का शोर धीरे-धीरे शांत होने लगता है। यह अनुभव महंगे स्पा या आलीशान होटल से कहीं गहरा और स्थायी होता है।

ऐसे अनुभव हमें यह भी सिखाते हैं कि जीवन को हल्का रखना कितना जरूरी है। जब हम यह सोचने लगते हैं कि खुशी खरीदने की चीज़ है तो हम बोझ उठा लेते हैं। लेकिन जब हम छोटी-छोटी खुशियों को जीना शुरू करते हैं तो जीवन से बोझ उतरने लगता है। एक बच्चा जब अपनी छोटी-सी उपलब्धि पर हमें बुलाता है और हम उसे गले लगाते हैं, तो वह पल दोनों के लिए यादगार बन जाता है। उस आलिंगन में कोई खर्च नहीं है, लेकिन उसमें भावनाओं का खज़ाना है। यही खज़ाना जीवन को सुंदर बनाता है।

अगर हम हर हफ्ते बिना खर्च का एक आनंददायी पल जीने की आदत बना लें तो धीरे-धीरे हमारी सोच बदलने लगेगी। शुरुआत में शायद हमें यह लगे कि बिना पैसे खर्च किए मज़ा कहाँ है, लेकिन जब हम इन पलों को जीना शुरू करेंगे तो हमें महसूस होगा कि यही पल सबसे असली और सच्चे हैं। यह अभ्यास न केवल हमें अनावश्यक खर्चों से बचाएगा बल्कि हमें भीतर से समृद्ध बनाएगा। यह आदत बच्चों में भी यह विश्वास पैदा करेगी कि खुशी महंगे खिलौनों, महंगे गिफ्ट्स या शॉपिंग से नहीं आती बल्कि परिवार, दोस्तों और सादगी से आती है।

अंततः, इस अध्याय का सार यही है कि कम पैसों में भी जीवन बेहद सुखद और समृद्ध हो सकता है अगर हम अपनी आँखें खोलकर देखें। खुशी खरीदने की चीज़ नहीं है, यह तो जीने की कला है। जब हम छोटी-छोटी बातों में आनंद ढूँढना सीख जाते हैं तो जीवन एक उत्सव बन जाता है। यह उत्सव महंगे कपड़ों, गाड़ियों या पार्टियों में नहीं बल्कि बच्चों की हँसी, परिवार की संगत, दोस्तों की बातचीत और प्रकृति के सानिध्य में मिलता है। और यही अनुभव हमें वह संतोष देते हैं जिसे पैसा कभी नहीं दे सकता।

अध्याय 13 : साझा करने की संस्कृति – "मेरे पास जो है, वो हमारा है।

खुशियों की असली जड़ बाँटने में है। इंसान जब अकेले आनंद लेने की कोशिश करता है तो वह क्षणिक होता है, लेकिन जब वही खुशी दूसरों के साथ साझा की जाती है तो वह दोगुनी हो जाती है। यह सच हम बचपन से अनुभव करते हैं। जब कोई बच्चा अपनी टॉफी खुद खाता है तो उसे अच्छा लगता है, लेकिन जब वही टॉफी दोस्तों के बीच बाँट देता है और सबकी आँखों में चमक देखता है तो उसे जो संतोष मिलता है, वह कहीं बड़ा होता है। यही संस्कृति जीवनभर साथ चलनी चाहिए, लेकिन आधुनिक जीवन की दौड़-भाग और प्रतियोगिता ने हमें बाँटने की बजाय इकट्ठा करने वाला बना दिया है। हम यह भूल जाते हैं कि जमा करके हम अमीर दिख सकते है लेकिन बाँटकर ही हम सच में समृद्ध बनते हैं।

परिवार और समुदाय में साझेदारी हमेशा से भारतीय संस्कृति की ताकत रही है। गाँवों में एक की खुशी सबकी खुशी मानी जाती थी और एक का दुख सबका दुख। यही कारण था कि लोग कम साधनों में भी संतुष्ट रहते थे। वे जानते थे कि उनका जीवन अकेला नहीं है, उनके चारों ओर एक समुदाय है जो हर परिस्थिति में उनके साथ खड़ा है। आज के समय में यह संस्कृति कमजोर पड़ गई है क्योंकि लोग अपने-अपने दरवाज़े बंद करके जीने लगे हैं। अब खुशी बाँटने के बजाय दिखावे में खो जाती है। लेकिन जब भी कोई अवसर आता है, हमें यह याद दिलाना जरूरी है कि असली शक्ति साझेदारी में है।

गाँव की सामूहिक खेती का किस्सा इस सच्चाई को और गहराई से समझाता है। एक छोटे से गाँव में किसान बहुत गरीब थे, हर किसी के पास अलग-अलग छोटा टुकड़ा ज़मीन था और वह इतना नहीं था कि परिवार का पेट भर सके। कई सालों तक उन्होंने अलग-अलग कोशिश की लेकिन गरीबी से बाहर न निकल पाए। फिर गाँव के बुजुर्ग ने सबको एक दिन बुलाकर कहा, "क्यों न हम सब मिलकर खेतों को एक साथ जोड़ दें, सामूहिक रूप से खेती करें और जो भी उपज हो उसे बराबर बाँट लें।" शुरू में कुछ लोग हिचके लेकिन धीरे-धीरे सब मान गए। जब सबने मिलकर खेती की तो ज़मीन भी ज्यादा उपजाऊ हुई, मेहनत भी आसान हो गई और फसल दोगुनी हो गई। उस साल गाँव में पहली बार सबके घरों में अनाज भर गया। बच्चों की हँसी गूँजी, औरतों ने गीत गाए और बुजुर्गों की आँखों में संतोष के आँसू थे। यह कहानी हमें बताती है कि बाँटने से कोई कम नहीं होता बल्कि सबका जीवन बेहतर होता है।

साझेदारी का एक और पहलू है भावनात्मक समर्थन। जब हम अपने दुख दूसरों के साथ बाँटते हैं तो वह हल्का हो जाता है। एक व्यक्ति अकेले दुख सहते-सहते टूट जाता है लेकिन जब वही दुख किसी अपने के साथ साझा करता है तो उसका बोझ आधा हो जाता है। और जब खुशी बाँटते हैं तो वह कई गुना बढ़ जाती है। यह गणित बहुत सरल है लेकिन इसे समझना कठिन इसलिए हो गया है क्योंकि हम स्वार्थ में उलझ गए हैं। कई बार लोग सोचते हैं कि दूसरों को

देने से हमारा कम हो जाएगा लेकिन असलियत यह है कि बाँटने से हमारी आत्मा अमीर होती है और यही अमीरी सबसे बड़ी है।

आज शहरों में यह संस्कृति फिर से ज़िंदा करना जरूरी है। हमें यह सोचना होगा कि हम अपने पड़ोसियों, दोस्तों और सहकर्मियों के साथ क्या बाँट सकते हैं। यह सिर्फ चीज़ें नहीं होतीं, यह समय, अनुभव, हँसी और समर्थन भी हो सकता है। कभी किसी के साथ बैठकर चाय पी लेना, किसी के दुख में कुछ पल का सहारा बन जाना या किसी बच्चे को पढ़ाने के लिए समय निकाल देना—ये सब ऐसे उपहार हैं जो किसी भी महंगी चीज़ से बड़े हैं। जब यह संस्कृति फिर से जिंदा होगी तो समाज और भी मजबूत और खूबसूरत बनेगा।

साझा करने की संस्कृति केवल अनाज या धन तक सीमित नहीं है, यह एक जीवनदृष्टि है। जब हम कहते हैं "मेरे पास जो है, वो हमारा है," तो इसमें केवल वस्तुएँ ही नहीं आतीं बल्कि समय, भावनाएँ, अनुभव और ज्ञान भी आते हैं। समाज का असली ताना-बाना तभी मजबूत होता है जब लोग अपने पास मौजूद इन चीज़ों को खुले दिल से बाँटते हैं। सोचिए, अगर कोई व्यक्ति अपने जीवन का अनुभव दूसरों से साझा नहीं करता तो आने वाली पीढ़ियाँ वही गलतियाँ दोहराती रहतीं। लेकिन जब बुजुर्ग अपनी कहानियाँ, अपने संघर्ष और अपनी जीतें सुनाते हैं तो बच्चे न केवल प्रेरित होते हैं बल्कि जीवन की कठिनाइयों का सामना करने की तैयारी भी कर पाते हैं। यही साझा करना है, और यही संस्कृति हमें एक-दूसरे से जोड़े रखती है। आज के समय में साझा करने का महत्व और भी बढ़ गया है क्योंकि हम धीरे-धीरे अकेलेपन की ओर बढ़ रहे हैं। शहरों में लोग अपार्टमेंट्स में रहते हैं लेकिन एक-दूसरे से मिलते-जुलते नहीं। पड़ोसी का नाम तक नहीं जानते। यह दूरी हमें कमजोर बनाती है। इसके विपरीत, गाँवों में अब भी यह संस्कृति जीवित है। वहाँ अगर किसी के घर कोई उत्सव होता है तो पूरा गाँव उसमें शामिल होता है, अगर किसी के घर संकट आता है तो सब मिलकर उसे संभालते हैं। यही जुड़ाव इंसान को मजबूती देता है। साझा करने की यही ताकत है कि अकेला व्यक्ति कभी असहाय नहीं महसूस करता।

इस संस्कृति की जड़ें हमारे त्योहारों में भी गहराई से जुड़ी हैं। दीपावली पर मिठाई बाँटना, ईद पर सेवइयाँ बाँटना या होली पर रंगों से सबको गले लगाना—ये सब परंपराएँ हमें यह सिखाती हैं कि खुशी तभी पूर्ण होती है जब उसे सबके साथ साझा किया जाए। मुझे याद है, बचपन में माँ तिल के लड्डू बनाती थीं और कहती थीं, "पहले पड़ोस में भेजो, फिर खुद खाएँगे।" उस समय समझ नहीं आता था कि पहले दूसरों को क्यों, लेकिन जब पड़ोसी आकर कहते कि लड्डू बहुत अच्छे बने हैं और खुशी से मुस्कुराते तो माँ के चेहरे पर जो संतोष होता, वही असली इनाम था। यही संतोष हमें याद दिलाता है कि बाँटना ही सबसे बड़ी पूजा है।

कभी-कभी साझा करने का आनंद इतना गहरा होता है कि शब्दों में व्यक्त करना मुश्किल हो जाता है। मैंने एक बार देखा कि एक गरीब मजदूर ने अपनी रोटी का आधा हिस्सा एक भूखे कुत्ते को दे दिया। वह खुद भूखा रहा लेकिन जब उसने कुत्ते को खाते देखा तो उसके चेहरे पर जो सुकून था, वह करोड़पति के महल में भी नहीं मिल सकता। यह सुकून इसलिए आता है क्योंकि बाँटने से हम अपने भीतर के इंसान को जगा देते हैं। और जब भीतर का इंसान जीवित रहता है तो जीवन में रोशनी बनी रहती है।

इस संस्कृति का एक और बड़ा पहलू है बच्चों को यह मूल्य देना। जब बच्चे देखते हैं कि उनके माता-पिता बाँटने में विश्वास रखते हैं तो वे भी उसी रास्ते पर चलते हैं। अगर बच्चा यह देखेगा कि उसके पिता ज़रूरतमंद को मदद करते हैं या उसकी माँ दूसरों के बच्चों को अपने बच्चों की तरह प्यार देती है तो वह भी यही सीखेगा। यही कारण है कि साझा करने की आदत केवल एक

पीढ़ी तक सीमित नहीं रहती, यह पीढ़ी दर पीढ़ी चलती है। यही आदत समाज को इंसानियत से भर देती है।

लेकिन आधुनिक जीवन में विज्ञापनों और दिखावे ने हमारी सोच को बदल दिया है। अब हमें बार-बार यह सिखाया जाता है कि खुशी तब मिलेगी जब हमारे पास ज्यादा होगा और दूसरों से बेहतर होगा। इस सोच ने हमें साझा करने से दूर कर दिया है। अब लोग सोचते हैं कि अगर उन्होंने बाँट दिया तो उनके पास कम रह जाएगा। लेकिन सच्चाई यह है कि बाँटने से कभी किसी का कम नहीं हुआ। बल्कि बाँटने से विश्वास, दोस्ती और संबंध बढ़ते हैं। यह सब ऐसे खज़ाने हैं जो पैसे से नहीं खरीदे जा सकते।

साझा करने का असली आनंद तब समझ में आता है जब हम कठिन समय से गुज़र रहे होते हैं। सामान्य दिनों में शायद हमें इसका उतना महत्व महसूस न हो, लेकिन मुश्किल घड़ी में जब कोई अपना हमें सहारा देता है, अपनी चीजें या अपना समय हमारे साथ बाँटता है, तब समझ आता है कि यह संस्कृति कितनी अनमोल है। सोचिए, अगर किसी इंसान का काम अचानक रुक जाए और उसके पास खाने को अनाज न हो, तो उस समय अगर पड़ोसी उसके घर से कुछ रोटियाँ भेज देता है तो वह रोटियाँ केवल पेट नहीं भरतीं बल्कि आत्मा तक को तृप्त कर देती हैं। यह तृप्ति देने वाले को भी होती है और पाने वाले को भी। यही साझेदारी की जड़ है कि यह सिर्फ भौतिक नहीं बल्कि भावनात्मक भी होती है।

कई बार लोग सोचते हैं कि साझा करने का मतलब सिर्फ आर्थिक मदद करना है, लेकिन सच्चाई यह है कि साझा करना तो हर स्तर पर हो सकता है। कोई अपनी मुस्कुराहट बाँटता है, कोई अपने ज्ञान का हिस्सा, कोई अपना समय और कोई अपने अनुभव। कभी-कभी तो केवल किसी का साथ दे देना ही सबसे बड़ी साझेदारी होती है। एक बूढ़ा व्यक्ति जब अकेलेपन में बैठा होता है और कोई बच्चा आकर उससे बातें कर लेता है तो उसके लिए वह समय सोने से भी कीमती होता है। यहाँ पैसों का कोई लेन-देन नहीं है, लेकिन जो साझा हुआ है वह दिलों का जुड़ाव है। यही जुड़ाव समाज को इंसानियत से भर देता है।

गाँव की सामूहिक खेती की कहानी हमने पहले सुनी, लेकिन ऐसी कहानियाँ शहरों में भी मिलती हैं। कई जगहों पर लोग सामूहिक पुस्तकालय बनाते हैं जहाँ हर कोई अपनी किताब लाकर रख देता है और फिर कोई भी उन्हें पढ़ सकता है। यह केवल किताबों का आदान-प्रदान नहीं होता बल्कि विचारों और दृष्टिकोण का साझा करना होता है। किताबें पढ़ने से ज्ञान बढ़ता है और जब यह ज्ञान साझा होता है तो पूरा समाज समृद्ध होता है। यही कारण है कि साझा करने की संस्कृति केवल पेट भरने तक सीमित नहीं बल्कि दिमाग और आत्मा को भी समृद्ध करती है।

साझा करना हँसी और मजाक में भी अपनी जगह बना लेता है। याद है बचपन में जब एक ही पेंसिल से दो दोस्त पढ़ते थे और दोनों एक-दूसरे को मजाक में धक्का देते थे कि "आज मेरी बारी ज्यादा लिखने की है," तो उस समय जो खुशी होती थी वह अलग ही स्वाद देती थी। आज शायद हम महंगे पेन और नोटबुक खरीद सकते हैं, लेकिन उस साझा किए गए पेंसिल की याद अब भी दिल को गुदगुदाती है। यही प्रमाण है कि बाँटने की खुशी समय के साथ फीकी नहीं पड़ती बल्कि और गहरी होती जाती है।

अगर हम ध्यान दें तो देखेंगे कि जब भी हम दूसरों के लिए कुछ साझा करते हैं तो अंदर से हल्कापन महसूस करते हैं। यह हल्कापन इसलिए आता है क्योंकि इंसान का स्वभाव ही बाँटने का है। जब हम केवल अपने लिए जीते हैं तो भीतर एक खालीपन रह जाता है, लेकिन जब हम दूसरों के लिए जीते हैं तो वह खालीपन भर जाता है। यह भरे होने का एहसास ही तो जीवन की

असली संपत्ति है। यही कारण है कि जो लोग दान करते हैं या दूसरों की मदद करते हैं, उनके चेहरे पर हमेशा एक खास तरह की चमक रहती है। यह चमक महंगी क्रीम या कपड़ों से नहीं आती, यह तो आत्मा की चमक होती है।

कभी-कभी यह साझा करने की आदत हमें हँसी भी देती है। मैंने एक बार देखा कि एक गाँव में किसी ने हलवा बनाया और बच्चों को बाँटना शुरू किया। हलवा कम पड़ गया तो बच्चों ने मिलकर यह तय किया कि सब अपने हिस्से का थोड़ा-थोड़ा एक-दूसरे को देंगे। नतीजा यह हुआ कि हर बच्चे की प्लेट में बस कुछ चम्मच हलवा था लेकिन उनकी हँसी और मस्ती देखते ही बनती थी। उस समय कोई बच्चा शिकायत नहीं कर रहा था, सब मिलकर उस थोड़े से हलवे को ऐसे खा रहे थे जैसे दुनिया की सबसे बड़ी दावत हो। यही है साझा करने की ताकत कि थोड़ी-सी चीज़ भी जब मिलकर खाई जाती है तो दावत बन जाती है।

आज के समय में यह समझना और भी जरूरी है क्योंकि हम उपभोक्तावाद के जाल में फँस गए हैं। हमें बार-बार यह बताया जाता है कि खुशी तब मिलेगी जब हमारे पास ज्यादा होगा। लेकिन सच्चाई यह है कि खुशी तभी मिलती है जब हम जो भी है उसे बाँटते हैं। कम भी बाँटें तो खुशी ज्यादा हो जाती है। यही वह सच्चाई है जो हमें बार-बार याद करनी चाहिए।

साझा करने की संस्कृति इंसान के जीवन को सिर्फ हल्का ही नहीं बनाती, यह उसे गहराई भी देती है। जब हम किसी को अपना कहते हैं और अपने संसाधन, अपना समय या अपना अनुभव उसके साथ बाँटते हैं तो उस पल हम सिर्फ इंसान नहीं रहते, बल्कि एक बड़े समाज के हिस्से बन जाते हैं। यह एहसास हमें भीतर से मजबूत करता है। सोचिए, अगर कोई अकेला व्यक्ति अपनी सारी कमाई, सारी चीज़ें अपने लिए ही बचाकर रखे तो शायद वह आराम से रह ले, लेकिन उसके चेहरे पर वह चमक कभी नहीं आएगी जो उस इंसान के चेहरे पर दिखती है जिसने किसी भूखे को रोटी दी है या किसी बच्चे की पढ़ाई का खर्च उठाया है। यह चमक उस संतोष की है जो बाँटने से पैदा होता है।

गाँव की सामूहिक खेती की कहानी हमने पहले देखी थी, लेकिन ऐसे ही किस्से हमारे आसपास हर जगह मौजूद हैं। मैंने एक शहर में देखा कि कुछ नौजवानों ने मिलकर एक फ्रिज सड़क किनारे रख दिया, जिसमें कोई भी व्यक्ति अपना अतिरिक्त खाना रख सकता था और ज़रूरतमंद लोग वहाँ से खाना ले सकते थे। शुरुआत में लोगों को यह अजीब लगा लेकिन धीरे-धीरे यह पूरे मोहल्ले की संस्कृति बन गई। अब कोई खाना बर्बाद नहीं करता, बल्कि सोचता है कि अगर मेरे पास अतिरिक्त है तो उसे वहाँ रख दूँ ताकि कोई भूखा न रहे। यह केवल खाना बाँटना नहीं था, यह विश्वास बाँटना था कि हम सब एक-दूसरे के लिए जिम्मेदार हैं। यही संस्कृति अगर बड़े स्तर पर आ जाए तो समाज से बहुत सी समस्याएँ अपने आप खत्म हो जाएँगी।

साझेदारी की एक खूबसूरत बात यह है कि यह हमें बराबरी का अहसास कराती है। जब हम बाँटते हैं तो यह फर्क मिट जाता है कि कौन अमीर है और कौन गरीब। उस पल सब एक जैसे हो जाते हैं। किसी त्योहार पर जब सब मिलकर प्रसाद खाते हैं तो वहाँ कोई बड़ा या छोटा नहीं होता, सब एक ही पंक्ति में बैठते हैं और एक ही स्वाद का आनंद लेते हैं। यही अनुभव हमें यह सिखाता है कि इंसानियत की नींव बराबरी पर टिकती है। और बराबरी का यह अहसास तभी आता है जब साझा करने की आदत हमारे भीतर गहराई से बैठ जाती है।

कभी-कभी यह संस्कृति हँसी और आनंद से भी भरी होती है। मुझे याद है, एक बार गाँव में एक शादी थी। वहाँ खाना बनाने का जिम्मा पूरे गाँव ने मिलकर उठाया। कोई सब्ज़ी काट रहा था, कोई मसाले पीस रहा था, कोई पकवान तल रहा था। जब इतने लोग मिलकर काम कर रहे थे

तो मज़ाक भी खूब हो रहा था। कोई किसी की गलती पर हँस रहा था, कोई गाने गा रहा था। उस दिन खाना सिर्फ शादी का हिस्सा नहीं था, वह पूरे गाँव की साझेदारी का उत्सव था। यही अनुभव जीवनभर याद रहते हैं क्योंकि इनमें खुशी केवल स्वाद में नहीं बल्कि साथ होने में छिपी होती है।

आधुनिक जीवन में हमें यह समझना होगा कि अगर हम केवल अपने लिए जमा करते रहेंगे तो हम भीतर से खाली हो जाएँगे। बैंक बैलेंस बढ़ सकता है, घर बड़ा हो सकता है, लेकिन अगर उसमें बाँटने की भावना नहीं है तो वहाँ अकेलापन ही गूँजेगा। इसके विपरीत, अगर हम साझा करते हैं तो छोटा घर भी मंदिर बन जाता है। वहाँ हर आने वाला मुस्कुराता है और हर जाने वाला संतोष लेकर जाता है। यही साझा करने की संस्कृति है जो साधारण जीवन को भी असाधारण बना देती है।

इस अध्याय का सार यही है कि खुशी बढ़ाने का सबसे आसान तरीका है बाँटना। यह बाँटना केवल चीज़ों का नहीं बल्कि समय, हँसी, अनुभव और सहानुभूति का भी है। जब हम यह कहते हैं "मेरे पास जो है, वो हमारा है" तो हम केवल एक वाक्य नहीं बोल रहे होते बल्कि एक पूरी जीवनशैली जी रहे होते हैं। यही जीवनशैली हमें भीतर से संतोष देती है और बाहर से समाज को मजबूत बनाती है। यही संस्कृति इंसान को इंसान से जोड़ती है और यही संस्कृति हमारी आने वाली पीढ़ियों को यह सिखा सकती है कि असली खुशी केवल रखने में नहीं, बल्कि बाँटने में है।

अध्याय 14 : समुदाय और सहयोग – दूसरों की मदद से आत्मसंतोष

दूसरों की मदद करने से मिलने वाली शांति शब्दों में पूरी तरह बयान नहीं की जा सकती, क्योंकि यह एहसास भीतर से आता है। जब कोई इंसान अपना समय, मेहनत या संसाधन किसी दूसरे की भलाई के लिए लगाता है तो उसे जो सुकून मिलता है, वह किसी भी भौतिक वस्तु से बड़ा होता है। यह शांति बाहर से थोप कर नहीं लाई जा सकती, यह तो केवल उस पल में महसूस होती है जब सामने वाले की आँखों में आभार की चमक दिखाई देती है। कई बार लोग सोचते हैं कि मदद करना केवल धनवानों का काम है, लेकिन यह सच नहीं है। मदद के लिए केवल दिल की उदारता चाहिए, साधन चाहे छोटे हों या बड़े, फर्क नहीं पड़ता। कोई अपनी कमाई का हिस्सा बाँटता है, तो कोई अपने दिन का एक घंटा किसी ज़रूरतमंद को देता है। फर्क इस बात का नहीं है कि कितना दिया, फर्क इस बात का है कि दिया किस भावना से।

समुदाय और सहयोग का यह भाव हर उस समाज को मजबूत बनाता है जहाँ इसे अपनाया जाता है। जब लोग मिलकर काम करते हैं, मिलकर खुशियाँ और मुश्किलें साझा करते हैं, तब वहाँ अकेलापन टिक ही नहीं सकता। दूसरों की मदद करने से केवल सामने वाला ही लाभान्वित नहीं होता बल्कि मदद करने वाले के जीवन में भी प्रकाश भर जाता है। कई बार इंसान अपने जीवन में चाहे जितनी सफलताएँ हासिल कर ले, फिर भी भीतर एक खालीपन रह जाता है। लेकिन जैसे ही वह किसी और की मदद करता है, वह खालीपन धीरे-धीरे भरने लगता है। यह आत्मसंतोष किसी पुरस्कार से नहीं मिलता, यह तो केवल कर्म से मिलता है।

सामाजिक कार्यकर्ताओं का जीवन इसका सबसे बड़ा उदाहरण है। वे लोग अक्सर अपनी सुख-सुविधाएँ छोड़कर दूसरों की भलाई के लिए जीते हैं। उनका दिन थकान से भरा होता है, कभी-कभी भूख और नींद भी पूरी नहीं होती, लेकिन जब वे देखते हैं कि उनकी कोशिश से किसी का जीवन बेहतर हुआ है, किसी बच्चे को शिक्षा मिली है, किसी बूढ़े की आँखों में उम्मीद लौटी है, तो उन्हें वही शांति मिलती है जो कोई धन-दौलत नहीं दे सकती। यह शांति भीतर से आत्मा को पोषण देती है। यही कारण है कि असली संतोष वही लोग पाते हैं जिन्होंने अपने जीवन को दूसरों के लिए समर्पित किया है।

मदद करने की यह आदत केवल बड़े कामों में ही नहीं बल्कि छोटे-छोटे कामों में भी झलकती है। कभी सड़क पर गिरा हुआ बुज़ुर्ग जब किसी का हाथ पकड़कर खड़ा होता है तो उसकी आँखों में आभार की जो चमक होती है, वह मदद करने वाले को भीतर तक छू जाती है। कभी कोई बच्चा स्कूल जाने के लिए किताबें न जुटा पाए और कोई उसके लिए इस्तेमाल की हुई किताबें दे दे, तो उस बच्चे की मुस्कान अनमोल होती है। यह मुस्कान किसी करोड़पति के खज़ाने से भी ज्यादा कीमती होती है। मदद का यह रूप छोटा जरूर दिखता है लेकिन इसका असर बहुत बड़ा होता है।

अगर हर इंसान यह निश्चय कर ले कि महीने में कम से कम एक नेक काम करेगा तो समाज में कितनी बड़ी क्रांति आ सकती है। यह नेक काम बहुत बड़ा होना ज़रूरी नहीं है। यह हो सकता है कि आप किसी अनजान को मुस्कुराकर देखें, किसी ज़रूरतमंद को खाना खिलाएँ, किसी बच्चे को उसकी पढ़ाई में मदद करें या किसी बीमार को अस्पताल तक छोड़ आएँ। इन छोटे-छोटे नेक कामों से समाज में भरोसा और इंसानियत जिंदा रहती है। जब लोग महसूस करने लगते हैं कि उनके आसपास मदद करने वाले लोग मौजूद हैं, तो जीवन की कठिनाइयाँ भी हल्की लगने लगती हैं।

समुदाय का असली सौंदर्य इसी में है कि लोग एक-दूसरे के लिए खड़े रहते हैं। अकेला इंसान चाहे जितना मजबूत क्यों न हो, समाज के सहारे के बिना अधूरा होता है। सहयोग ही वह ताकत है जो हमें कठिन समय में भी डटे रहने का साहस देती है। और जब यह सहयोग बिना किसी अपेक्षा के होता है तो उसका असर और गहरा होता है। यही वजह है कि मदद करने वाले लोग हमेशा याद रखे जाते हैं, उनके नाम भले ही इतिहास की किताबों में न लिखे जाएँ, लेकिन जिनके जीवन में उन्होंने उजाला किया है, उनके दिलों में वे हमेशा जीवित रहते हैं।

दूसरों की मदद करना केवल किसी और के जीवन को बदलने का साधन नहीं होता, यह हमें अपने भीतर के उस हिस्से से जोड़ता है जिसे हम अक्सर अनदेखा कर देते हैं। हर इंसान के भीतर एक करुणा छिपी होती है, लेकिन आधुनिक जीवन की दौड़-भाग, तनाव और प्रतियोगिता उसे ढक देती है। जब हम किसी की मदद करते हैं तो वह करुणा जाग जाती है और हमें यह याद दिलाती है कि इंसान होने का असली अर्थ क्या है। कभी-कभी जब हम किसी जरूरतमंद के लिए हाथ बढ़ाते हैं तो हमें ऐसा लगता है जैसे हम उसके लिए कुछ कर रहे हैं, लेकिन सच तो यह है कि उस पल वह हमें हमारी इंसानियत की याद दिला रहा होता है। उसकी ज़रूरत हमें यह अवसर देती है कि हम अपने भीतर की दया को बाहर ला सकें और यही आत्मसंतोष का सबसे बड़ा स्रोत बनता है।

समुदाय में सहयोग का असर केवल व्यक्तिगत जीवन तक सीमित नहीं रहता, यह पूरे समाज की दिशा बदल सकता है। जब लोग एक साथ आते हैं और दूसरों के लिए काम करते हैं तो वे न केवल समस्याएँ हल करते हैं बल्कि भविष्य की पीढ़ियों के लिए उदाहरण भी छोड़ते हैं। सोचिए, अगर किसी मोहल्ले में लोग मिलकर यह तय करें कि कोई भी बच्चा बिना पढ़ाई के नहीं रहेगा, तो धीरे-धीरे उस मोहल्ले से अशिक्षा मिट जाएगी। यह काम सरकार अकेले नहीं कर सकती, यह तभी संभव है जब लोग सहयोग की भावना से आगे आएँ। ऐसे छोटे-छोटे प्रयास बड़े बदलाव लाते हैं और यह बदलाव धीरे-धीरे पूरी दुनिया को बेहतर बना सकते हैं।

कभी-कभी मदद का असर इतना गहरा होता है कि वह जीवन की दिशा ही बदल देता है। मैंने एक किस्सा सुना था एक गरीब लड़के का जो सड़क किनारे जूते पॉलिश करता था। एक दिन एक शिक्षक ने उससे पूछा कि क्या वह पढ़ना चाहता है। लड़के ने हिचकिचाते हुए हाँ कहा। उस शिक्षक ने रोज़ थोड़ी देर उसे पढ़ाना शुरू किया और किताबें भी दीं। धीरे-धीरे वह बच्चा इतना होशियार हुआ कि पढ़ाई में अव्वल आने लगा और आगे चलकर एक बड़ा अफसर बना। उसने बाद में कहा कि अगर उस दिन उस शिक्षक ने उसकी मदद न की होती तो उसका जीवन अंधेरे में ही बीत जाता। यह उदाहरण हमें दिखाता है कि मदद का एक छोटा-सा बीज किस तरह जीवन में पेड़ बनकर फल देता है।

सहयोग की यह शक्ति अक्सर मुश्किल हालात में सबसे ज़्यादा नज़र आती है। जब कोई प्राकृतिक आपदा आती है और लोग अपना सबकुछ खो देते हैं, तो तभी इंसानियत का सबसे सुंदर रूप सामने आता है। लोग जिन्हें वे कभी नहीं जानते थे, उनके लिए कपड़े, खाना और

आश्रय लेकर आ जाते हैं। यही वह क्षण होते हैं जब समझ आता है कि इंसान केवल अपने लिए जीने के लिए नहीं बना है। मदद का यह भाव ही हमें एक-दूसरे से जोड़ता है। कठिन समय की ये कहानियाँ हमें बार-बार यह याद दिलाती हैं कि सहयोग ही वह धागा है जिससे समाज बुना गया है।

मदद करने का सबसे सुंदर पहलू यह है कि इसमें अक्सर किसी बड़े संसाधन की ज़रूरत नहीं होती। कई बार केवल एक शब्द, एक मुस्कान या किसी का साथ ही इतना होता है कि सामने वाले का दिल हल्का हो जाए। जब कोई निराश व्यक्ति अपनी समस्या सुनाता है और हम बस उसे ध्यान से सुन लेते हैं तो वह मदद के सबसे गहरे रूपों में से एक होता है। लोग भूल जाते हैं कि मदद केवल पैसों से नहीं होती, कई बार यह समय और संवेदनशीलता से होती है। यही वह चीज़ है जो दिलों के बीच दीवारें तोड़ देती है।

और जब लोग मिलकर सहयोग करते हैं तो समाज में एक नई ऊर्जा का संचार होता है। चाहे वह किसी गली की सफाई हो, किसी पार्क को सुंदर बनाना हो या किसी गरीब बच्चे की फीस भरना—जब ये काम सामूहिक रूप से होते हैं तो लोगों को अपनेपन का एहसास होता है। उस पल हर कोई यह महसूस करता है कि वह अकेला नहीं है, उसके पास एक पूरा समुदाय है जो उसके साथ खड़ा है। यह एहसास ही आत्मसंतोष का सबसे बड़ा स्रोत है। यही कारण है कि जो लोग सामूहिक सहयोग में हिस्सा लेते हैं, वे अक्सर कहते हैं कि उन्हें इसमें अपने जीवन का सबसे सच्चा आनंद मिलता है।दूसरों की मदद का असली स्वाद तब समझ आता है जब यह बिना किसी स्वार्थ के की जाती है। अक्सर लोग मदद करते समय सोचते हैं कि इसका बदला उन्हें कभी न कभी मिलेगा, लेकिन असली आत्मसंतोष तभी मिलता है जब मदद केवल इंसानियत के लिए की जाती है। जब हम किसी अनजान इंसान की मुश्किल आसान बनाते हैं और यह जानते हुए भी कुछ नहीं मांगते कि वह हमें धन्यवाद भी नहीं देगा, तब भीतर से जो शांति उठती है वह अनोखी होती है। यह शांति किताबों में पढ़कर नहीं, बल्कि केवल जीकर समझी जा सकती है। कई बार तो यह अनुभव इतना गहरा होता है कि व्यक्ति की पूरी सोच ही बदल जाती है। मदद का यह भाव आत्मा को उस स्तर पर छूता है जहाँ शब्दों की पहुँच नहीं होती।

समुदाय की ताकत इसी निस्वार्थ सहयोग में है। समाज तब फलता-फूलता है जब लोग अपने सुख-दुख को साझा करते हैं और यह समझते हैं कि एक की समस्या सबकी समस्या है। यह समझ इंसान को विनम्र भी बनाती है और जिम्मेदार भी। अगर पड़ोस में किसी का घर जल जाए और बाकी लोग यह कहें कि यह तो उसकी समस्या है, तो उस मोहल्ले की आत्मा मर जाएगी। लेकिन अगर लोग दौड़कर उसके लिए कपड़े, बर्तन और छत जुटा दें तो वही मोहल्ला एक परिवार बन जाता है। यही फर्क है सहयोग और उदासीनता में, और यही फर्क यह तय करता है कि समाज जीवित है या केवल शरीर की तरह चल रहा है।

इस भावना का असर केवल ज़रूरतमंद पर नहीं बल्कि मदद करने वाले पर भी गहरा होता है। जब कोई व्यक्ति किसी गरीब बच्चे को स्कूल भेजता है या किसी बीमार को अस्पताल तक छोड़कर आता है, तो वह सिर्फ मदद नहीं करता बल्कि खुद के भीतर एक नयी रोशनी जलाता है। यह रोशनी जीवन को दिशा देती है, जैसे किसी अंधेरे कमरे में दीपक जल जाए। इस रोशनी के सहारे वह खुद भी औरों को राह दिखा सकता है। यही कारण है कि मदद करने वाले लोग अक्सर और भी सकारात्मक हो जाते हैं। उनके जीवन में एक स्थिरता आ जाती है क्योंकि वे जानते हैं कि उनका अस्तित्व केवल अपने लिए नहीं बल्कि दूसरों के लिए भी है।

कभी-कभी सहयोग हँसी में भी बदल जाता है। जैसे जब कोई बच्चा अपनी छोटी-सी जेब खर्च से एक भिखारी को टॉफी दे देता है और फिर दोस्तों के बीच गर्व से कहता है कि उसने "दान" किया है। उसकी मासूम हँसी वहाँ मौजूद सभी लोगों को छू लेती है। यह छोटा-सा क्षण यह साबित करता है कि सहयोग केवल गंभीरता से भरा नहीं होता, इसमें आनंद और हल्कापन भी है। और यही हल्कापन इस संस्कृति को टिकाऊ बनाता है क्योंकि अगर मदद का भाव बोझ ब जाए तो लोग उससे दूर भागेंगे, लेकिन जब यह आनंद से भरा हो तो यह सहजता से जीवन क हिस्सा बन जाता है।

इतिहास इस बात का गवाह है कि बड़े-बड़े आंदोलन और क्रांतियाँ भी तभी सफल हुईं जब उन सहयोग की ताकत शामिल हुई। चाहे वह स्वतंत्रता संग्राम हो या समाज सुधार के आंदोलन—अगर लोग केवल अपने-अपने स्वार्थ में उलझे रहते तो यह कभी संभव नहीं होता। लेकिन जब सबने मिलकर कहा कि हम दूसरों के लिए भी खड़े हैं, तभी इतिहास लिखा गया। यही सीख हमें यह बताती है कि सहयोग केवल व्यक्तिगत भलाई का साधन नहीं बल्कि सामाजिक बदलाव का सबसे बड़ा हथियार है।

मदद करने की आदत में एक और गहराई यह है कि यह इंसान को भीतर से अहंकार से मुक्त करती है। जब हम दूसरों के लिए कुछ करते हैं तो धीरे-धीरे हमें यह समझ आने लगता है कि हमारी सफलता या हमारी संपत्ति केवल हमारी मेहनत का नतीजा नहीं है, बल्कि इसमें समाज का भी योगदान है। यह समझ हमें विनम्र बनाती है और यही विनम्रता इंसान को बड़ा बनाती है। एक अमीर व्यक्ति तब सचमुच महान कहलाता है जब वह अपनी संपत्ति को केवल अपने लिए नहीं बल्कि समाज के लिए उपयोग करता है। और एक सामान्य व्यक्ति भी तब सम्मान पाता है जब वह अपनी छोटी-सी ताकत दूसरों की भलाई में लगाता है।

इस अध्याय का यह हिस्सा हमें यह एहसास कराता है कि समुदाय और सहयोग केवल आदर्श वाक्य नहीं बल्कि जीने का तरीका है। यह तरीका हमें वह आत्मसंतोष देता है जिसकी तलाश हम महंगे सामानों, बड़ी उपलब्धियों और बाहरी मान-सम्मान में करते हैं लेकिन वहाँ नहीं मिलता। यह संतोष हमें केवल तब मिलता है जब हम किसी की मदद करके उसके चेहरे पर मुस्कान देख पाते हैं और भीतर से यह महसूस करते हैं कि हमने जीवन को सार्थक बनाया है।

दूसरों की मदद से मिलने वाला आत्मसंतोष केवल इंसान की आत्मा को ही शांत नहीं करता, बल्कि जीवन के हर पहलू को नया अर्थ देता है। जब हम सहयोग को अपनाते हैं तो हमारे रिश मजबूत होते हैं, हमारी सोच खुलती है और हमें यह समझ आने लगता है कि जीवन का असल सुख केवल पाने में नहीं बल्कि देने में है। मदद करने का यह भाव हमें उस स्तर पर पहुँचा देत है जहाँ हम अपनी समस्याओं को भी छोटा मानने लगते हैं। जब हम किसी की भूख मिटाने के लिए एक थाली बढ़ाते हैं तो हमें यह एहसास होता है कि हमारी छोटी-छोटी शिकायतें कितनी तुच्छ हैं। यह एहसास हमें विनम्र भी बनाता है और आभारी भी।

समुदाय का असली सौंदर्य इस बात में है कि यह हमें अलग-अलग व्यक्तियों से उठाकर एक बड़े परिवार में बदल देता है। जब हम देखते हैं कि हमारे मोहल्ले का कोई व्यक्ति बीमार है औ पूरा इलाका उसके लिए पैसे इकट्ठे करता है या उसे अस्पताल ले जाने की जिम्मेदारी उठाता तो हमें यह महसूस होता है कि हम अकेले नहीं हैं। यही साथ होने का एहसास हमें जीवन में आत्मविश्वास देता है। यही कारण है कि सहयोग केवल मदद पाने वाले को ही नहीं बल्कि मदद करने वाले और पूरे समाज को ऊर्जा से भर देता है। एक अकेला इंसान कभी-कभी अपने डर और अकेलेपन में घिर सकता है, लेकिन जब समुदाय साथ खड़ा होता है तो वह इंसान अपनी सीमाओं से बाहर निकल आता है।

कहते हैं कि खुशी बाँटने से बढ़ती है और दुख बाँटने से घटता है, और यही इस संस्कृति का मूल है। जब कोई परिवार आर्थिक तंगी में होता है और पूरा समुदाय उसके लिए खड़ा हो जाता है तो उस परिवार का बोझ हल्का हो जाता है। यह केवल आर्थिक सहयोग नहीं होता, यह मनोबल बढ़ाने का काम भी करता है। जब इंसान देखता है कि वह अकेला नहीं है, उसके साथ खड़े होने वाले लोग हैं, तो उसके भीतर जीने की ताकत दोगुनी हो जाती है। यही आत्मसंतोष मदद करने वालों को भी मिलता है क्योंकि वे जानते हैं कि उन्होंने किसी की जिंदगी को थोड़ी देर के लिए ही सही, लेकिन आसान बना दिया।

सामाजिक कार्यकर्ताओं का जीवन बार-बार हमें यह सिखाता है कि सहयोग से केवल दूसरों का नहीं बल्कि अपना भी उत्थान होता है। वे लोग जो गाँव-गाँव जाकर बच्चों को पढ़ाते हैं, महिलाओं को आत्मनिर्भर बनाते हैं या बुजुर्गों की सेवा करते हैं, उनका जीवन बाहर से कठिन दिख सकता है लेकिन भीतर से वह सबसे ज्यादा सम्पन्न होते हैं। उनका आत्मसंतोष किसी महल में रहने वाले व्यक्ति से कहीं अधिक होता है। जब वे कहते हैं कि उनके लिए सबसे बड़ी दौलत किसी गरीब की मुस्कान है तो यह सिर्फ शब्द नहीं होते बल्कि एक जीता-जागता अनुभव होता है। यह अनुभव ही उन्हें हर दिन नई ताकत देता है।

दूसरों की मदद करते हुए कभी-कभी ऐसे क्षण भी आते हैं जो हँसी से भर देते हैं। जैसे एक बार कुछ युवाओं ने ठाना कि वे सर्दियों में गरीबों को कंबल बाँटेंगे। जब वे कंबल लेकर पहुँचे तो एक बुजुर्ग ने मजाक में कहा, “बेटा, “ ऐसा कंबल तो मेरी शादी में भी नहीं मिला था” उस मजाक पर सब हँस पड़े, लेकिन उस हँसी के पीछे छिपा संतोष इतना गहरा था कि वह याद हमेशा के लिए दिल में बस गया। यह बताता है कि सहयोग केवल गंभीरता का बोझ नहीं है बल्कि जीवन की खुशी भी है।

आखिरकार, इस अध्याय का सार यही है कि आत्मसंतोष पाने का सबसे सच्चा रास्ता दूसरों की मदद से होकर गुजरता है। चाहे हम छोटा काम करें या बड़ा, फर्क नहीं पड़ता। फर्क इस बात का पड़ता है कि हमने अपने भीतर की करुणा को जगाया या नहीं। जब हम हर महीने एक नेक काम करने का संकल्प लेते हैं तो धीरे-धीरे यह संकल्प हमारी आदत बन जाती है और यही आदत समाज को बदल देती है। कोई बच्चा स्कूल जा पाता है, कोई भूखा भर पेट खा पाता है, कोई बीमार इलाज पाता है और कोई अकेला इंसान यह महसूस कर पाता है कि उसके साथ कोई है। यही छोटे-छोटे बदलाव मिलकर बड़े समाज की तस्वीर को बदल देते हैं।

जीवन का असली संतोष न महलों में है, न बड़ी गाड़ियों में, न सोने-चाँदी में। यह संतोष केवल उस क्षण में है जब हम किसी और के जीवन में रोशनी बनते हैं और यही रोशनी हमें भीतर से हल्का करती है, खुश करती है और यह एहसास दिलाती है कि हमने इंसान बनकर जीने का असली हक़ अदा किया है।

अध्याय 15 : दिखावे से परे रिश्ते – गहराई और ईमानदारी वाले संबंध

आज की दुनिया में सबसे बड़ी समस्या यह हो गई है कि रिश्ते अब अक्सर दिखावे पर टिके होते हैं। सोशल मीडिया पर मुस्कानें बड़ी-बड़ी तस्वीरों में कैद होती हैं, पार्टियों में गले मिलकर तस्वीरें खिंचवाई जाती हैं, लेकिन जैसे ही कैमरे का फ्लैश बंद होता है, उन मुस्कानों की चमक भी बुझ जाती है। ऐसे रिश्ते बाहर से चमकते हुए नज़र आते हैं लेकिन अंदर से खोखले होते हैं। वे तब तक चलते हैं जब तक उनमें दिखावे का ईंधन भरा जाता है। जैसे ही यह ईंधन खत्म होता है, वे रिश्ते भी खत्म हो जाते हैं। यही कारण है कि बहुत से लोग आज अपने चारों ओर भीड़ के बावजूद भीतर से अकेला महसूस करते हैं। उन्हें दोस्त तो सैकड़ों मिल जाते हैं लेकिन सच्चे साथी शायद ही कोई। यह अकेलापन कहीं और से नहीं आता, यह उन्हीं दिखावटी रिश्तों की देन है जिन्हें हम अक्सर मजबूरी या आदतवश ढोते रहते हैं।

इसके उलट, जब कोई रिश्ता ईमानदारी और सच्चाई पर आधारित होता है तो वह शायद बाहर से उतना भव्य न दिखे लेकिन अंदर से बहुत मजबूत होता है। यह वही रिश्ता है जिसमें आप अपनी कमज़ोरियों को छिपाने की बजाय खुलकर सामने रख सकते हैं। जहाँ आपको यह डर नहीं रहता कि अगर आपने अपनी असलियत बता दी तो सामने वाला आपको छोड़ देगा। ऐसे रिश्ते में भरोसा होता है, और भरोसे से बड़ी कोई नींव नहीं हो सकती। यह भरोसा ही वह ताकत है जो दो इंसानों को एक-दूसरे से जोड़ता है चाहे परिस्थितियाँ कैसी भी हों। ऐसे रिश्तों में न दिखावे की ज़रूरत होती है, न बार-बार साबित करने की। वे अपनी सहजता में ही खूबसूरत होते हैं।

कई बार हमें यह अनुभव बचपन की दोस्ती में मिलता है। बचपन का दोस्त वह होता है जो जानता है कि आपके पास कितने खिलौने थे, आपने कितनी बार हार मानी थी और कितनी बार रोए थे। वहाँ कोई दिखावा नहीं होता था, केवल सच्चाई होती थी। जैसे-जैसे हम बड़े होते हैं, वैसे-वैसे रिश्तों में परतें चढ़ने लगती हैं—पैसे की परत, स्टेटस की परत, समाज की परत और इन परतों के नीचे असली रिश्ता दबने लगता है। लेकिन जो दोस्ती या रिश्ता इन परतों को पार कर जाता है, वही जीवनभर साथ रहता है। यही असली रिश्ता है जिसमें आप बिना दिखावे के बस खुद हो सकते हैं।

दिखावे पर बने रिश्ते क्यों कमजोर होते हैं, यह समझना कठिन नहीं है। जब रिश्ता किसी झूठे आधार पर खड़ा होता है तो उसकी जड़ें कभी मजबूत नहीं होतीं। जैसे एक पेड़ अगर पत्थर की सतह पर लगाया जाए तो वह हरा-भरा दिख सकता है लेकिन उसकी जड़ें मिट्टी में नहीं जातीं। पहला तूफान आते ही वह गिर जाएगा। उसी तरह दिखावे वाले रिश्ते पहले ही झटके में टूट जाते हैं। इसके उलट सच्चाई पर बने रिश्ते मिट्टी की तरह होते हैं—भले ही दिखने में साधारण लगें लेकिन उनमें पोषण, सहारा और गहराई होती है।

मैंने एक बार एक दंपति की कहानी सुनी थी। उनका विवाह किसी बड़े दिखावे के साथ हुआ था, लाखों रुपये खर्च किए गए, हज़ारों मेहमान बुलाए गए, सोशल मीडिया पर तस्वीरें वायरल हुईं। लेकिन कुछ ही महीनों में उनका रिश्ता बिखर गया क्योंकि वे एक-दूसरे को केवल तस्वीरों के लिए मुस्कुराना सिख पाए थे, असलियत में कभी समझना नहीं सीखा। इसके विपरीत, मैंने ऐसे भी जोड़े देखे हैं जिनका विवाह बेहद साधारण ढंग से हुआ था लेकिन आज सालों बाद भी उनका रिश्ता वैसा ही गहरा और सच्चा है क्योंकि उनकी नींव ईमानदारी पर रखी गई थी, न कि दिखावे पर।

रिश्तों में सच्चाई कभी-कभी कठिन लग सकती है क्योंकि इसमें हमें अपनी असलियत दिखानी पड़ती है। लेकिन यही कठिनाई असली सुंदरता बनाती है। जब आप किसी से कह पाते हैं कि हाँ, मैं कमजोर हूँ, हाँ, मैं डरता हूँ, हाँ, मैं गलतियाँ करता हूँ, और फिर भी सामने वाला आपको वैसे ही स्वीकार करता है, तो वही रिश्ता आपको भीतर से मुक्त करता है। वहाँ कोई नकाब नहीं होता, कोई प्रतियोगिता नहीं होती। ऐसे रिश्ते में हँसी भी सच्ची होती है और आँसू भी। वहाँ गले मिलते समय केवल औपचारिकता नहीं होती, बल्कि दिल की धड़कनें जुड़ जाती हैं।

आज की दुनिया में शायद यही सबसे बड़ी चुनौती है कि हम रिश्तों को सच्चाई के स्तर पर जी पाएं। लोग कहते हैं कि ईमानदारी रिश्ते तोड़ देती है, लेकिन सच यह है कि ईमानदारी केवल झूठे रिश्ते तोड़ती है। जो रिश्ता सच्चा है, वह ईमानदारी से और मजबूत हो जाता है। यही कारण है कि जिन रिश्तों में सच्चाई होती है, वहाँ दूरी भी कोई मायने नहीं रखती। वे रिश्ते समय और परिस्थिति की हर परीक्षा में खरे उतरते हैं।

रिश्तों की सच्चाई तब सामने आती है जब जीवन हमें कठिन हालात में डालता है। दिखावे पर टिके रिश्ते वहाँ टिक ही नहीं पाते क्योंकि उनके पास केवल शब्द और सजावट होती है, असल सहारा नहीं होता। जैसे ही परेशानी आती है, वे रिश्ते टूटकर बिखर जाते हैं। दूसरी ओर, ईमानदारी पर खड़े रिश्ते हर कठिनाई में मजबूत होकर सामने आते हैं। मैंने कई बार देखा है कि जो लोग बाहर से साधारण और सामान्य लगते हैं, उनके भीतर संबंधों की गहराई इतनी होती है कि वे हर संकट में पहाड़ की तरह खड़े रहते हैं। यह गहराई उन्हें महंगे तोहफों या बार-बार जताने से नहीं मिली, बल्कि उस भरोसे और ईमानदारी से मिली जो सालों तक धीरे-धीरे रिश्ते की जड़ों में समाती रही।

कभी-कभी यह सच्चाई छोटे-छोटे क्षणों में झलकती है। जैसे एक दोस्त का फोन जब आप उदास हों और उसने केवल यह पूछा कि "तू ठीक है न?" तो वह एक वाक्य आपके भीतर की भारी चट्टान को हल्का कर देता है। कोई दूसरा चाहे आपको कितनी भी लंबी-लंबी बातें करे लेकिन अगर उसमें सच्चाई की गर्माहट न हो तो वे शब्द खोखले लगते हैं। असली रिश्ता वही है जिसमें शब्द कम हों लेकिन भाव गहरे हों। यही वजह है कि हमें कभी-कभी एक चुप्पी भी अपनों के साथ बहुत बड़ी राहत दे जाती है, क्योंकि हम जानते हैं कि सामने वाला हमें समझता है।

आज के समय में दिखावा इतना हावी हो गया है कि कई बार लोग रिश्तों को भी एक सौदे की तरह जीने लगे हैं। अगर सामने वाले से कोई फायदा है तो रिश्ता निभाया जाता है, और जैसे ही फायदा खत्म होता है, रिश्ता भी खत्म हो जाता है। यह लेन-देन वाली मानसिकता रिश्तों को कमजोर कर रही है। लेकिन सच्चाई और ईमानदारी पर बने रिश्तों में ऐसा नहीं होता। वहाँ सामने वाले की कद्र उसके होने से होती है, न कि उसके पास क्या है इससे। यही कारण है कि

ऐसे रिश्ते लंबी दूरी या आर्थिक असमानता से भी कभी कमजोर नहीं पड़ते। वे अपने अस्तित्व में ही इतने सशक्त होते हैं कि समय और परिस्थिति की हर आँधी झेल जाते हैं।

रिश्तों में गहराई का एक और पहलू है ईमानदारी से की गई गलतियों की स्वीकार्यता। दिखावे वाले रिश्तों में लोग अपनी गलतियों को छिपाने की कोशिश करते हैं क्योंकि उन्हें डर होता है कि सच सामने आ गया तो रिश्ता टूट जाएगा। लेकिन गहरे रिश्तों में सच बोलने का साहस होता है। वहाँ गलती स्वीकार करना कमजोरी नहीं बल्कि ताकत बन जाता है क्योंकि वह भरोसे को और मजबूत करता है। जब आप किसी से कहते हैं कि हाँ, मैंने गलती की है, लेकिन मैं सुधारना चाहता हूँ, और सामने वाला आपको स्वीकार कर लेता है, तो वह रिश्ता एक नई ऊँचाई पर पहुँच जाता है। यही गहराई का असली रूप है।

कई बार रिश्तों की मजबूती हँसी-मजाक में भी सामने आ जाती है। आप देखिए कि जिन दोस्तों के बीच रिश्ता सच्चा होता है, वहाँ वे एक-दूसरे की खिंचाई करने में भी संकोच नहीं करते। बल्कि यही खिंचाई उनकी दोस्ती की पहचान होती है। वे जानते हैं कि चाहे कितनी भी मस्ती हो, उसमें ईमानदारी छिपी है, और यही ईमानदारी उनके दिलों को जोड़ती है। ऐसे रिश्ते कभी भारी नहीं लगते, वे सहज और हल्के होते हैं, लेकिन उनकी गहराई उतनी ही होती है जितनी समुद्र की होती है जो सतह से शांत और साधारण दिखता है पर भीतर अनंत गहराइयाँ छिपी रहती हैं।

इस पूरे परिप्रेक्ष्य को समझते हुए एक बात साफ हो जाती है कि दिखावा रिश्तों को केवल क्षणिक चमक दे सकता है, लेकिन उन्हें स्थायी ताकत नहीं दे सकता। यह वैसे ही है जैसे आतिशबाज़ी रात के अंधेरे को कुछ पल के लिए रोशन करती है और फिर धुएँ में खो जाती है। वहीं सच्चाई और ईमानदारी सूरज की तरह होती है जो धीरे-धीरे उगती है, जीवन भर रोशनी देती है और सबके लिए समान रहती है। यही कारण है कि असली रिश्तों को दिखावे की ज़रूरत ही नहीं होती, वे अपनी सच्चाई में ही खूबसूरत और आकर्षक होते हैं।

कभी-कभी यह सोचने वाली बात होती है कि हम रिश्तों को निभाते हैं या केवल उनका अभिनय करते हैं। दिखावे वाले रिश्ते एक मंच की तरह होते हैं, जहाँ हर कोई अपनी भूमिका निभा रहा होता है। मुस्कुराहटें नकली होती हैं, चिंता का दिखावा होता है और अपनापन केवल शब्दों में। लेकिन जैसे ही पर्दा गिरता है, सब अपने-अपने रास्ते चले जाते हैं, ऐसे रिश्तों की सबसे बड़ी त्रासदी यह है कि वे इंसान को भीतर से अकेला बना देते हैं। बाहर से तो सबकुछ सही लगता है, लेकिन अंदर एक खालीपन धीरे-धीरे गहराता जाता है। इंसान उस खालीपन को भरने के लिए और अधिक दिखावा करता है, और यह सिलसिला चलता ही रहता है। वहीं गहरे और सच्चे रिश्तों में अभिनय की कोई जगह नहीं होती। वहाँ इंसान बिना किसी मुखौटे के जी सकता है, और यही स्वतंत्रता रिश्तों को जीवंत बनाती है।

रिश्तों की गहराई का असली इम्तिहान तब होता है जब जीवन में संकट आता है। कोई बीमारी, आर्थिक तंगी, या भावनात्मक संकट—ये वे मौके होते हैं जब रिश्तों का असली चेहरा सामने आता है। दिखावे वाले रिश्ते इन परिस्थितियों में गायब हो जाते हैं। जिन लोगों के साथ आप ने तस्वीरें खिंचवाईं, जिनके साथ आपने पार्टियों में जाम उठाए, वे अचानक नज़र ही नहीं आते। वहीं, सच्चाई पर खड़े रिश्ते बिना बुलाए आपके दरवाज़े पर खड़े मिलते हैं। वे शायद आपको आर्थिक मदद न कर पाएँ, लेकिन उनका साथ, उनकी उपस्थिति, उनकी ईमानदारी आपको वह ताकत देती है जो कोई पैसा नहीं दे सकता। यही फर्क है दिखावे और गहराई के बीच।

ईमानदारी रिश्तों की वह जड़ है जो समय के साथ और मजबूत होती जाती है। जब दो लोग बिना डर और झिझक के एक-दूसरे के सामने अपनी कमजोरियाँ रख सकते हैं, तभी उनका

रिश्ता असली होता है। वहाँ यह डर नहीं होता कि सच कहने से रिश्ता टूट जाएगा, बल्कि यह विश्वास होता है कि सच कहने से रिश्ता और मजबूत होगा। यह विश्वास धीरे-धीरे उस बंधन को इतना गहरा बना देता है कि किसी भी परिस्थिति में वह आसानी से नहीं टूटता। यही कारण है कि असली दोस्ती या असली रिश्ते सालों तक टिके रहते हैं, चाहे बीच में दूरी क्यों न आ जाए। दूरी केवल भौगोलिक होती है, दिलों के बीच की नज़दीकी पर उसका असर नहीं पड़ता। जीवन में ऐसे अनुभव हर किसी के पास होते हैं जहाँ दिखावे वाले रिश्ते और सच्चे रिश्ते के बीच का फर्क साफ नज़र आता है। एक व्यक्ति जब अस्पताल में भर्ती था तो उसके दिखावटी दोस्त केवल फोन पर औपचारिकता निभा रहे थे, लेकिन उसका पुराना स्कूल का दोस्त, जो बरसों से उससे नहीं मिला था, नौकरी से छुट्टी लेकर उसके पास बैठा रहा। यही वह क्षण था जिसने उसे यह सिखाया कि रिश्ते दिखावे से नहीं, ईमानदारी और गहराई से बने रहते हैं। इस तरह के अनुभव इंसान की सोच को हमेशा के लिए बदल देते हैं।

रिश्तों की ईमानदारी का एक और सुंदर पहलू है उसमें छिपा हुआ सहज आनंद। जब कोई रिश्ता गहरा होता है तो उसमें औपचारिकताओं की ज़रूरत नहीं होती। आप किसी के घर अचानक चले जाएँ और बिना किसी तैयारी के चाय पी लें, वहीं असली आराम है। वहाँ इस बात की चिंता नहीं होती कि सोफ़ा कितना महंगा है या मेज़ पर क्या परोसा गया है। वहाँ केवल अपनापन होता है

और यह अपनापन ही वह खजाना है जिसे कोई दिखावा कभी हासिल नहीं कर सकता।

आज की दुनिया में जहाँ हर कोई अपनी छवि बनाने में लगा है, वहाँ ऐसे रिश्तों की तलाश करना आसान नहीं है। लेकिन जब ये रिश्ते मिलते हैं तो यह जीवन की सबसे बड़ी नेमत होते हैं। वे रिश्ते हमें यह एहसास दिलाते हैं कि जीवन की असली ताकत बाहर की चकाचौंध में नहीं बल्कि भीतर की सच्चाई में है। यही सच्चाई इंसान को जमीं से जोड़ती है और उसे स्थिरता देती है।

दिखावे से परे रिश्तों का असली महत्व तब समझ में आता है जब इंसान उम्र के उस पड़ाव पर पहुँचता है जहाँ बाहरी चीज़ें धीरे-धीरे अपना आकर्षण खो देती हैं। जब चेहरा झुर्रियों से भर जाता है, बाल सफेद हो जाते हैं और हाथों की ताकत कम हो जाती है, तब कोई महँगी कार या बड़ा घर हमें सहारा नहीं देता। उस समय केवल वही लोग पास खड़े होते हैं जिन्होंने हमें ईमानदारी से अपनाया था। यही रिश्ते हमारे दिल को यह एहसास दिलाते हैं कि हमने अकेले नहीं जिया, हमारे साथ ऐसे लोग थे जिन्होंने हमें हमारे होने के लिए चाहा, न कि हमारे दिखावे के लिए। यह एहसास किसी खजाने से कम नहीं होता क्योंकि यही जीवन के अंतिम वर्षों में हमें सुकून और आत्मसंतोष देता है।

रिश्तों की गहराई का सबसे सुंदर पहलू यह है कि वे हमें खुद से भी जोड़ते हैं। जब हम किसी के सामने बिना किसी दिखावे के रहते हैं, तो हम असल में खुद से भी ईमानदार होना सीखते हैं। हम अपने दर्द को छुपाना छोड़ देते हैं, अपनी कमजोरियों को स्वीकार करना सीख जाते हैं और यह मान लेते हैं कि इंसान होना ही सबसे बड़ी सच्चाई है। यही सच्चाई हमें हल्का करती है और यही रिश्ते हमें अपने भीतर झाँकने का साहस देते हैं। वे हमें यह सिखाते हैं कि जीवन का असली सौंदर्य अपूर्णताओं में छिपा है, और अगर हम उन्हें स्वीकार कर लें तो रिश्ते और भी गहरे हो जाते हैं।

यह भी सच है कि ऐसे रिश्ते हर किसी को नहीं मिलते। दुनिया में बहुत से लोग उम्रभर केवल दिखावटी रिश्तों में उलझे रहते हैं और अंत में खालीपन के साथ जीते हैं। लेकिन जिन लोगों को यह अनुभव होता है कि सच्चे रिश्ते कितनी बड़ी ताकत होते हैं, वे जीवन को एक अलग

नजरिए से देखते हैं। उनके लिए साधारण बातें भी खास हो जाती हैं। एक कप चाय किसी सच्चे दोस्त के साथ पीना उन्हें उस पाँच सितारा होटल से कहीं अधिक खुशी देता है जहाँ केवल औपचारिक हँसी होती है। यही अंतर है दिखावे और गहराई में।

कभी-कभी जीवन हमें यह भी दिखाता है कि ईमानदार रिश्ते हमें हमारे सबसे कठिन समय से बाहर निकाल सकते हैं। जब सब कुछ खोया हुआ लगता है, जब सपने टूट जाते हैं, जब इंसान अपनी ही छाया से डरता है, तब अगर कोई कंधा पास हो जिस पर सिर रखकर रोया जा सके, तो वही रिश्ता हमारे भीतर फिर से जीने की ताकत पैदा करता है। यह ताकत कहीं और से नहीं आती, न किताबों से, न पैसों से, न उपदेशों से। यह केवल उस ईमानदारी से आती है जो दो दिलों के बीच बिना किसी दिखावे के बंधी होती है।

ऐसे रिश्तों की सबसे बड़ी खूबी यह है कि वे हमें यह एहसास दिलाते हैं कि इंसान अकेले जीने के लिए नहीं बना। हम सब एक-दूसरे के लिए बने हैं, एक-दूसरे की ईमानदारी और गहराई के सहारे ही जीवन जी सकते हैं। यही वजह है कि सच्चे रिश्ते एक तरह से हमारी आत्मा की सुरक्षा बन जाते हैं। वे हमें टूटने से बचाते हैं, बिखरने से रोकते हैं और हर बार हमें यह सिखाते हैं कि भले ही दुनिया कितनी ही दिखावे से भरी हो जाए, असली ताकत सच्चाई और ईमानदारी में ही है।

आखिर में, दिखावे से परे रिश्तों की सीख यही है कि हमें उन लोगों को पहचानना होगा जो हमें हमारे होने के लिए चाहते हैं, न कि हमारे पास क्या है उसके लिए। हमें खुद भी ऐसे रिश्ते बनाने होंगे जो दिखावे से परे हों, जिनमें ईमानदारी, सच्चाई और भरोसा हो। यही रिश्ते जीवन की असली पूँजी हैं। जब समय गुजर जाएगा और सबकुछ धुंधला हो जाएगा, तब यही लोग हमारी यादों में, हमारी मुस्कुराहटों में और हमारी शांति में जीवित रहेंगे। और तब हम यह कह पाएँगे कि हमने जीवन केवल जिया ही नहीं बल्कि सही मायनों में महसूस किया।

अध्याय 16 : काम में संतोष – नौकरी या व्यवसाय से मानसिक शांति।

काम हमारे जीवन का सबसे बड़ा हिस्सा है। सुबह की पहली चाय से लेकर रात की थकान तक, हम अपने दिन का अधिकतर समय काम में लगाते हैं। लेकिन यह सवाल अक्सर हमारे भीतर चुपचाप गूंजता रहता है कि हम यह सब क्यों कर रहे हैं। क्या केवल पैसे कमाने के लिए? या फिर इसलिए कि काम में हमें कोई गहरा अर्थ और संतोष मिलता है? ज़्यादातर लोग इस सवाल से बचते रहते हैं क्योंकि उन्हें डर होता है कि अगर उन्होंने सच में अपने भीतर झाँक लिया तो शायद पाएँगे कि वे केवल दौड़ रहे हैं, बिना यह समझे कि मंज़िल क्या है। यही वजह है कि आज की दुनिया में लाखों लोग नौकरी करते हुए, व्यवसाय चलाते हुए, सफलता के पीछे भागते हुए भी भीतर से खाली और बेचैन महसूस करते हैं।

केवल पैसा कमाने के लिए काम करना शुरुआत में तो रोमांचक लगता है। तनख्वाह के दिन खुशी होती है, बोनस मिलने पर चेहरे खिल जाते हैं, लेकिन धीरे-धीरे यह सब सामान्य हो जाता है और फिर मन और ज़्यादा चाहता है। जितना पैसा आता है, उतनी ही ज़रूरतें बढ़ जाती हैं और जब ज़रूरतें पूरी नहीं हो पातीं तो निराशा शुरू होती है। यह एक ऐसा चक्र है जो कभी खत्म नहीं होता। इंसान को लगता है कि बस थोड़ा और कमा लूँ, तब शांति मिलेगी लेकिन वह 'थोड़ा और' कभी आता ही नहीं। यह ठीक वैसा है जैसे कोई प्यासा समुद्र का पानी पीकर अपनी प्यास बुझाने की कोशिश करे—जितना ज़्यादा पीता है, उतनी ही प्यास बढ़ती जाती है।

इसके विपरीत, जब इंसान काम को केवल पैसे के लिए नहीं बल्कि अर्थ और संतोष के लिए करता है, तब हर दिन का अनुभव बदल जाता है। यह संतोष किसी बड़ी सफलता से नहीं, बल्कि उस एहसास से आता है कि जो मैं कर रहा हूँ, वह किसी के जीवन में फर्क ला रहा है, वह मेरे भीतर शांति पैदा कर रहा है। चाहे आप अध्यापक हों जो बच्चों को पढ़ाकर उनके भविष्य की नींव रख रहा है, चाहे आप किसान हों जो अन्न उगाकर दूसरों का पेट भर रहा है, चाहे आप डॉक्टर हों जो रोगी के दर्द को कम कर रहा है—इन सबमें जो असली संतोष है, वह किसी भी मोटी तनख्वाह से कहीं बड़ा है।

हमने अक्सर सुना है कि जो काम दिल से किया जाए, उसमें थकान कम और संतोष अधिक मिलता है। यह केवल कहावत नहीं, बल्कि जीवन का गहरा सच है। एक बढ़ई जिसने पूरे दिन मेहनत करके लकड़ी से एक सुंदर कुर्सी बनाई, जब उसे अपने हाथों का बनाया हुआ काम देखता है तो उसके चेहरे पर जो संतोष आता है, वह किसी भी बड़ी तनख्वाह से अलग होता है। यही संतोष काम को पूजा बना देता है। लेकिन यह तभी संभव है जब काम केवल साधन न होकर उद्देश्य भी बने।

कभी-कभी यह संतोष ढूँढने के लिए हमें अपने भीतर झाँकना पड़ता है। यह पूछना पड़ता है कि मैं जो कर रहा हूँ, क्यों कर रहा हूँ। अगर मेरा काम केवल पैसे तक सीमित है तो मुझे कभी न कभी थकान, ऊब और बेचैनी घेर लेगी। लेकिन अगर उसमें एक उद्देश्य है, चाहे वह छोटा ही क्यों न हो, तो वह मुझे चलते रहने की ताकत देगा। यह उद्देश्य दूसरों की मदद करना हो सकता है, परिवार के लिए बेहतर जीवन बनाना हो सकता है, या फिर अपनी कला और मेहनत से दुनिया में कुछ नया जोड़ना हो सकता है।

काम में संतोष पाने का एक और पहलू है संतुलन। अगर काम इतना हो जाए कि इंसान परिवार, स्वास्थ्य और खुद के लिए समय न निकाल पाए, तो चाहे वह कितना भी संतोषजनक क्यों न लगे, धीरे-धीरे वह बोझ बन जाता है इसीलिए काम और जीवन के बीच संतुलन जरूरी है। जब इंसान जानता है कि उसने पूरे मन से काम किया और अब वह समय है परिवार के साथ हँसने-बैठने का, तो वही संतुलन असली शांति लाता है।

मैंने एक बार एक छोटे व्यापारी से मुलाकात की थी। उसने मुझे बताया कि वह पहले बहुत बड़े सपने लेकर व्यवसाय में उतरा था। उसने दिन-रात मेहनत की, खूब पैसा कमाया, लेकिन जब एक दिन उसके बेटे ने कहा कि "पापा, आप कभी मेरे साथ खेलने क्यों नहीं आते?" तो उसे एहसास हुआ कि उसने सबसे बड़ी पूँजी—समय और साथ—खो दी है। उसी दिन उसने तय किया कि वह काम जरूर करेगा लेकिन केवल पैसा कमाने के लिए नहीं, बल्कि जीवन जीने के लिए। उसने अपना काम सीमित कर दिया और अब हर शाम परिवार के साथ समय बिताने लगा। उसकी कमाई शायद पहले से कम हुई, लेकिन संतोष कई गुना बढ़ गया। यही असली सफलता थी।

इस अध्याय का सार यही है कि काम में संतोष पाना तभी संभव है जब हम उसे केवल कमाई का जरिया न मानकर जीवन का हिस्सा मानें। जब हम उसमें उद्देश्य ढूँढेंगे, जब हम उसमें ईमानदारी और समर्पण लाएँगे, तब काम हमें थकाएगा नहीं बल्कि भीतर से ऊर्जा देगा।

काम को लेकर सबसे बड़ी भूल जो हम करते हैं वह यह है कि हम इसे केवल एक दौड़ मान लेते हैं। हमें लगता है कि जितना तेज़ भागेंगे उतना जल्दी मंज़िल मिलेगी, लेकिन यह मंज़िल अक्सर धुंधली होती है और जितना पास पहुँचने का भ्रम होता है उतनी ही दूर खिसक जाती है। दौड़ते-दौड़ते हम थक जाते हैं और जब पीछे मुड़कर देखते हैं तो पता चलता है कि हमने रास्ते में कई जरूरी चीज़ें खो दीं—परिवार के साथ समय, अपने भीतर की शांति और जीवन का असली आनंद। यही कारण है कि काम में संतोष तभी मिल सकता है जब हम दौड़ की मानसिकता से बाहर आकर इसे यात्रा मानें। यात्रा में थकान भी होती है, रुकना भी होता है, लेकिन रास्ते की खूबसूरती का आनंद लेने का मौका भी होता है।

कई बार लोग सोचते हैं कि अगर नौकरी में बहुत पैसा मिल रहा है तो वही संतोष का सबसे बड़ा कारण है। लेकिन वास्तविकता यह है कि मोटी तनख्वाह या बड़ा पद केवल थोड़े समय के लिए खुशी देते हैं। असली संतोष तब आता है जब काम आपके मूल्यों से मेल खाता है। अगर कोई इंसान ऐसा काम कर रहा है जो उसके दिल को गलत लगता है तो चाहे उसे कितने भी इनाम मिलें, भीतर एक खटास बनी रहती है। यह खटास धीरे-धीरे उसके व्यक्तित्व को खोखला बना देती है। इसके विपरीत अगर कोई साधारण काम भी ईमानदारी और उद्देश्य से किया जाए तो उसका स्वाद मीठा होता है। जैसे एक शिक्षक जो सालों तक छोटे-छोटे बच्चों को पढ़ाता है, उसे शायद कोई बड़ी आर्थिक पहचान न मिले लेकिन उसके छात्र जब जीवन में सफल होकर उसे याद करते हैं, तब उसका मन भर जाता है और यही असली संतोष है।

संतोष पाने के लिए काम में एक और जरूरी पहलू है सम्मान। पैसा हर कोई कमा सकता है लेकिन सम्मान कमाने के लिए काम को ईमानदारी से करना पड़ता है। समाज में ऐसे बहुत से लोग हैं जिन्होंने मामूली साधनों से बड़े काम किए और लोगों के दिलों में जगह बनाई। उनकी कहानियाँ यही साबित करती हैं कि संतोष केवल उपलब्धियों से नहीं, बल्कि उन उपलब्धियों के पीछे छिपी नीयत और मेहनत से आता है। जब इंसान जानता है कि उसने मेहनत से कुछ कमाया है और उसमें किसी के साथ अन्याय नहीं किया है, तब उसका आत्मसम्मान उसे रात को चैन की नींद देता है। यही चैन ही असली सफलता है।
काम में संतोष का एक और पहलू यह है कि हमें अपनी सीमाओं को स्वीकार करना सीखना चाहिए। अक्सर लोग काम करते-करते अपने आप से उम्मीदें इतनी बढ़ा लेते हैं कि कभी संतुष्ट ही नहीं हो पाते। उन्हें लगता है कि जब तक सबकुछ परफेक्ट न हो जाए तब तक मेहनत जारी रखनी है। लेकिन सच यह है कि परफेक्शन एक भ्रम है अगर हम हर दिन अपने हिस्से का काम ईमानदारी से करें और रात को सोते समय यह महसूस करें कि हमने अपना सर्वश्रेष्ठ दिया है, तो वही काफी है। यही मानसिकता हमें संतोष देती है, वरना हम हमेशा कमी ढूँढते रहेंगे और असली खुशी से वंचित रहेंगे।
यह भी जरूरी है कि हम काम को अपने जीवन की पूरी परिभाषा न बनने दें। काम महत्वपूर्ण है लेकिन यह जीवन का केवल एक हिस्सा है। परिवार, दोस्त, सेहत और खुद का आत्मिक विकास भी उतने ही जरूरी हैं। अगर हम केवल काम पर ध्यान देंगे तो बाकी पहलू उपेक्षित रह जाएँगे और संतोष अधूरा रहेगा। काम में संतोष तभी मिलता है जब वह बाकी जीवन के साथ संतुलित होकर चलता है। संतुलन का मतलब यह नहीं कि सबकुछ बराबर समय पाए, बल्कि यह कि हर चीज़ को उतना समय और ध्यान मिले जितना जरूरी है।
मैंने एक युवा इंजीनियर की कहानी सुनी थी। वह बहुराष्ट्रीय कंपनी में काम करता था और बहुत अच्छा कमा रहा था। लेकिन वह हर दिन तनाव में रहता था क्योंकि उसे लगता था कि उसका काम केवल मशीनों और टारगेट्स तक सीमित है। उसका मन धीरे-धीरे खाली होने लगा। एक दिन उसने अपने गाँव जाकर स्कूल में बच्चों को विज्ञान पढ़ाने की कोशिश की। जब उसने बच्चों की आँखों में चमक देखी, तब उसे एहसास हुआ कि असली संतोष कहाँ छिपा है। उसने नौकरी छोड़ी नहीं, लेकिन हर सप्ताहांत गाँव जाकर बच्चों को पढ़ाना शुरू कर दिया। उसके जीवन में पैसे की स्थिति वही रही लेकिन उसके मन की स्थिति पूरी तरह बदल गई। यही उदाहरण है कि संतोष बाहर से नहीं, भीतर से आता है।
काम में संतोष पाने की एक गहरी सच्चाई यह है कि हमें यह समझना पड़ता है कि काम केवल बाहर की दुनिया में ही नहीं होता, बल्कि भीतर की दुनिया में भी चलता रहता है। जब हम कोई काम करते हैं तो उसका असर केवल हमारी जेब पर नहीं, बल्कि हमारे मन और आत्मा पर भी पड़ता है। अगर काम में हमें लगातार अपराधबोध, तनाव या झूठ बोलने की मजबूरी महसूस हो तो चाहे पैसे का अंबार क्यों न लगे, भीतर कहीं न कहीं खालीपन बढ़ता जाएगा। वहीं अगर काम ईमानदारी से हो, उद्देश्य से जुड़ा हो और उसमें दूसरों के लिए कुछ देने का भाव हो तो वही काम हमें मानसिक शांति देता है। यह शांति किसी भी बाहरी इनाम से कहीं अधिक मूल्यवान होती है।
काम में संतोष पाने का एक और पहलू यह है कि हम अपने काम में पहचान महसूस करें। इंसान तब संतोषी होता है जब उसे यह महसूस होता है कि उसका काम मायने रखता है। यह मायने बड़े स्तर पर हो सकते हैं या छोटे स्तर पर। उदाहरण के लिए, एक रिक्शा चालक जिसे यह गर्व हो कि वह लोगों को सुरक्षित जगह पहुँचाता है, वह भी संतोष पा सकता है। यह बात

केवल बड़ी-बड़ी नौकरियों या बड़े व्यवसायों तक सीमित नहीं है। संतोष इस बात पर निर्भर करता है कि आप अपने काम को किस दृष्टि से देखते हैं। अगर आप उसे केवल बोझ मानते हैं तो वह बोझ ही बनेगा, लेकिन अगर आप उसे अपने जीवन की यात्रा का हिस्सा मानते हैं तो वही काम आपको भीतर से हल्का कर सकता है।

कभी-कभी काम में संतोष पाने के लिए हमें अपनी सोच की दिशा बदलनी होती है। बहुत लोग यह मानते हैं कि जब तक उन्हें सबसे बड़ी सफलता नहीं मिलेगी तब तक शांति नहीं मिलेगी। लेकिन यह सोच हमें हमेशा असंतोष में रखती है। सच्चाई यह है कि छोटे-छोटे लक्ष्यों को पूरा करना, दिन के अंत में यह महसूस करना कि आज का दिन सार्थक रहा, यही सबसे बड़ा संतोष है। जब हम काम को मंज़िल के बजाय रास्ता मानते हैं तो हर छोटा पड़ाव हमें खुशी देता है। यही खुशी धीरे-धीरे संतोष में बदलती है।

यह भी सच है कि कभी-कभी काम का संतोष बाहर से नहीं बल्कि भीतर से खोजा जाता है। हम सोचते हैं कि नौकरी बदले बिना, व्यवसाय बदले बिना हम संतोष नहीं पा सकते, लेकिन वास्तविकता यह है कि अक्सर संतोष उसी काम में छिपा होता है जिसे हम कर रहे होते हैं, बस हमें उसे देखने का नजरिया बदलना होता है। एक साधारण कर्मचारी अगर यह समझ ले कि उसकी मेहनत किसी बड़ी व्यवस्था का हिस्सा है और उसके बिना वह व्यवस्था अधूरी है, तो उसका मन काम को बोझ मानना छोड़ देता है। यह दृष्टिकोण ही काम में अर्थ भर देता है।

काम में संतोष का एक और पहलू है कृतज्ञता। जब हम हर दिन यह याद करते हैं कि हमारे पास काम करने का अवसर है, हम अपनी मेहनत से खुद और अपने परिवार का सहारा बन सकते हैं, तो यह सोच भी भीतर में संतोष पैदा करती है। बहुत से लोग जिनके पास काम नहीं होता, वे यह सपना देखते हैं कि काश उन्हें काम करने का मौका मिले। ऐसे में अगर हमें काम मिला है तो यह अपने आप में सौभाग्य है। यही कृतज्ञता हमें शिकायत के बजाय संतोष की ओर ले जाती है।

कभी-कभी हमें यह भी समझना पड़ता है कि संतोष का मतलब यह नहीं है कि हम महत्वाकांक्षा छोड़ दें। महत्वाकांक्षा जरूरी है, लेकिन अगर वह केवल तुलना पर आधारित हो तो हमें कभी शांति नहीं मिलेगी। अगर हम यह सोचकर काम करते हैं कि हमें किसी और से ज्यादा पाना है तो यह होड़ हमें भीतर से खोखला कर देगी। लेकिन अगर हम अपनी महत्वाकांक्षा को आत्मविकास और सकारात्मक योगदान की दिशा में मोड़ें तो वही महत्वाकांक्षा हमें संतोष भी देगी और प्रगति भी। यह संतुलन साधना मुश्किल जरूर है, लेकिन जब यह साध लिया जाता है तो जीवन बेहद खूबसूरत हो जाता है।

काम में संतोष पाने की एक और खूबसूरत परत है उसमें आनंद ढूँढना। अगर हम केवल तनख्वाह के इंतजार में काम करेंगे तो हर दिन भारी लगेगा। लेकिन अगर हम काम के छोटे-छोटे हिस्सों में आनंद लेने लगें—जैसे सहकर्मियों के साथ हँसी-मजाक, किसी काम को अच्छे से पूरा करने की खुशी, या किसी की मदद करने का अवसर—तो वही काम हमें बोझ नहीं बल्कि जीवन का हिस्सा लगेगा । यह आनंद ही धीरे-धीरे हमें भीतर से हल्का करता है और यही हल्कापन संतोष में बदलता है ।

काम में संतोष पाने का असली रहस्य इस बात में छिपा है कि हम अपने काम से अपने जीवन को किस तरह जोड़ते हैं । अगर हम काम को केवल पैसे कमाने की मशीन मानते हैं तो यह मशीन हमें एक समय के बाद थका देती है और हमारा मन खाली महसूस करने लगता है। लेकिन अगर हम काम को जीवन की यात्रा का हिस्सा मानते हैं, तो उसमें अर्थ और गहराई महसूस होती है। यह गहराई हमें हर दिन के छोटे-छोटे प्रयासों में दिखने लगती है। जैसे

किसान जब सुबह खेतों में हल चलाता है, तो वह केवल अन्न नहीं उगा रहा होता बल्कि अपने परिवार के लिए उम्मीद और भविष्य भी बो रहा होता है। यही एहसास उसके काम को बोझ से संतोष में बदल देता है।

आज की दुनिया में बहुत से लोग अपने काम से इसलिए परेशान हैं क्योंकि वे उसे अपने मूल्यों से नहीं जोड़ पाते। एक वकील अगर केवल केस जीतने के लिए झूठ का सहारा लेता है तो उसे पैसे और शोहरत तो मिल सकती है, लेकिन भीतर से वह खाली रह जाता है। वहीं अगर वही वकील सच और न्याय की लड़ाई लड़ता है, भले ही उसे ज्यादा नाम न मिले, लेकिन उसका मन शांत रहता है। यही फर्क काम को केवल पेशा या धंधा मानने और उसे जीवन का उद्देश्य मानने में है। संतोष हमेशा दूसरे विकल्प में मिलता है।

काम के दौरान आने वाली चुनौतियाँ भी संतोष का हिस्सा होती हैं। जब इंसान किसी कठिनाई का सामना करता है और उसे धैर्य और मेहनत से पार करता है तो उसका आत्मविश्वास बढ़ता है और यह आत्मविश्वास भीतर शांति लाता है। अगर जीवन में सबकुछ आसान हो तो शायद हम कभी यह न समझ पाएँ कि मेहनत और संघर्ष का स्वाद क्या होता है। कठिनाइयाँ ही हमें मजबूत बनाती हैं और यही मजबूती हमें काम से संतोष दिलाती है।

यह भी सच है कि काम में संतोष तभी आता है जब हम उसमें अपना दिल लगाते हैं। आधे मन से किया गया काम कभी भी सुकून नहीं देता। अगर कोई कलाकार केवल पैसा कमाने के लिए चित्र बनाता है तो उसकी पेंटिंग में जान नहीं होती। लेकिन जब वह अपने दिल की भावनाओं को रंगों के जरिए व्यक्त करता है, तब उसकी पेंटिंग में एक जीवंतता आ जाती है जो देखने वालों के दिल को छू लेती है। यही जीवंतता उसके अपने दिल को भी संतोष देती है। यह उदाहरण हमें यह सिखाता है कि काम में मन लगाना ही सबसे बड़ी शांति का स्रोत है।

काम का संतोष अक्सर तुलना से भी दूर होता है। जब हम अपने काम की तुलना दूसरों से करते हैं तो हमें हमेशा कमी दिखाई देती है। लेकिन जब हम अपने काम को अपने ही सफर के रूप में देखते हैं तो वही काम हमें गर्व और शांति देता है। यह ठीक वैसे है जैसे दो पौधे एक साथ उगते हैं, एक बड़ा पेड़ बन जाता है और दूसरा छोटा रह जाता है, लेकिन दोनों की अपनी भूमिका होती है। बड़ा पेड़ छाया देता है और छोटा पौधा फूल खिलाकर खुशबू फैलाता है। दोनों ही अपने-अपने तरीके से सुंदर हैं। उसी तरह हर इंसान का काम उसकी अपनी भूमिका है, और अगर वह उसे ईमानदारी से निभाए तो संतोष निश्चित है।

कभी-कभी यह संतोष छोटी-छोटी चीज़ों से आता है। जैसे कोई कर्मचारी जब अपने बॉस से यह सुनता है कि "तुमने बहुत अच्छा काम किया," तो उस पल में जो खुशी और सुकून मिलता है, वह महीनों की थकान मिटा देता है। यह संतोष इस बात का प्रमाण है कि काम में मान्यता और सराहना कितनी जरूरी है। इसलिए हमें यह भी सीखना चाहिए कि दूसरों के काम की तारीफ करना भी उनके जीवन में संतोष का बीज बो सकता है।

आखिरकार, काम में संतोष वही पाता है जो उसे केवल कमाई का साधन न मानकर आत्मिक विकास का जरिया मानता है। जब इंसान यह समझ लेता है कि काम केवल पेट भरने के लिए नहीं बल्कि आत्मा को भी संतुष्ट करने के लिए है, तभी उसका जीवन संतुलित होता है। तब वह सुबह उठकर काम पर जाने से डरता नहीं बल्कि खुशी से जाता है क्योंकि उसे पता है कि उसका हर दिन किसी न किसी रूप में मायने रखता है। यही मायने उसे भीतर की शांति और बाहर की ऊर्जा देते हैं।

ध्याय 17 : कम साधन, बड़ा प्रभाव – मेहनत और लगन से बदलाव

जीवन में अक्सर यह भ्रम रहता है कि कुछ बड़ा करने के लिए बहुत बड़े साधनों की जरूरत होती है। हमें लगता है कि जब तक हमारे पास ढेर सारे पैसे, बड़ी-बड़ी सुविधाएँ और आधुनिक साधन नहीं होंगे, तब तक हम कोई बड़ा बदलाव नहीं ला सकते। लेकिन सच्चाई इसके बिल्कु उलट है। इतिहास गवाह है कि जिन्होंने दुनिया में सबसे बड़ा असर डाला, वे अक्सर वही लोग थे जिनके पास साधन बेहद सीमित थे लेकिन उनके पास मेहनत, लगन और सही दृष्टिकोण था। यही वे गुण हैं जो इंसान को अंदर से ताकत देते हैं और हालात चाहे जैसे भी हों, उन्हें बदलने का हौसला देते हैं।

काम और करियर के पिछले अध्याय से जोड़कर देखें तो हम पाते हैं कि संतोष तभी आता है जब इंसान अपने काम में उद्देश्य और अर्थ ढूँढता है और यह उद्देश्य कभी साधनों की कमी नहीं रुकता। साधन तो बाहरी चीज़ हैं, लेकिन मेहनत और लगन अंदर से पैदा होते हैं।

कम साधनों से बड़े बदलाव की ताकत को समझने के लिए हमें अपने आसपास देखना चाहिए गाँव का वह लड़का जो मिट्टी के फर्श पर बैठकर पढ़ाई करता है और बाद में डॉक्टर या इंजीनियर बनकर समाज की सेवा करता है, वह इस बात का सबसे बड़ा उदाहरण है कि साधन सीमित हो सकते हैं लेकिन दृष्टिकोण और लगन असीमित होते हैं। इसी तरह वह महिला जो अपनी छोटी-सी सिलाई मशीन पर कपड़े सीकर अपने बच्चों की पढ़ाई का खर्च उठाती है, यह साबित करती है कि मेहनत से बड़ा कोई साधन नहीं।

प्रेरणादायक उदाहरण हमें बार-बार यह सिखाते हैं कि जीवन में सीमाएँ केवल हमारे दिमाग में होती हैं। गांधीजी जैसे महापुरुष के पास न तो बड़ी सेना थी और न ही आधुनिक हथियार, लेकिन उनकी सादगी, लगन और अहिंसा का दृष्टिकोण ऐसा था कि उन्होंने पूरे साम्राज्य को हिला दिया। यही दिखाता है कि असली ताकत बाहर नहीं बल्कि भीतर होती है।

हमारे समाज में कई ऐसी कहानियाँ हैं जो हमें रुला देती हैं और हँसा भी देती हैं। एक छोटे गाँव का बच्चा, जिसके पास पढ़ने के लिए बिजली तक नहीं थी, लालटेन की रोशनी में किताबें पढ़ता था। कई बार तो उसे मिट्टी के तेल के लिए भी पैसे नहीं होते थे, तब वह सड़क के नीचे लगे बल्ब की रोशनी में पढ़ाई करता था। आज वही बच्चा बड़े वैज्ञानिक के रूप में पूरे देश का नाम रोशन कर रहा है। जब वह अपनी पुरानी कहानियाँ सुनाता है तो उसकी आँखों में चमक और होठों पर हँसी दोनों साथ दिखाई देती हैं। यह कहानी हमें हँसी भी देती है कि इंसान ने कैसी-कैसी जुगाड़ की, और रुलाती भी है कि कितनी मुश्किल परिस्थितियों में उसने हिम्मत नहीं छोड़ी। यही असली मेहनत और लगन का जादू है।

साधनों की कमी कभी-कभी इंसान को और मजबूत बना देती है। जब सबकुछ आसानी से मिल जाए तो इंसान में जिजीविषा कमजोर हो जाती है। लेकिन जब हालात कठिन होते हैं, जब हर कदम पर रुकावटें होती हैं, तब मेहनत और लगन का असली रंग दिखता है। यही मुश्किलें इंसान को भीतर से तराशती हैं और उसे ऐसा मजबूत बना देती हैं कि वह आगे चलकर किसी भी बड़ी चुनौती का सामना कर सके।

कम साधनों से बड़े असर का एक और पहलू यह है कि यह हमें सादगी और कृतज्ञता सिखाता है। जब हमारे पास कम होता है तो हम हर छोटी चीज़ की अहमियत समझते हैं। पानी की एक बूँद, रोटी का एक टुकड़ा, किताब का एक पन्ना—ये सब हमारे लिए कीमती बन जाते हैं। यही कृतज्ञता हमें दूसरों की मदद करने की ताकत भी देती है और जब हम दूसरों के जीवन में रोशनी भरते हैं, तब असली बदलाव शुरू होता है।

इस अध्याय का सबसे बड़ा संदेश यही है कि हमें कभी यह सोचकर पीछे नहीं हटना चाहिए कि हमारे पास साधन कम हैं। असली साधन हमारी मेहनत, हमारी लगन और हमारा दृष्टिकोण है। अगर यह मजबूत है तो हम पहाड़ को भी हिला सकते हैं। यह सोच इंसान को आत्मविश्वास देती है, उसकी थकान मिटाती है और उसे आगे बढ़ने का हौसला देती है।

अक्सर लोग मानते हैं कि जिनके पास साधन नहीं होते, उनके पास विकल्प भी नहीं होते, लेकिन सच्चाई यह है कि विकल्प से बड़ा इंसान का इरादा होता है। इरादे में इतनी ताकत होती है कि वह न केवल इंसान की दिशा बदल देता है बल्कि उसके आसपास की परिस्थितियाँ भी उसके अनुकूल होने लगती हैं। अगर आप ध्यान देंगे तो पाएँगे कि साधन संपन्न लोग अक्सर सुविधाओं पर निर्भर हो जाते हैं जबकि जिनके पास साधन कम होते हैं, वे अपनी रचनात्मकता और लगन पर निर्भर रहते हैं। यही वजह है कि इतिहास के सबसे बड़े आविष्कार और सबसे गहरी खोजें अक्सर उन्हीं ने की हैं जिन्हें साधन नहीं मिले थे। कठिनाइयों ने उनके भीतर से नई राहें खोजने की ताकत पैदा की और वही ताकत उन्हें समाज के लिए प्रेरणा बना गई।

कम साधनों से बड़ा असर पैदा करने का रहस्य यह भी है कि ऐसे लोग छोटी चीज़ों की अहमियत समझते हैं। जिनके पास हर सुविधा होती है वे अक्सर कृतज्ञ होना भूल जाते हैं, लेकिन जो लोग हर छोटी चीज़ के लिए मेहनत करते हैं, वे एक-एक अवसर का मूल्य समझते हैं। यही आदत उन्हें लगातार आगे बढ़ने में मदद करती है। बिहार के दशरथ मांझी ने जब मन में ठाना तो उसने पहाड़ को अकेले हथौड़े और छेनी से काट कर रास्ता बना डाला। यह बात हमें सिखाती है कि साधन कम हों तो इंसान मेहनत की गहराई को ज्यादा महसूस करता है और यही गहराई बड़े बदलाव की नींव बनती है।

यह कहना गलत नहीं होगा कि कमी ही रचनात्मकता की जननी है। जब आपके पास सबकुछ उपलब्ध हो तो आप सोचने और नया करने की कोशिश नहीं करते। लेकिन जब साधन कम हों, तब आपको मजबूरन नए रास्ते खोजने पड़ते हैं। यही खोज इंसान को भीतर से ताकत देती है और उसका आत्मविश्वास इतना बढ़ जाता है कि वह हर मुश्किल का सामना कर लेता है। यही वजह है कि कई बार कम साधन वाले लोग उन बड़े कामों को कर दिखाते हैं जो बहुत साधन संपन्न लोग भी नहीं कर पाते।

इस तरह की कहानियाँ हमें बार-बार यह याद दिलाती हैं कि मेहनत और लगन से बड़ा कोई साधन नहीं होता। एक छोटा-सा उदाहरण लीजिए—किसी गाँव में एक बच्चा जिसके पास जूते तक नहीं थे, वह नंगे पाँव मीलों पैदल स्कूल जाता था। रास्ते में पत्थर लगते, पाँव छिलते, लेकिन उसके चेहरे पर मुस्कान रहती। उसकी लगन इतनी गहरी थी कि उसने कभी हालातों को बहाना नहीं बनाया। सालों बाद वही बच्चा बड़ा अधिकारी बना और उसने अपने गाँव में

स्कूल और सड़कें बनवाईं। उसकी कहानी केवल उसकी सफलता की नहीं बल्कि यह भी बताती है कि कम साधनों ने उसकी मेहनत को और गहरा किया।

कम साधनों से बड़ा असर केवल व्यक्तिगत जीवन में नहीं, समाज में भी देखा जा सकता है। कई आंदोलन ऐसे रहे हैं जहाँ लोगों ने बिना साधन के, केवल अपने हौसले और एकता के बल पर बड़े बदलाव ला दिए। चाहे वह किसी गाँव में पानी बचाने का अभियान हो या किसी समाज में शिक्षा फैलाने की कोशिश—ये सब साधारण लोगों ने ही शुरू किए थे। इनके पास न पैसा था, न बड़ी-बड़ी मशीनें, लेकिन इनके पास विश्वास और मेहनत थी, और यही उनके लिए सबसे बड़ा साधन साबित हुआ।

हमारे जीवन की एक और खूबसूरत सच्चाई यह है कि जब साधन कम होते हैं तो इंसान दूसरों की मदद ज्यादा करता है। यह सुनने में अजीब लगता है, लेकिन हकीकत यही है। जिनके पास कम होता है, वे बाँटना ज्यादा जानते हैं। यही बाँटने की आदत उन्हें भीतर से संतोष देती है और दूसरों को प्रेरणा देती है। यह भी कम साधनों से बड़े असर का एक पहलू है क्योंकि ऐसे लोग समाज में सकारात्मकता और सहयोग की भावना भरते हैं।

कम साधनों के साथ आगे बढ़ने वाले लोग हमें यह सिखाते हैं कि परिस्थितियाँ इंसान को रोक नहीं सकतीं, बल्कि वे उसकी हिम्मत को परखती हैं। जब आपके पास सबकुछ आसानी से होता है तो आपके सपनों की असली कीमत समझ नहीं आती, लेकिन जब हर चीज़ के लिए पसीना बहाना पड़ता है, रातों की नींद और दिनों की थकान झेलनी पड़ती है, तब आप हर छोटी सफलता को दिल से महसूस करते हैं। यही महसूस करना धीरे-धीरे आपके जीवन को बदल देता है। एक मजदूर का बेटा जिसने पिता के साथ ईंटें ढोते हुए पढ़ाई की और बाद में डॉक्टर बनकर उसी शहर में गरीबों का मुफ्त इलाज शुरू किया, उसकी कहानी सुनकर आँखें नम हो जाती हैं। यह कहानी केवल उसकी सफलता की नहीं बल्कि इस सच्चाई की है कि मेहनत और लगन कभी खाली नहीं जातीं।

कभी-कभी साधन कम होने पर इंसान का नजरिया ही उसका सबसे बड़ा सहारा बन जाता है। जिस तरह आधा भरा गिलास कोई खाली समझता है और कोई भरा हुआ, उसी तरह जिनके पास साधन नहीं होते, वे अगर निराशा में डूब जाएँ तो वे वहीं रुक जाते हैं। लेकिन जो लोग वही कमी को अवसर मान लेते हैं, वे वहीं से नई राहें बना लेते हैं। यही फर्क तय करता है कि कौन हार मानकर रुक जाएगा और कौन बिना साधनों के भी इतिहास रच देगा।

कम साधनों से बड़े बदलाव की कहानियों में यह बात भी सामने आती है कि ऐसे लोग जुगाड़ की कला में माहिर होते हैं। उनकी रचनात्मकता उन्हें हर कमी को अवसर में बदलना सिखाती है। कोई किसान जिसके पास पानी कम था, उसने बूंद-बूंद से सिंचाई करने का तरीका निकाला और पूरे गाँव की खेती बचा ली। कोई महिला जिसके पास पैसे कम थे, उसने घर की रसोई से छोटा-सा कारोबार शुरू किया और धीरे-धीरे कई और महिलाओं को रोजगार दे दिया।

कम साधनों की यही ताकत है कि वे इंसान को आत्मनिर्भर बना देते हैं। जो इंसान कम में जीना सीख लेता है, वह बड़े में भी कभी बिगड़ता नहीं। उसकी मेहनत और लगन इतनी मजबूत नींव होती है कि उस पर खड़ा हर सपना स्थायी होता है। यही वजह है कि कई बड़े लोग अपनी सफलता का श्रेय उन दिनों को देते हैं जब उनके पास कुछ नहीं था, लेकिन उन्होंने तब भी हार नहीं मानी।

साधनों की कमी इंसान को समाज से भी जोड़ती है। जब आप अकेले सबकुछ नहीं कर सकते तो आपको दूसरों की मदद लेनी पड़ती है और यही सहयोग आपको न केवल संतोष देता है

बल्कि आपके रिश्तों को भी गहरा बनाता है। यही वजह है कि जिन समाजों ने कम साधनों में भी बड़े काम किए, वहाँ एकता और भाईचारा बहुत मजबूत रहा। गाँव की सामूहिक खेती इसका जीता-जागता उदाहरण है, जहाँ लोग मिलकर काम करते हैं, साधन बाँटते हैं और मेहनत का फल साझा करते हैं। वहाँ केवल अनाज नहीं उगता बल्कि विश्वास और सहयोग की फसल भी तैयार होती है।

कम साधनों के साथ आगे बढ़ने वाले लोगों की सबसे बड़ी खूबी यह होती है कि वे खुद को बहानों में नहीं उलझाते। वे हालात को बदलने की कोशिश करते हैं, भले ही धीरे-धीरे और छोटे स्तर पर। यही छोटे प्रयास आगे चलकर बड़े असर में बदलते हैं। जैसे एक लड़का जिसके पास पढ़ाई के लिए किताबें नहीं थीं, उसने पुरानी किताबों के पन्ने जुटाए, टुकड़ों को सिलकर अपनी कॉपी बनाई और उसी से पढ़ाई करता रहा। उस समय उसे शर्मिंदगी भी झेलनी पड़ी, लोग मज़ाक उड़ाते थे, लेकिन उसने कभी हार नहीं मानी। वही लड़का बाद में जब शिक्षक बना तो उसने बच्चों को यह सिखाया कि किसी भी संसाधन की कमी आपके सपनों को रोक नहीं सकती। उसकी कहानी सुनते हुए बच्चे मुस्कुराते भी थे और भीतर से प्रेरित भी होते थे। यह वही हंसी है जिसमें छुपा हुआ दर्द भी होता है और वही दर्द जब मेहनत से जुड़ता है तो उसे सुनने वाला भी अपनी ज़िंदगी को नए नज़रिए से देखने लगता है।

कम साधनों से बड़ा असर यह भी पैदा होता है कि ऐसे लोग दूसरों के लिए प्रेरणा का स्रोत बन जाते हैं। जिनके पास सबकुछ होता है, उनकी सफलता लोगों को प्रभावित तो करती है लेकिन प्रेरित नहीं करती। लेकिन जब कोई बेहद साधारण पृष्ठभूमि से उठकर ईमानदारी और मेहनत के बल पर कुछ बड़ा करता है तो लोग यह महसूस करते हैं कि अगर वह कर सकता है तो हम भी कर सकते हैं। यही प्रेरणा समाज में बदलाव की लहर लाती है। असली बदलाव वहीं होता है जहाँ एक की मेहनत हजारों के लिए राह खोल देती है।

यह भी सच है कि साधनों की कमी अक्सर इंसान में अनुशासन पैदा करती है। जो हर चीज़ सीमित में जीता है, वह जानता है कि हर अवसर को संभालकर कैसे इस्तेमाल करना है। यही अनुशासन आगे चलकर उसकी ताकत बनता है। जब वह अपने जीवन में बड़ी चुनौतियों का सामना करता है तो यही अनुशासन उसे डगमगाने नहीं देता। यही कारण है कि कई बार जो लोग साधारण परिवारों से आते हैं, वे आगे चलकर बड़े पदों पर जाकर भी जमीन से जुड़े रहते हैं और उनकी मेहनत का असर दूसरों तक पहुँचता है।

कम साधनों के बावजूद बड़े बदलाव लाने वाले लोग यह भी सिखाते हैं कि जीवन का असली संतोष बाहर की सुविधाओं में नहीं, बल्कि भीतर की ईमानदारी और लगन में है। अगर कोई साधारण सा इंसान यह तय कर ले कि उसे अपनी मेहनत से बदलाव लाना है, तो उसके लिए कोई रुकावट स्थायी नहीं होती। उसका हर कदम धीरे-धीरे राह बनाता है और वही राह आगे चलकर दूसरों के लिए पुल बन जाती है।

अंततः यह अध्याय हमें यही संदेश देता है कि साधन चाहे कितने भी कम हों, अगर मेहनत और लगन सच्ची हो तो बदलाव निश्चित है। यही बदलाव कभी परिवार की जिंदगी बदल देता है, कभी पूरे समाज की। हमें यह मानना होगा कि बड़े प्रभाव के लिए हमेशा बड़ी शुरुआत की जरूरत नहीं होती। कई बार एक छोटा कदम, एक छोटा विचार, एक छोटी कोशिश भी उतना ही असर डाल सकती है जितना कोई बड़ा संसाधन। फर्क केवल इतना है कि उस कोशिश में कितनी मेहनत लगी है।

अध्याय 18 : काम-जीवन संतुलन – सफलता और शांति का संगम।

जीवन की सबसे बड़ी चुनौती यही है कि हम अपने काम और अपने परिवार के बीच संतुलन कैसे बनाएँ। पिछला अध्याय हमें यह सिखा गया कि कम साधनों के बावजूद मेहनत और लगन से बड़ा प्रभाव डाला जा सकता है, लेकिन अगर मेहनत इतनी ज्यादा हो जाए कि परिवार और खुद का जीवन पीछे छूट जाए, तो वह मेहनत अधूरी रह जाती है। यही वजह है कि आज की दुनिया में काम-जीवन संतुलन सबसे अहम विषय बन चुका है। हम सब यह मानते हैं कि सफलता जरूरी है, पैसा कमाना जरूरी है, लेकिन जब वही पैसा परिवार से मिलने वाले सुकून की कीमत पर आता है तो उसका स्वाद फीका पड़ जाता है। बहुत से लोग यह गलती करते हैं कि वे दिन-रात काम करते हैं, अपने बच्चों के लिए अच्छा भविष्य बनाने का सपना देखते हैं, लेकिन जब बच्चे बड़े होते हैं तो उन्हें अहसास होता है कि वे अपने बच्चों के बचपन में कभी उनके साथ बैठे ही नहीं। तब यह पछतावा जिंदगी भर का बोझ बन जाता है।

काम और परिवार दोनों का महत्व तभी समझ आता है जब हम एक दिन रुककर सोचते हैं कि आखिर हम जी किसलिए रहे हैं। अगर हम केवल काम के लिए जी रहे हैं तो यह जीवन अधूरा है और अगर हम केवल परिवार के लिए जी रहे हैं लेकिन काम पर ध्यान नहीं देते तो जीवन की जरूरतें पूरी नहीं होंगी। यही वजह है कि संतुलन का होना आवश्यक है। संतुलन का मतलब यह नहीं कि हम बराबर समय दें, बल्कि इसका अर्थ है कि हम सही समय पर सही जगह मौजूद हों। जैसे जब हम ऑफिस में हों तो पूरी ईमानदारी से काम करें, और जब घर में हों तो पूरी मौजूदगी के साथ परिवार के साथ समय बिताएँ। यही मौजूदगी असली संतुलन है।

बहुत से लोग यह समझते हैं कि काम और जीवन को अलग करना ही संतुलन है, लेकिन सच्चाई यह है कि दोनों को मिलाकर चलना ही संतुलन है। उदाहरण के लिए, अगर कोई व्यक्ति अपने बच्चों के साथ खेलते समय बार-बार फोन पर ऑफिस के ईमेल चेक कर रहा है, तो यह न तो ऑफिस का काम है और न ही परिवार का समय। बल्कि यह दोनों का नुकसान है। लेकिन अगर वही व्यक्ति ऑफिस का काम खत्म करके मोबाइल साइड में रख दे और बच्चों के साथ पूरे मन से हँसते हुए खेलें, तो उसका परिवार भी खुश होगा और वह खुद भी संतोष महसूस करेगा। यही वह शांति है जिसकी खोज हर इंसान करता है।

वर्क-लाइफ बैलेंस की तकनीकें सुनने में आधुनिक लगती हैं, लेकिन असल में ये हमारी परंपराओं में हमेशा से मौजूद रही हैं। पुराने जमाने में लोग सुबह से शाम तक मेहनत करते थे, लेकिन शाम ढलते ही घर लौट आते थे और परिवार के साथ समय बिताते थे। गाँव की चौपालों में लोग हँसी-मजाक करते थे, महिलाएँ मिलकर काम करतीं और बच्चे खेलते वहाँ जीवन की भागदौड़ तो थी लेकिन तनाव नहीं था। आज के समय में समस्या यह है कि काम और परिवार

की सीमाएँ धुंधली हो गई हैं ऑफिस घर तक आ गया है, और घर की चिंताएँ ऑफिस तक पहुँच गई हैं। यही कारण है कि हमें और अधिक सजग होकर यह संतुलन बनाना पड़ता है।
इस संतुलन को बनाए रखने का एक व्यावहारिक तरीका है साप्ताहिक विश्राम दिन यह सुनने में बहुत साधारण लगता है, लेकिन इसका असर गहरा होता है। अगर हम हफ्ते में एक दिन यह तय कर लें कि उस दिन कोई काम नहीं करेंगे, केवल परिवार, दोस्तों या खुद के साथ समय बिताएँगे, तो यह दिन हमारी थकी हुई आत्मा के लिए दवा बन जाता है। उस दिन हम बच्चों के साथ बाहर घूम सकते हैं, परिवार के साथ भोजन कर सकते हैं, किसी पुराने दोस्त से मिल सकते हैं या केवल अकेले बैठकर किताब पढ़ सकते हैं। यह दिन हमें याद दिलाता है कि जीवन केवल काम का नाम नहीं है बल्कि जीने और महसूस करने का नाम है।

जीवन में शांति तभी आती है जब हम सफलता को केवल ऑफिस की उपलब्धियों से न तौलें बल्कि परिवार के साथ बिताए गए पलों से भी जोड़ें। असली सफलता वही है जिसमें हम अपने बच्चों की हँसी सुन सकें, अपने माता-पिता की आँखों में गर्व देख सकें और अपने जीवनसाथी के चेहरे पर सुकून की झलक पा सकें। जब काम और परिवार का यह संगम होता है, तभी जीवन में सच्ची शांति मिलती है।
काम-जीवन संतुलन की सबसे बड़ी कठिनाई यह है कि हम अक्सर काम को तो बहुत गंभीरता से लेते हैं लेकिन जीवन को हल्के में ले लेते हैं। हमें लगता है कि परिवार तो हमेशा है, दोस्त तो हमेशा मिल जाएँगे, स्वास्थ्य तो वैसे भी संभल जाएगा, लेकिन ऑफिस का प्रोजेक्ट या नौकरी का दबाव अगर छूट गया तो सबकुछ खत्म हो जाएगा। यही सोच धीरे-धीरे हमें इस जाल में फँसा देती है जहाँ हम काम को जीवन से बड़ा मानने लगते हैं। लेकिन जब अचानक कोई बीमारी, कोई प्रियजन की कमी या कोई बड़ा झटका जीवन में आता है, तब हमें अहसास होता है कि जो चीज़ें हमने पीछे छोड़ दीं वही सबसे ज्यादा जरूरी थीं। यही वह कड़वा सच है जो बहुत देर से समझ आता है और तब तक कई बार बहुत कुछ हाथ से निकल चुका होता है।
जीवन का संतुलन केवल समय बाँटने का खेल नहीं है, यह हमारी प्राथमिकताओं की पहचान है। प्राथमिकता का मतलब यह नहीं कि काम को कम महत्व दें, बल्कि यह समझें कि काम हमारे जीवन का एक हिस्सा है, पूरा जीवन नहीं। जो लोग संतुलन बना पाते हैं, वे हर स्थिति में ज्यादा खुश रहते हैं। जैसे एक माँ जिसने अपने करियर को भी महत्व दिया लेकिन अपने बच्चों को कभी यह महसूस नहीं होने दिया कि वह उनके लिए समय नहीं निकाल पा रही। उसने अपने बच्चों के स्कूल फंक्शन में जाना उतना ही जरूरी समझा जितना ऑफिस की मीटिंग। और यही संतुलन उसके बच्चों को भी यह सिखाता है कि काम और परिवार दोनों का सम्मान करना चाहिए।
आज की दुनिया में तकनीक ने संतुलन को और चुनौतीपूर्ण बना दिया है। मोबाइल फोन, लैपटॉप और इंटरनेट ने ऑफिस को हमारे घरों तक पहुँचा दिया है। पहले दफ़्तर का काम दफ़्तर तक सीमित होता था लेकिन अब ईमेल, मैसेज और कॉल किसी भी समय आ सकते हैं। यह सुविधा जितनी आसान लगती है उतनी ही खतरनाक भी है। क्योंकि धीरे-धीरे यह हमारे दिमाग को कभी आराम करने नहीं देती। यही वजह है कि हमें खुद से अनुशासन लाना पड़ता है। ऑफिस का काम खत्म होने के बाद फोन को किनारे रखना, परिवार के साथ डिनर के समय मोबाइल न देखना, बच्चों के साथ खेलते समय ईमेल न पढ़ना—ये छोटे-छोटे कदम हैं लेकिन यही असली संतुलन का आधार बनते हैं।

कभी-कभी काम और जीवन के बीच संतुलन बनाने की कोशिशें भी मजेदार हालात पैदा कर देती हैं। जैसे एक आदमी जिसने यह तय किया कि वह हर रविवार परिवार के साथ पिकनिक मनाएगा, लेकिन हर बार वह ऑफिस का लैपटॉप साथ ले जाता। एक दिन उसके छोटे बेटे ने उससे पूछा, "पापा, ये लैपटॉप हमारे परिवार का नया सदस्य है क्या? ये भी हर पिकनिक पर आ जाता है।" उस दिन पिता को हँसी भी आई और शर्मिंदगी भी। यह हल्का-फुल्का मजाक ही उसे सोचने पर मजबूर कर गया कि अगर उसने संतुलन नहीं बनाया तो बच्चे कभी उसे पूरी तरह अपना मान ही नहीं पाएँगे। यही वह क्षण था जब उसने सचमुच काम और जीवन की सीमाएँ तय करना शुरू किया।

हमारे समाज में संतुलन का असर केवल परिवार तक सीमित नहीं होता, बल्कि यह हमारी मानसिक और शारीरिक सेहत पर भी पड़ता है। जब हम लगातार काम करते रहते हैं तो हमारे शरीर और मन दोनों थक जाते हैं। तनाव हमें बीमार कर देता है, हमारी नींद छीन लेता है और धीरे-धीरे हमारी खुशियाँ भी खत्म कर देता है। लेकिन जब हम संतुलन बनाते हैं तो हमारी ऊर्जा भी दोगुनी हो जाती है। यही वजह है कि संतुलन बनाने वाले लोग ज्यादा लंबे समय तक स्वस्थ और सक्रिय रहते हैं। वे न केवल अपने काम में सफल होते हैं बल्कि अपने जीवन का आनंद भी उठाते हैं। यही सफलता और शांति का असली संगम है।

काम और जीवन के बीच संतुलन बनाने का असली रहस्य यह है कि इंसान खुद के साथ ईमानदार रहे। हम अक्सर दूसरों को खुश करने के लिए अपने समय का बलिदान कर देते हैं। बॉस को खुश करने के लिए देर रात तक काम करते हैं, समाज में इज्जत बनाए रखने के लिए खुद को थकाते रहते हैं, लेकिन इस प्रक्रिया में खुद से किया गया वादा तोड़ते हैं। जैसे यह वादा कि हम बच्चों के साथ समय बिताएँगे, माता-पिता को डॉक्टर के पास ले जाएँगे या पत्नी के साथ बैठकर दो पल मुस्कुराएँगे। धीरे-धीरे यह टूटे हुए वादे रिश्तों को कमजोर कर देते हैं। यही कारण है कि काम और जीवन के बीच संतुलन बनाने के लिए सबसे पहले हमें खुद को प्राथमिकता देनी होगी। जब हम खुद से ईमानदारी करेंगे तभी दूसरों के साथ भी सच्चा संतुलन बना पाएँगे।

यह भी ध्यान रखना जरूरी है कि संतुलन का मतलब कभी भी पूर्णता नहीं होता। कोई भी इंसान हर दिन बराबर समय बाँटकर आदर्श जीवन नहीं जी सकता। कुछ दिन ऑफिस का काम ज्यादा होगा, तो कुछ दिन परिवार का समय। लेकिन संतुलन का असली अर्थ है यह देखना कि लंबे समय में हमने दोनों को कितना महत्व दिया। अगर लगातार सालों तक हम केवल काम में उलझे रहे और परिवार को नज़रअंदाज़ किया तो यह असंतुलन हमें भीतर से खोखला कर देगा। लेकिन अगर कभी-कभार काम बढ़ भी जाए और हम बाद में परिवार के लिए पूरा समय निकाल लें तो यह संतुलन बना रहेगा। यही लचीलापन हमें असली शांति देता है।

अक्सर लोग यह सोचते हैं कि वर्क-लाइफ बैलेंस केवल बड़े शहरों या कॉर्पोरेट नौकरियों की समस्या है, लेकिन असल में यह हर इंसान की चुनौती है। एक किसान जो खेतों में दिन-रात मेहनत करता है, अगर वह अपने परिवार के साथ समय नहीं बिताता तो वही असंतुलन है। एक दुकानदार जो सुबह से रात तक दुकान पर बैठा रहता है, अगर वह बच्चों के साथ खेलता नहीं तो वही कमी है। यानी यह समस्या काम के प्रकार की नहीं, बल्कि हमारी सोच की है। जब तक हम यह नहीं समझेंगे कि काम और जीवन दोनों का अपना महत्व है, तब तक यह संतुलन संभव नहीं है।

कभी-कभी जीवन हमें हँसते-हँसते यह सिखा देता है कि संतुलन कितना जरूरी है। एक आदमी जो हमेशा ऑफिस में व्यस्त रहता था, एक दिन उसकी बेटी ने उससे पूछा, "पापा, आप ऑफिस में इतना काम क्यों करते हो?" उसने जवाब दिया, "ताकि तुम्हारे लिए सबकुछ खरीद सकूँ।" बेटी मासूमियत से बोली, "पापा, मुझे खिलौनों से ज्यादा आपकी गोद चाहिए।" यह सुनकर वह व्यक्ति चुप रह गया, उसके चेहरे पर मुस्कान थी लेकिन आँखों में आँसू भी थे। यह छोटा सा संवाद ही उसके जीवन का टर्निंग प्वाइंट बन गया। यही वास्तविकता है कि परिवार हमें केवल समय चाहता है, दिखावे और सुविधाओं की लालसा उतनी बड़ी नहीं होती जितना हमें लगता है।

इस संतुलन का असर हमारे रिश्तों पर सबसे गहरा पड़ता है। जब हम अपने जीवनसाथी, बच्चों और माता-पिता को समय देते हैं, तो वे हमें केवल सफल नहीं मानते बल्कि अपना मानते हैं। यही अपनापन हमें वह मानसिक शांति देता है जो कोई भी पद, पैसा या उपलब्धि नहीं दे सकती और जब परिवार से शांति मिलती है तो काम में भी ऊर्जा दोगुनी हो जाती है। यही चक्र है जो सफलता और शांति दोनों का संगम बनाता है।

काम और जीवन का संतुलन केवल हमारी ज़रूरत नहीं बल्कि हमारी जिम्मेदारी भी है। जब हम परिवार के लिए समय नहीं निकालते तो इसका असर केवल हमारे और उनके रिश्ते पर नहीं बल्कि आने वाली पीढ़ी की सोच पर भी पड़ता है। बच्चे वही सीखते हैं जो वे हमें करते हुए देखते हैं। अगर वे हमें हमेशा व्यस्त और चिड़चिड़ा देखते हैं तो वे मान लेते हैं कि यही सामान्य जीवन है। लेकिन अगर वे हमें काम के साथ-साथ परिवार और अपने लिए समय निकालते देखते हैं तो वे भी यही आदत अपनाते हैं। इसीलिए संतुलन केवल हमें ही खुश नहीं करता बल्कि हमारी अगली पीढ़ी को भी स्वस्थ जीवन जीने की प्रेरणा देता है।

जीवन में यह संतुलन तभी टिकता है जब हम यह मान लें कि काम और परिवार एक-दूसरे के विरोधी नहीं बल्कि सहयोगी हैं। काम हमें साधन देता है, परिवार हमें ऊर्जा देता है। दोनों मिलकर ही हमें पूरा इंसान बनाते हैं। अगर इनमें से कोई एक कमी हो तो जीवन अधूरा हो जाता है। यह ठीक वैसे ही है जैसे शरीर और आत्मा का रिश्ता। केवल शरीर हो और आत्मा न हो तो वह जीवन नहीं कहलाता, और केवल आत्मा हो पर शरीर न हो तो भी वह जीवन संभव नहीं। ठीक उसी तरह काम और परिवार का साथ मिलकर ही हमें सफलता और शांति का संगम देता है।

बहुत से लोग यह सोचते हैं कि संतुलन एक ही बार बना लिया तो वह जीवनभर चलेगा, लेकिन सच्चाई यह है कि यह रोज़ का अभ्यास है। हर दिन हमें यह तय करना पड़ता है कि हम समय कहाँ लगाएंगे, किसे प्राथमिकता देंगे और किसे बाद में रखेंगे। यह निर्णय छोटे लगते हैं लेकिन यही हमारी पूरी जिंदगी की दिशा तय करते हैं। अगर हम हर दिन काम को ही सबसे आगे रखेंगे तो धीरे-धीरे परिवार पीछे छूट जाएगा। लेकिन अगर हम हर दिन थोड़ा-थोड़ा संतुलन रखते रहेंगे तो अंत में हमारी जिंदगी पूरी और संतुलित होगी।

कभी-कभी संतुलन बनाने के लिए त्याग भी करना पड़ता है। जैसे एक पिता ने बड़ी कंपनी में उच्च पद का मौका ठुकरा दिया क्योंकि उसमें उसे हर महीने आधा समय विदेश में बिताना पड़ता। उसने सोचा कि पैसा तो मिलेगा लेकिन परिवार का समय खो जाएगा। उसने सामान्य नौकरी को चुना लेकिन परिवार को हमेशा साथ रखा। समाज ने शुरू में उसका मजाक उड़ाया लेकिन जब उसके बच्चे बड़े होकर कहते हैं कि हमारे पापा हमेशा हमारे साथ रहे, तब उसकी आँखों में जो गर्व और संतोष होता है, वही असली सफलता है। यही वह क्षण है जब समझ आता है कि शांति पैसे में नहीं, संतुलन में है।

इस संतुलन का एक और पहलू है खुद के लिए समय निकालना। हम अक्सर सोचते हैं कि काम और परिवार ही सबकुछ हैं, लेकिन अगर हम खुद को भूल जाएँ तो धीरे-धीरे थकान, निराशा और चिड़चिड़ापन हमें खा जाता है। खुद के लिए समय निकालना कोई स्वार्थ नहीं बल्कि ज़रूरी है। चाहे वह सुबह का टहलना हो, ध्यान करना हो, संगीत सुनना हो या सिर्फ कुछ देर अकेले बैठना हो, यह समय हमें भीतर से मजबूत करता है। जब हम अपने साथ खुश रहते हैं तभी हम काम और परिवार दोनों के साथ सच्चे अर्थों में खुश रह पाते हैं।

अंततः यह अध्याय हमें यही सिखाता है कि काम और जीवन के बीच संतुलन केवल एक तकनीक या मैनेजमेंट की रणनीति नहीं है बल्कि यह जीवन जीने का तरीका है। जब हम इसे अपनाते हैं तो हमें यह एहसास होता है कि सफलता और शांति अलग-अलग चीजें नहीं बल्कि एक ही सिक्के के दो पहलू हैं। अगर हम केवल सफलता की दौड़ में लगेंगे तो शांति खो देंगे और अगर केवल शांति चाहेंगे तो सफलता अधूरी रह जाएगी। लेकिन जब दोनों का संगम होता है, तभी जीवन वास्तव में पूर्ण होता है। यही काम-जीवन संतुलन का असली संदेश है।

अध्याय 19 : आत्मज्ञान की खोज – खुद को पहचानना

मनुष्य के जीवन में सबसे बड़ा प्रश्न हमेशा से यही रहा है – "मैं कौन हूँ?"। यह प्रश्न सुनने में जितना सरल लगता है, उतना ही गहरा और कठिन है। हम दिन-रात अलग-अलग भूमिकाएँ निभाते रहते हैं – कोई खुद को पिता कहता है, कोई माँ, कोई बेटा, कोई कर्मचारी, कोई व्यापारी, कोई दोस्त, कोई नेता – लेकिन जब इन सभी भूमिकाओं को एक-एक करके हटाना शुरू करते हैं तो अंत में बचता क्या है? यही खोज आत्मज्ञान की शुरुआत है। बहुत से लोग इस प्रश्न से बचते हैं क्योंकि उन्हें डर लगता है कि कहीं इसका जवाब उन्हें भीतर से न हिला दे। लेकिन सच्चाई यही है कि जब तक इंसान खुद को नहीं पहचानता तब तक उसकी सारी उपलब्धियाँ, सारी सफलताएँ अधूरी रहती हैं। यह ठीक वैसे ही है जैसे एक विशाल महल बिना नींव के खड़ा हो – बाहर से कितना भी सुंदर लगे, एक दिन गिर ही जाएगा।

आत्म-जागरूकता का महत्व हमें जीवन की छोटी-छोटी घटनाएँ बार-बार सिखाती रहती हैं। कभी कोई गहरी चोट खाने के बाद, कभी किसी प्रियजन को खोने के बाद, कभी असफलताओं में और कभी बड़ी सफलता के शोर में भी हमें यह अहसास होता है कि असल में हम अपने भीतर से कितने अनजान हैं। यही कारण है कि आत्मज्ञान की खोज सबसे कठिन लेकिन सबसे ज़रूरी यात्रा है। यह खोज हमें हमारी कमजोरियों से भी मिलवाती है और हमारी ताकत से भी। यह हमें यह दिखाती है कि हम वास्तव में क्या चाहते हैं और क्या केवल दूसरों को खुश करने के लिए कर रहे हैं। यही आत्म-जागरूकता हमें जीवन की दिशा देती है।

इस खोज को आसान बनाने का एक सुंदर अभ्यास है – डायरी लेखन। जब हम अपने विचारों को कागज़ पर उतारते हैं तो हमारे मन के धुंधलेपन को साफ़ देखने का मौका मिलता है। डायरी एक आईने की तरह होती है जिसमें हम अपने चेहरे नहीं बल्कि अपनी आत्मा को देखते हैं। कई बार हम खुद को भी नहीं जानते कि हम किसी स्थिति में क्यों गुस्सा हुए, क्यों रोए, क्यों खुश हुए। लेकिन जब हम उसे लिखते हैं तो धीरे-धीरे उसके पीछे के कारण साफ़ नज़र आने लगते हैं। यही लिखने की आदत हमें खुद से जोड़ती है। एक साधारण-सा पन्ना कभी हमारी आत्मा का गहरा साथी बन जाता है।

लेकिन आत्मज्ञान की यह खोज केवल गंभीर या दर्दनाक नहीं होती, इसमें हँसी और हल्कापन भी होता है। जैसे एक व्यक्ति जिसने डायरी लिखना शुरू किया, पहले-पहल उसने लिखा कि

वह बहुत गंभीर और परिपक्व इंसान है। लेकिन कुछ ही दिनों बाद उसकी ही डायरी में दर्ज था कि उसने आधी रात को चुपके से आइसक्रीम खाई और बाद बोल दिया कि मैं नहीं खाई है। जब उसने यह पढ़ा तो खुद ही हँस पड़ा। यही आत्म-जागरूकता की खूबसूरती है - यह हमें हमारी कमज़ोरियों और हमारी मासूमियत दोनों से मिलवाती है।

आत्मज्ञान की यात्रा कभी सीधी-सपाट नहीं होती। यह उतार-चढ़ाव से भरी होती है। कभी यह हमें भीतर तक झकझोर देती है, कभी हमारे दिल को हल्का कर देती है। कभी हमें हँसी आती है कि हम इतने सालों से खुद को कितना गलत समझते रहे, और कभी हमें आँसू आ जाते हैं कि हमने अपनी असली पहचान को कितनी देर तक अनदेखा किया। लेकिन हर हाल में यह यात्रा हमें मजबूत बनाती है। यही वह रास्ता है जहाँ इंसान अपने डर से बाहर निकलता है और अपनी सच्चाई को स्वीकार करता है।

यह अध्याय केवल आत्मज्ञान की बात नहीं करता बल्कि जीवन के पिछले अध्यायों से भी जुड़ा है। जैसे काम और जीवन के संतुलन की बात हमने की थी, वह भी तभी संभव है जब हमें पता हो कि हम कौन हैं और हमें वास्तव में चाहिए क्या। अगर हम खुद को ही नहीं जानते तो फिर संतुलन किसका बनाएँगे? इसी तरह धन, रिश्ते, समय, प्रकृति - इन सबका आनंद तभी लिया जा सकता है जब हमें यह समझ हो कि हमारी आत्मा किससे खुश होती है। वरना हम दूसरों की नकल करते-करते थकते रहेंगे और भीतर से खाली होते जाएँगे।

आत्मज्ञान की खोज में सबसे बड़ा अवरोध यह है कि हम अपने आपको बाहरी पहचान से जोड़ लेते हैं। हम अपने नाम, पेशे, रिश्तों और उपलब्धियों के सहारे यह मान लेते हैं कि यही हमारी असली पहचान है। लेकिन जब कोई व्यक्ति इन सब लेबल्स को हटाने की कोशिश करता है तो उसे एक अजीब-सी खाली जगह महसूस होती है, और यही खालीपन हमें डराता भी है और आकर्षित भी करता है। यह ठीक वैसे ही है जैसे कोई घर जिसे हम वर्षों तक सजाते-संवारते रहे हों और अचानक कोई कह दे कि यह घर तुम्हारा नहीं है। एक पल के लिए हमें लगता है कि हम बेघर हो गए हैं। आत्मज्ञान की यात्रा भी यही करवाती है, वह हमें अहंकार और बनावटी पहचान से खाली करती है ताकि असली हम सामने आ सकें।

इस यात्रा में अक्सर लोग यह गलती करते हैं कि वे आत्मज्ञान को केवल किताबों में ढूँढने लगते हैं। वे महान संतों के प्रवचन सुनते हैं, गीता, कुरान, बाइबिल या अन्य ग्रंथों को पढ़ते हैं, लेकिन जब तक वे उन शब्दों को अपने जीवन के आईने में नहीं देखते, तब तक आत्मज्ञान केवल शब्दों का खेल बनकर रह जाता है। असली आत्मज्ञान तब शुरू होता है जब हम रोज़मर्रा की साधारण घटनाओं को देखकर खुद से सवाल पूछते हैं। जैसे जब कोई हमें आलोचना करता है तो क्या हम टूट जाते हैं? जब कोई तारीफ करता है तो क्या हम आसमान पर उड़ने लगते हैं? इन छोटी-छोटी प्रतिक्रियाओं में ही छुपा है कि हम वास्तव में कौन हैं और हमें कितना अपने मन पर अधिकार है।

आत्म-जागरूकता का सबसे बड़ा लाभ यह है कि यह हमें अपनी कमजोरियों से भागने नहीं देती। हममें से हर कोई अपने भीतर कुछ न कुछ कमी छुपाकर जीता है। कोई गुस्से से परेशान है, कोई ईर्ष्या से, कोई हीन भावना से और कोई लालच से। लेकिन जब हम ईमानदारी से अपने भीतर झाँकते हैं तो हम इन भावनाओं को स्वीकार करते हैं। यही स्वीकार करना ही आत्मज्ञान की पहली सीढ़ी है। क्योंकि जब तक हम अपनी कमजोरी को छुपाते रहेंगे, वह हमें भीतर से खाती रहेगी। लेकिन जैसे ही हम कहते हैं कि हाँ, मैं गुस्से से जूझ रहा हूँ, उसी दिन से वह गुस्सा धीरे-धीरे कमजोर होने लगता है।

डायरी लेखन यहाँ पर चमत्कार की तरह काम करता है। जब हम अपने डर, अपनी ईर्ष्या, अपने सपने और अपनी खुशियाँ लिखते हैं, तो वे हमें आईने की तरह सच दिखाते हैं। बहुत बार ऐसा होता है कि हम सोचते हैं कि हम बहुत मजबूत इंसान हैं, लेकिन जब किसी घटना को लिखते हैं तो अहसास होता है कि भीतर से हम कितने नाजुक हैं। यह नाजुकता कोई कमजोरी नहीं बल्कि हमारी असली ताकत है। क्योंकि जो इंसान अपनी नाजुकता को जान लेता है वही दूसरों के दर्द को समझ पाता है, यही समझ इंसान को और गहरा बनाती है।

आत्मज्ञान का रास्ता कभी-कभी हँसी भी लाता है।

आत्मज्ञान की खोज रोमांचक भी है क्योंकि यह हमें बार-बार चौंकाती है। जब हम यह सोचते हैं कि अब हम खुद को पूरी तरह जान गए हैं, तभी कोई घटना हमें दिखा देती है कि अभी और परतें बाकी हैं। यह यात्रा कभी खत्म नहीं होती, बल्कि हर दिन नए रूप में सामने आती है। यही इसका जादू है—यह हमें स्थिर भी रखती है और गतिशील भी। यही कारण है कि जिन्होंने भी आत्मज्ञान की राह चुनी है, वे जीवनभर विद्यार्थी बने रहते हैं। वे कभी यह दावा नहीं करते कि वे सब जान गए हैं, बल्कि हर अनुभव से सीखते रहते हैं।

आत्मज्ञान की यात्रा का एक बड़ा पहलू यह है कि यह हमें हमारी ज़िंदगी के ढोंग से मुक्त करती है। हम अक्सर दूसरों को दिखाने के लिए जीते हैं—अच्छे कपड़े पहनते हैं ताकि लोग हमें आधुनिक समझें, बड़ी बातें करते हैं ताकि लोग हमें ज्ञानी मानें, और यहाँ तक कि कई बार दिखावे के लिए ही मदद भी करते हैं। लेकिन जब हम भीतर झाँकना शुरू करते हैं तो धीरे-धीरे यह एहसास होने लगता है कि दूसरों की नज़रों में क्या हैं यह उतना महत्वपूर्ण नहीं जितना यह कि हम अपनी नज़रों में क्या हैं। यही बिंदु हमें भीतर से बदलता है और यही बदलाव हमें हल्का भी करता है। जब हम दिखावे का बोझ छोड़ते हैं तो जीवन कहीं ज्यादा सहज और सच्चा हो जाता है।

आत्मज्ञान हमें हमारे अतीत से भी सुलह करना सिखाता है। बहुत से लोग अपने जीवन के पुराने घावों को ढोते रहते हैं—किसी ने धोखा दिया, किसी ने अपमान किया, कोई सपना अधूरा रह गया। यह यादें हमारे मन पर परछाइयों की तरह बनी रहती हैं। लेकिन आत्म-जागरूकता हमें यह दिखाती है कि अतीत के इन घावों से हम कौन-सा सबक ले सकते हैं। जैसे कोई बच्चा चलना सीखते समय गिरता है तो वह हर बार और मजबूत होकर उठता है, ठीक वैसे ही हमारी असफलताएँ भी हमें भीतर से मजबूत करती हैं। जब हम यह देख पाते हैं कि उन तकलीफ़ों ने हमें संवेदनशील, समझदार और गहरा बनाया है, तब हम उन्हें बोझ नहीं बल्कि शिक्षक मानने लगते हैं। यही सोच हमें मुक्त करती है।

इस यात्रा का सबसे सुंदर पहलू यह है कि यह हमें हर इंसान से जोड़ देती है। जब हम खुद के भीतर की कमजोरियों और डर को पहचान लेते हैं तो हमें दूसरों का दर्द भी साफ दिखाई देने लगता है। तब हम किसी के गुस्से में छिपे हुए डर को देख पाते हैं, किसी के अहंकार में छिपी हुई असुरक्षा को पहचान लेते हैं, और किसी की चुप्पी में छिपे हुए आँसुओं को महसूस कर पाते हैं। यही आत्मज्ञान हमें सहानुभूति की ताकत देता है। तब हम दूसरों को जज नहीं करते बल्कि समझने लगते हैं। यही समझ रिश्तों को गहरा बनाती है और यही समझ इंसान को इंसान बनाती है।

लेकिन आत्मज्ञान हमेशा भावुक या गंभीर ही नहीं होता, इसमें हास्य का रंग भी है। एक व्यक्ति ने अपने जीवन के अनुभव लिखते हुए लिखा कि उसे लगता था कि वह बहुत धैर्यवान है। लेकिन जब वह मेट्रो में रोज़ लाइन में खड़ा होता और सामने वाला आदमी टोकन मशीन में दस मिनट लगाता, तो उसका खून खौलने लगता। उसने डायरी में लिखा—"शायद मैं धैर्यवान

नहीं, बल्कि घर तक ही सीमित धैर्य रखता हूँ।" जब उसने यह पढ़ा तो खुद पर ही हँस पड़ा। यही हँसी आत्मज्ञान का असली संकेत है। क्योंकि जब हम खुद की कमियों पर भी मुस्कुरा सकते हैं तो हम वास्तव में उनसे ऊपर उठ चुके होते हैं।

आत्मज्ञान हमें यह भी दिखाता है कि हम जीवन को कितनी बार बिना सोचे-समझे जीते हैं। हम सुबह उठते हैं, नाश्ता करते हैं, काम पर जाते हैं, शाम को लौटते हैं, टीवी देखते हैं और सो जाते हैं। यह चक्र दिन पर दिन चलता रहता है और हमें लगता है कि यही जीवन है। लेकिन जब हम थोड़ी देर ठहरकर खुद से पूछते हैं कि क्या हम सचमुच यही चाहते हैं, तब हमें अहसा होता है कि जीवन केवल यह दिनचर्या नहीं है। जीवन एक अवसर है खुद को खोजने का, अनुभव करने का और भीतर से संतोष पाने का। यही जागरूकता हमें मशीन बनने से रोकती और इंसान बनाए रखती है।

आत्मज्ञान की खोज का सबसे बड़ा उपहार है भीतर की शांति। जब हम खुद को पहचानने लगते हैं तो हमें यह अहसास होता है कि जीवन की दौड़ में जिसे हम पाना चाहते थे वह सब त अस्थायी था। पैसा, शोहरत, प्रतिष्ठा, ये सब चीज़ें हमारे हाथ से फिसल जाती हैं, लेकिन अग हमने खुद को पा लिया तो कोई भी शक्ति हमें अस्थिर नहीं कर सकती। यही कारण है कि इतिहास में जितने भी संत, दार्शनिक या विचारक हुए, वे हमेशा यही कहते रहे कि सबसे बड़ा विजय वही है जो मनुष्य अपने भीतर पाता है। आत्मज्ञान हमें यह एहसास दिलाता है कि हम बाहरी परिस्थितियों के गुलाम नहीं हैं, बल्कि अपनी सोच और दृष्टिकोण के मालिक हैं।

इस खोज का दूसरा बड़ा पहलू है निर्णय लेने की स्पष्टता। जब इंसान खुद को पहचान लेता है तो उसे यह तय करने में कठिनाई नहीं होती कि जीवन में कौन-सा रास्ता चुनना है। क्योंकि तब वह दूसरों की नकल करके या समाज के दबाव में आकर फैसले नहीं करता, बल्कि अपने असली मन की आवाज़ सुनकर चलता है। जैसे कोई व्यक्ति जो केवल पैसे के लिए नौकरी क रहा था, आत्म-जागरूकता के बाद उसे एहसास हुआ कि उसकी असली खुशी शिक्षण में है। उसने साहस दिखाकर अपना करियर बदला और स्कूल में पढ़ाना शुरू किया। बाहर वालों को यह पागलपन लगा, लेकिन उसके भीतर जो संतोष था, वह किसी ऊँची तनख्वाह से कहीं बड़ा था। यही आत्मज्ञान की ताकत है कि यह हमें हमारे असली रास्ते पर खड़ा कर देता है।

आत्मज्ञान हमें दूसरों से तुलना करने की आदत से भी मुक्त करता है। तुलना ही सबसे बड़ी पीड़ा है—वह बड़ा घर खरीद चुका है, उसकी गाड़ी नई है, उसके बच्चे ज्यादा सफल हैं—इन विचारों में हम अपने जीवन का आनंद खो देते हैं। लेकिन जब हम खुद को जान लेते हैं तो हमें यह समझ आता है कि हर इंसान का रास्ता अलग है और हर आत्मा का अनुभव अद्‌वितीय है तब हम तुलना नहीं करते, बल्कि प्रेरणा लेते हैं। हम कहते हैं—अगर वह यह कर सकता है तो मैं भी अपनी राह में कुछ अलग कर सकता हूँ। यही सोच हमें भीतर से मजबूत और बाहर से सहज बना देती है।

कभी-कभी आत्मज्ञान की प्रक्रिया इतनी गहरी हो जाती है कि इंसान अपने ही विचारों पर हँस लगता है। एक व्यक्ति को लगता था कि वह बहुत आध्यात्मिक है और दुनिया के झंझटों से ऊपर उठ चुका है। लेकिन जब उसकी चप्पल किसी ने चुरा ली, तो वह घंटों गुस्से में बड़बड़ात रहा। बाद में जब उसने खुद को देखा तो उसे अपनी ही गंभीरता पर हँसी आ गई। यही आत्मज्ञान है—यह हमें दिखाता है कि हम कितने भ्रम में जीते हैं और कितनी बार खुद को दूसरों से अलग दिखाने के चक्कर में अपनी ही असलियत भूल जाते हैं।

इस यात्रा का अंत किसी चमत्कारिक रोशनी या अद्‌भुत अनुभव में नहीं होता, बल्कि बहुत साधारण चीज़ों में होता है। जब हम सुबह सूरज की पहली किरण देखकर मुस्कुराते हैं, जब ह

परिवार के साथ बैठकर साधारण खाना खाते हुए तृप्ति महसूस करते हैं, जब हम दूसरों की खुशी देखकर ईर्ष्या नहीं बल्कि आनंद महसूस करते हैं—यही आत्मज्ञान है। यह कोई दूर की मंज़िल नहीं बल्कि हर दिन की छोटी-छोटी घटनाओं में छुपा हुआ सत्य है और जब हम इसे देख लेते हैं तो जीवन अपने आप हल्का और सुंदर हो जाता है।

अंततः आत्मज्ञान हमें यह सिखाता है कि "मैं कौन हूँ" का उत्तर कभी शब्दों में नहीं मिलता। यह कोई परिभाषा नहीं बल्कि एक अनुभव है। यह अनुभव हमें बार-बार बदलता है, हमें झकझोरता है, हमें हँसाता है और हमें गहराई से छूता है और यही अनुभव धीरे-धीरे हमें हमारी असली पहचान से जोड़ता है। जब हम इस खोज में आगे बढ़ते हैं तो हमें एहसास होता है कि हम किसी एक नाम, किसी एक रिश्ते या किसी एक उपलब्धि से कहीं ज्यादा बड़े हैं। हम वही हैं जो इन सबके पीछे है—एक ऐसी आत्मा जो हमेशा सीख रही है, बढ़ रही है और अपने भीतर की रोशनी को खोज रही है। यही आत्मज्ञान की खोज का सार है।

आध्यात्मिक सादगी का अर्थ यह नहीं है कि इंसान को गरीबी में जीना पड़े या दुनिया के सुखों से पूरी तरह मुँह मोड़ लेना चाहिए। इसका अर्थ है जीवन को इतना सरल बनाना कि अनावश्यक बोझ हमारे मन और आत्मा पर न रहे। जब हम अपने चारों ओर देखते हैं तो पाते हैं कि हर कोई किसी न किसी दौड़ में शामिल है—किसी को बड़ा घर चाहिए, किसी को महँगी कार, किसी को नाम और शोहरत। लेकिन इस दौड़ का अंत कहीं नहीं है, क्योंकि जितना पाते हैं उतना ही और पाने की भूख बढ़ती जाती है। आध्यात्मिक सादगी इस अंतहीन लालसा से मुक्त करती है। यह हमें यह सिखाती है कि जीवन की असली सुंदरता साधारण चीज़ों में है—सुबह की ताज़ी हवा, पेड़ों की छाँव, परिवार के साथ बैठकर हँसना, और रात को चैन से सोना।

योग और ध्यान इस सादगी के मार्गदर्शक हैं। जब हम योग करते हैं तो केवल शरीर नहीं, बल्कि मन भी लचीला होता है। ध्यान हमें यह सिखाता है कि विचारों की भीड़ के बीच भी स्थिर कैसे रहना है। यह साधारण अभ्यास हमें भीतर से इतना गहरा बना देते हैं कि भौतिक वस्तुओं की चमक फीकी लगने लगती है। कोई व्यक्ति जिसने जीवनभर धन कमाने की दौड़ लगाई हो, वह भी जब कुछ देर ध्यान में बैठता है तो उसे यह अनुभव होता है कि असली शांति भीतर है, बाहर नहीं। यही योग और ध्यान की ताकत है कि वे हमें हमारे भीतर का खजाना दिखाते हैं।

संतों और साधुओं का जीवन इस सत्य का प्रत्यक्ष उदाहरण है। वे किसी महल में नहीं रहते, उनके पास महँगे कपड़े या कारें नहीं होतीं, लेकिन उनके चेहरे पर एक ऐसी शांति होती है जो अमीर से अमीर आदमी के पास नहीं होती। उनकी मुस्कान में एक ऐसा भरोसा होता है जो केवल उसी को मिलता है जिसने अपने मन की उलझनों को सुलझा लिया हो। जब हम किसी संत को देखते हैं तो हमें यह महसूस होता है कि सादगी केवल बाहरी नहीं है, यह भीतर की अवस्था है। कोई इंसान महंगे कपड़े पहनकर भी भीतर से सरल हो सकता है और कोई फटे कपड़ों में भी अहंकार से भरा रह सकता है। सादगी असल में दिल का गुण है, न कि जेब का।

इस अध्याय का प्रवाह पिछले अध्याय से जुड़ा हुआ है। आत्मज्ञान की खोज तभी पूरी होती है जब हम भौतिकता की सीमाओं से ऊपर उठते हैं। यदि हम खुद को पहचान भी लें लेकिन फिर भी धन, वस्तुओं और दिखावे की गुलामी करते रहें, तो आत्मज्ञान अधूरा रह जाता है।

आध्यात्मिक सादगी वह पुल है जो आत्मज्ञान को जीने योग्य बनाती है। यह हमें सिखाती है कि अपनी ज़रूरतें सीमित रखो ताकि मन अनंत अनुभवों के लिए खुला रहे। यही वजह है कि महान लोग हमेशा कहते आए हैं कि इंसान की ज़रूरतें बहुत कम हैं लेकिन इच्छाएँ अनंत हैं, और आध्यात्मिक सादगी इन इच्छाओं पर लगाम लगाने की कला है| जब इंसान सादगी अपनाता है तो वह बाहरी परिस्थितियों से कम प्रभावित होता है। मान लीजिए किसी का महँगा

मोबाइल टूट गया, तो वह दिनों तक दुखी रहेगा क्योंकि उसने उसे अपनी पहचान का हिस्सा बना लिया था। लेकिन एक साधारण इंसान, जो चीज़ों से ज्यादा रिश्तों और अनुभवों को महत्व देता है, वह उसी पल हँसकर कह देगा—"चलो अच्छा हुआ, अब थोड़ी देर शांति से बैठ पाऊँगा।" यही अंतर सादगी और भौतिकता का है। सादगी हमें परिस्थितियों का कैदी बनने से बचाती है। आध्यात्मिक सादगी का सबसे सुंदर पहलू यह है कि यह इंसान को सबके करीब ले आती है। जो व्यक्ति दिखावे और अहंकार से भरा होता है, वह दूसरों से दूरी बनाए रखता है। लेकिन जो सरल होता है, उसके आसपास हर कोई सहज महसूस करता है। यही कारण है कि संतों के पास अमीर भी जाते हैं और गरीब भी, क्योंकि उनकी सादगी सबको बराबरी का एहसास कराती है। यह हमें सिखाती है कि असली महानता ऊँचे पद या बड़ी उपलब्धि में नहीं है, बल्कि इस बात में है कि हम दूसरों को कितना सहज और महत्वपूर्ण महसूस कराते हैं।

अध्याय 20 : आध्यात्मिक सादगी – भौतिकता से ऊपर उठकर जीवन।

आध्यात्मिक सादगी का अर्थ यह नहीं है कि इंसान को गरीबी में जीना पड़े या दुनिया के सुखों से पूरी तरह मुँह मोड़ लेना चाहिए। इसका अर्थ है जीवन को इतना सरल बनाना कि अनावश्यक बोझ हमारे मन और आत्मा पर न रहे। जब हम अपने चारों ओर देखते हैं तो पाते हैं कि हर कोई किसी न किसी दौड़ में शामिल है—किसी को बड़ा घर चाहिए, किसी को महँगी कार, किसी को नाम और शोहरत। लेकिन इस दौड़ का अंत कहीं नहीं है, क्योंकि जितना पाते हैं उतना ही और पाने की भूख बढ़ती जाती है। आध्यात्मिक सादगी इस अंतहीन लालसा से मुक्त करती है। यह हमें यह सिखाती है कि जीवन की असली सुंदरता साधारण चीज़ों में है—सुबह की ताज़ी हवा, पेड़ों की छाँव, परिवार के साथ बैठकर हँसना, और रात को चैन से सोना।

योग और ध्यान इस सादगी के मार्गदर्शक हैं। जब हम योग करते हैं तो केवल शरीर नहीं, बल्कि मन भी लचीला होता है। ध्यान हमें यह सिखाता है कि विचारों की भीड़ के बीच भी स्थिर कैसे रहना है। यह साधारण अभ्यास हमें भीतर से इतना गहरा बना देते हैं कि भौतिक वस्तुओं की चमक फीकी लगने लगती है। कोई व्यक्ति जिसने जीवनभर धन कमाने की दौड़ लगाई हो, वह भी जब कुछ देर ध्यान में बैठता है तो उसे यह अनुभव होता है कि असली शांति भीतर है, बाहर नहीं। यही योग और ध्यान की ताकत है कि वे हमें हमारे भीतर का खजाना दिखाते हैं।

संतों और साधुओं का जीवन इस सत्य का प्रत्यक्ष उदाहरण है। वे किसी महल में नहीं रहते, उनके पास महँगे कपड़े या कारें नहीं होतीं, लेकिन उनके चेहरे पर एक ऐसी शांति होती है जो अमीर से अमीर आदमी के पास नहीं होती। उनकी मुस्कान में एक ऐसा भरोसा होता है जो केवल उसी को मिलता है जिसने अपने मन की उलझनों को सुलझा लिया हो। जब हम किसी संत को देखते हैं तो हमें यह महसूस होता है कि सादगी केवल बाहरी नहीं है, यह भीतर की अवस्था है। कोई इंसान महंगे कपड़े पहनकर भी भीतर से सरल हो सकता है और कोई फटे कपड़ों में भी अहंकार से भरा रह सकता है। सादगी असल में दिल का गुण है, न कि जेब का।

इस अध्याय का प्रवाह पिछले अध्याय से जुड़ा हुआ है। आत्मज्ञान की खोज तभी पूरी होती है जब हम भौतिकता की सीमाओं से ऊपर उठते हैं। यदि हम खुद को पहचान भी लें लेकिन फिर भी धन, वस्तुओं और दिखावे की गुलामी करते रहें, तो आत्मज्ञान अधूरा रह जाता है। आध्यात्मिक सादगी वह पुल है जो आत्मज्ञान को जीने योग्य बनाती है। यह हमें सिखाती है

कि अपनी ज़रूरतें सीमित रखो ताकि मन अनंत अनुभवों के लिए खुला रहे। यही वजह है कि महान लोग हमेशा कहते आए हैं कि इंसान की ज़रूरतें बहुत कम हैं लेकिन इच्छाएँ अनंत हैं, और आध्यात्मिक सादगी इन इच्छाओं पर लगाम लगाने की कला है।

आध्यात्मिक सादगी का सबसे सुंदर पहलू यह है कि यह इंसान को सबके करीब ले आती है। जो व्यक्ति दिखावे और अहंकार से भरा होता है, वह दूसरों से दूरी बनाए रखता है। लेकिन जो सरल होता है, उसके आसपास हर कोई सहज महसूस करता है। यही कारण है कि संतों के पास अमीर भी जाते हैं और गरीब भी, क्योंकि उनकी सादगी सबको बराबरी का एहसास कराती है। यह हमें सिखाती है कि असली महानता ऊँचे पद या बड़ी उपलब्धि में नहीं है, बल्कि इस बात में है कि हम दूसरों को कितना सहज और महत्वपूर्ण महसूस कराते हैं।आध्यात्मिक सादगी का असली आकर्षण यह है कि यह जीवन को हल्का बना देती है। भौतिक वस्तुएँ जितनी बढ़ती हैं, उतना ही बोझ हमारे मन पर चढ़ता है। बड़े घर की देखभाल, गाड़ी की किस्त, नौकरी का तनाव—ये सब हमारी ऊर्जा को खा जाते हैं। लेकिन जब इंसान अपनी ज़रूरतों को सीमित कर लेता है तो जीवन अचानक बहुत आसान लगने लगता है। एक साधारण कमरा भी महल जैसा लगता है अगर उसमें चैन की नींद आती हो, और एक सामान्य सा भोजन भी दावत जैसा महसूस होता है अगर उसे परिवार के साथ बाँटकर खाया जाए। यही सादगी है—जो चीज़ें हमारे पास हैं, उन्हें ही संजोना और उनमें संतोष पाना।कई लोग सोचते हैं कि सादगी का मतलब है कि इंसान आधुनिक साधनों से दूर भागे। लेकिन सादगी का असली अर्थ है उन साधनों का गुलाम न बनना। मोबाइल हो या इंटरनेट, ये साधन हमारे काम आसान कर सकते हैं, लेकिन अगर इनके बिना हमारा मन बेचैन हो जाए तो यह निर्भरता है, सुविधा नहीं। आध्यात्मिक सादगी हमें यह सिखाती है कि साधन हमारे काम आएँ, लेकिन हमारी शांति उन पर निर्भर न हो। यही कारण है कि कई बार लोग पहाड़ों या गाँवों में जाते हैं तो उन्हें लगता है कि वहाँ की हवा हल्की है, लोग सरल हैं और जीवन कहीं ज्यादा सहज है। दरअसल वहाँ साधन कम होते हैं लेकिन संतोष ज्यादा होता है।योग, ध्यान और सत्संग इस सादगी को जीने का अभ्यास कराते हैं। जब हम योग के आसनों में शरीर को मोड़ते हैं तो यह हमें यह सिखाता है कि लचीलापन केवल शरीर में नहीं बल्कि मन में भी ज़रूरी है। ध्यान हमें यह बताता है कि हर विचार का पीछा करना ज़रूरी नहीं है। कई बार विचारों को बस आते-जाते देखना ही पर्याप्त है। सत्संग हमें यह एहसास दिलाता है कि अकेले चलना मुश्किल है, लेकिन अगर हम दूसरों के अनुभव सुनें और उनसे सीखें तो रास्ता आसान हो जाता है। यह तीनों साधन हमें धीरे-धीरे इस सच्चाई की ओर ले जाते हैं कि जीवन की सुंदरता सादगी में छिपी है, न कि अतिरेक में।साधुओं और संतों की सादगी इस बात का जीता-जागता प्रमाण है। वे अक्सर इतने साधारण कपड़ों में होते हैं कि कोई उन्हें पहचान भी न पाए, लेकिन उनकी आँखों में चमक और चेहरे पर मुस्कान देखकर कोई भी आकर्षित हो जाता है। एक साधु की कहानी याद आती है जो हमेशा गाँव के बच्चों के साथ खेलते रहते थे। लोग उन्हें समझाने आते कि "महात्मा जी, आप इतना समय क्यों बच्चों में बर्बाद करते हैं, आपको तो ध्यान में रहना चाहिए।" साधु हँसकर कहते—"ध्यान का मतलब ही तो है कि मैं जहाँ हूँ, वहाँ पूरी तरह रहूँ। बच्चों के साथ खेलना भी ध्यान है।" यही सादगी का असली रूप है—हर पल को पूरी तरह जीना, चाहे वह छोटा हो या बड़ा।

आध्यात्मिक सादगी का एक पहलू यह भी है कि यह हमें अहंकार से मुक्त करती है। जब इंसान भौतिक वस्तुओं के पीछे भागता है तो धीरे-धीरे उनमें ही अपनी पहचान ढूँढने लगता है। बड़ी गाड़ी हो तो लगता है मैं बड़ा हूँ, महँगा कपड़ा हो तो लगता है मैं खास हूँ। लेकिन जब ये सब छूट जाते हैं तो अहंकार भी ढह जाता है। तभी इंसान को असली स्वतंत्रता मिलती है। संत इसलिए महान नहीं होते कि उनके पास कुछ है, बल्कि इसलिए कि वे यह जानते हैं कि उन्हें कुछ चाहिए ही नहीं। यही स्वतंत्रता उन्हें दूसरों की नज़रों में महान बनाती है।आध्यात्मिक सादगी का एक बड़ा पहलू यह है कि यह हमें संबंधों में भी सहज बना देती है। जब इंसान भौतिक वस्तुओं के पीछे भागता है तो रिश्ते भी एक सौदे की तरह लगने लगते हैं। कौन कितना कमा रहा है, किसके पास कितना है, किससे मुझे लाभ होगा—ये सब बातें रिश्तों को कमजोर कर देती हैं। लेकिन जब कोई व्यक्ति सादगी को अपनाता है तो उसके लिए रिश्तों का मतलब होता है साथ बैठना, हँसना-बतियाना और एक-दूसरे को समझना। यह सादगी रिश्तों को गहराई देती है, क्योंकि तब इंसान सामने वाले को उसके व्यक्तित्व के लिए महत्व देता है, न कि उसकी चीज़ों के लिए। यही कारण है कि संतों और सादगी से जीने वाले लोगों के पास अक्सर बहुत लोग जुड़ जाते हैं, क्योंकि उनके साथ रहना आसान और हल्का लगता है।

इस सादगी का असर हमारे मन की शांति पर भी गहरा होता है। जब हमारे पास बहुत सारी चीज़ें होती हैं तो हमें उनकी चिंता भी उतनी ही करनी पड़ती है। लेकिन जब हम अपनी ज़रूरतें कम कर देते हैं तो हमारे पास सोचने, जीने और महसूस करने के लिए ज्यादा समय और ऊर्जा बचती है। यह ऊर्जा हमें भीतर की यात्रा के लिए तैयार करती है। ध्यान की गहराई में उतरना तभी संभव होता है जब हमारा मन चीज़ों के बोझ से मुक्त हो। एक खाली कमरा ध्यान के लिए हमेशा बेहतर होता है क्योंकि उसमें ध्यान भटकाने वाली चीज़ें कम होती हैं। वैसे ही एक सादा जीवन ध्यान को गहराई देता है।

आध्यात्मिक सादगी हमें समाज की दौड़ से भी बाहर निकालती है। हम सब एक ऐसी दौड़ में शामिल हैं जिसमें कोई मंज़िल नहीं है। हर कोई अपने पड़ोसी, अपने सहकर्मी, अपने रिश्तेदार से तुलना करता रहता है। लेकिन जब इंसान सादगी को अपनाता है तो उसे यह समझ आता है कि तुलना करना ही सबसे बड़ा मूर्खतापूर्ण काम है। हर किसी की राह अलग है और हर किसी की ज़रूरतें भी अलग हैं। यह समझ हमें दूसरों से ईर्ष्या करने के बजाय उन्हें उनके तरीके से जीने की स्वतंत्रता देती है। और जब यह स्वतंत्रता मिलती है तो मन में एक अजीब-सी हल्कापन आता है, जो भौतिक वस्तुएँ कभी नहीं दे सकतीं।

इस हल्केपन का अनुभव अक्सर हमें साधुओं और संतों के जीवन में दिखाई देता है। वे साधारण कपड़ों में रहते हैं, जमीन पर सोते हैं, थोड़ा सा भोजन करते हैं, लेकिन उनके चेहरे पर जो संतोष होता है, वह सबसे बड़ी दौलत है। कई लोग यह सोचकर हैरान होते हैं कि इतना कम साधन होते हुए भी वे इतने प्रसन्न कैसे रहते हैं। लेकिन यही तो सादगी का जादू है। जब हम चीज़ों से कम और अनुभवों से ज्यादा जुड़ते हैं तो खुशी अपने आप बढ़ जाती है। और यह खुशी स्थायी होती है, क्योंकि यह बाहरी चीज़ों पर नहीं बल्कि हमारे भीतर की अवस्था पर आधारित होती है।

कभी-कभी आध्यात्मिक सादगी हमें जीवन की कठोर सच्चाइयों को भी सहजता से स्वीकार करने की ताकत देती है। जब किसी साधारण परिवार में कोई बड़ी मुश्किल आती है तो वे जल्द से खुद को ढाल लेते हैं। वे जानते हैं कि जीवन हमेशा आसान नहीं होगा, लेकिन जितना है उतना भी जीने योग्य है। वहीं दूसरी ओर भौतिक वस्तुओं के आदी लोग छोटी सी कठिनाई में टूट जाते हैं, क्योंकि उनका सहारा बाहर की चीज़ों में होता है, भीतर की ताकत में नहीं। सादगी हमें भीतर से इतना मजबूत बना देती है कि हम मुश्किल समय में भी हँस सकते हैं और दूसरों को सहारा दे सकते हैं।

आध्यात्मिक सादगी का सबसे बड़ा उपहार यह है कि यह हमें जीवन का सही अर्थ समझने में मदद करती है। हम अक्सर सोचते हैं कि ज़्यादा पाना ही सफलता है, लेकिन असल में सफलता यह है कि हम कितना कम रखते हुए भी संतुष्ट रह सकते हैं। यह संतोष कोई साधारण चीज़ नहीं, बल्कि जीवन की सबसे बड़ी दौलत है। जब इंसान इस संतोष को पा लेता है तो उसके चेह पर एक ऐसी शांति आ जाती है जो किसी महंगे आभूषण या शानदार पोशाक से नहीं मिल सकती। यही कारण है कि साधु-संतों को देखकर हमें लगता है कि उन्होंने सब कुछ छोड़ दिया है, लेकिन सच्चाई यह है कि उन्होंने वही पाया है जिसे पाने के लिए पूरी दुनिया भाग रही है।

आध्यात्मिक सादगी हमें यह भी सिखाती है कि जीवन केवल खुद के लिए नहीं बल्कि दूसरों के लिए भी है। जब हमारी इच्छाएँ सीमित हो जाती हैं तो हमारे पास दूसरों के साथ बाँटने के लिए बहुत कुछ बच जाता है—समय भी और भावनाएँ भी। यही बाँटना रिश्तों को गहराई देता है और समाज को मजबूत करता है। एक साधारण गाँव में लोग भले ही बड़े शहर की तरह संपन्न न हों, लेकिन उनकी सादगी उन्हें एक-दूसरे का सहारा बनाती है। अगर किसी के घर में शादी है तो पूरा गाँव मदद करता है, अगर किसी पर मुश्किल आती है तो सभी साथ खड़े हो जाते हैं। यही सादगी का सबसे खूबसूरत पहलू है—यह हमें जोड़ती है, अलग नहीं करती।

जब हम भौतिकता से ऊपर उठते हैं तो हमें यह भी समझ आता है कि असली खुशी छोटी-छोट चीज़ों में है। बच्चे की हँसी, बूढ़े माता-पिता के साथ बैठकर बातें करना, दोस्तों के साथ सादा भोजन करना—ये अनुभव इतने गहरे होते हैं कि कोई महँगा रिसॉर्ट या आलीशान पार्टी भी इनके सामने फीकी पड़ जाती है। आध्यात्मिक सादगी हमें यह एहसास कराती है कि जीवन की असली विलासिता साधारण अनुभवों में है। और जब हम इस सच्चाई को जीने लगते हैं तो हमारी हर सुबह और हर रात विशेष बन जाती है।

इस सादगी का एक और पहलू है डर से मुक्ति। जब हम भौतिक वस्तुओं के पीछे भागते हैं तो उनका खोना हमें डराता है। नौकरी छूटने का डर, गाड़ी खराब होने का डर, निवेश डूबने का डर—इन डरों में इंसान कभी आज़ाद नहीं हो सकता। लेकिन जब इंसान अपनी ज़रूरतें सीमित कर लेता है और जीवन को सरल बना लेता है तो ये डर अपने आप कम हो जाते हैं। क्योंकि त हमें यह एहसास होता है कि जीवन चलाने के लिए बहुत कम चाहिए और शांति पाने के लिए उससे भी कम। यही स्वतंत्रता सबसे बड़ी उपलब्धि है जो सादगी हमें देती है।

आध्यात्मिक सादगी हँसी भी सिखाती है। यह हँसी दूसरों पर नहीं बल्कि खुद पर होती है। जब हमें यह अहसास होता है कि हमने कितनी छोटी-छोटी चीज़ों को लेकर चिंता की, कितनी बार दूसरों को खुश करने के लिए दिखावा किया और कितनी बार बिना वजह तनाव लिया, तब हम

अपनी ही गंभीरता पर हँसी आती है। यही हँसी हमें हल्का कर देती है। एक साधु ने कहा था—"आध्यात्मिकता का पहला संकेत है कि आप खुद पर हँस सकें।" जब इंसान खुद पर हँसने लगता है तो वह दूसरों को भी सहजता से स्वीकार करने लगता है। यही जीवन को सुंदर बनाता है।

अंततः आध्यात्मिक सादगी हमें यह समझाती है कि हम इस धरती पर मेहमान हैं। हमारे पास जो भी है, वह अस्थायी है—शरीर भी और वस्तुएँ भी। अगर हम इस सच को याद रखकर जिएँ तो जीवन की जटिलताएँ बहुत सरल हो जाएँ। तब हर दिन हमें एक उपहार लगता है, हर रिश्ता एक आशीर्वाद और हर साँस एक चमत्कार। यही जीवन का वह रूप है जहाँ भौतिकता का कोई दबाव नहीं और आत्मा की स्वतंत्रता ही सबसे बड़ा सुख है। यही वह स्थिति है जिसे पाकर इंसान सच में मुस्कुराते हुए कह सकता है—मैंने जीवन को जी लिया।

अध्याय 21 : भोगवाद से दूरी – विज्ञापन और समाज का दबाव।

भोगवाद आज की दुनिया की सबसे बड़ी बीमारी बन चुका है। इंसान जितना पाता है, उतना ही और चाहता है। यह चाह धीरे-धीरे उसके जीवन को इतना उलझा देती है कि वह अपनी असली ज़रूरतों को भूल जाता है। पहले लोग जीवन को सरल और संतोष से जीते थे। थोड़े में भी आनंद लेते थे। लेकिन अब हालात ऐसे हैं कि अगर किसी के शहर में फ्लैट नहीं है तो उसे लगता है कि वह पीछे रह गया है। अगर किसी के पास महँगी कार नहीं है तो उसे लगता है कि उसकी पहचान अधूरी है। यह सोच हमें धीरे-धीरे उस खाई में धकेल देती है जहाँ हम दूसरों से तुलना करके ही अपनी खुशी तय करने लगते हैं। यही भोगवाद की सबसे खतरनाक चाल है—यह हमारी सोच और आत्मा दोनों को गुलाम बना देता है।

विज्ञापन इस भोगवाद की आग में घी डालने का काम करता है। टेलीविज़न, सोशल मीडिया, अखबार—हर जगह हमें यह बताया जाता है कि हम तब तक खुश नहीं हो सकते जब तक हमारे पास वह चीज़ न हो जो वे बेच रहे हैं। हमें यह यक़ीन दिलाया जाता है कि महँगी घड़ी हमें स्टाइलिश बनाएगी, बड़ा घर हमें इज्ज़त दिलाएगा और ब्रांडेड कपड़े हमें समाज में खास बनाएँगे। जबकि सच यह है कि इन चीज़ों का असर कुछ समय के लिए होता है। जैसे ही नया मॉडल आता है या पड़ोसी के पास उससे महँगी चीज़ दिख जाती है, हमारी खुशी गायब हो जाती है। यही विज्ञापनों का जाल है—वे हमारी असली ज़रूरतों को छुपाकर हमें कृत्रिम इच्छाओं में फँसा देते हैं।

भोगवाद की यह दौड़ हमें भीतर से खोखला करती जाती है। जब हम हर चीज़ को पैसे और चीज़ों से जोड़ने लगते हैं तो रिश्तों की गर्माहट कम होने लगती है। आजकल परिवार एक साथ बैठकर बातें करने के बजाय ऑनलाइन शॉपिंग में व्यस्त रहते हैं। बच्चे खिलौनों से भरे कमरे में भी बोर हो जाते हैं क्योंकि उन्होंने सादगी का स्वाद ही नहीं चखा। वहीं पुराने समय में जब खिलौनों की जगह मिट्टी से बने छोटे-छोटे होते थे, तो बच्चे घंटों उनमें मस्त रहते थे। सादगी ने उन्हें खुशी दी, जबकि भोगवाद ने आज के बच्चों से वह खुशी छीन ली है।

जागरूक रहना इस समस्या का समाधान है। इसका मतलब यह नहीं कि हम चीज़ें खरीदना बंद कर दें, बल्कि यह कि हम हर खरीदारी से पहले खुद से पूछें—क्या यह सच में मेरी ज़रूरत है या केवल मेरी इच्छा? क्या यह चीज़ मेरी ज़िंदगी को बेहतर बनाएगी या सिर्फ कुछ समय के लिए मुझे दूसरों के सामने अच्छा दिखाएगी? जब हम इस तरह सोचना शुरू करते हैं तो

धीरे-धीरे हम उस जाल से निकलने लगते हैं जिसमें समाज और विज्ञापन हमें फँसाते हैं। जागरूकता हमें यह सिखाता है कि कम चीज़ों के साथ भी जीवन बहुत सुंदर हो सकता है।

भोगवाद का असर केवल पैसों पर नहीं बल्कि मानसिक शांति पर भी पड़ता है। हर समय यह सोचते रहना कि अगला क्या खरीदना है, कौन-सी चीज़ चाहिए, कौन-सा फैशन अपनाना है—यह सब हमें तनावग्रस्त बना देता है। कई बार लोग कर्ज़ में डूब जाते हैं सिर्फ इसलिए क्योंकि वे समाज में पीछे नहीं दिखना चाहते। ऐसे लोग बाहर से भले ही चमकते दिखें लेकिन भीतर से टूटते रहते हैं। वहीं जो लोग भोगवाद से दूरी बनाए रखते हैं, वे कम में भी संतोष पाते हैं और उनकी रातें चैन से गुजरती हैं। यही असली अमीरी है—वह मन की शांति जो पैसों से नहीं खरीदी जा सकती।

कभी-कभी इस विषय पर हँसी भी आती है। एक आदमी ने नई कार खरीदी और उसे दिखाने के लिए पूरे मोहल्ले में चक्कर लगाया। लेकिन अगले ही दिन उसके पड़ोसी ने उससे महँगी कार खरीद ली। अब उसका सारा उत्साह गायब हो गया और वह परेशान हो गया। असल में कार ने उसे खुशी नहीं दी थी, बल्कि दूसरों से तुलना करने की आदत ने उसे दुखी कर दिया। यही भोगवाद की सबसे बड़ी सच्चाई है—यह हमें कभी संतुष्ट नहीं होने देता।

आध्यात्मिक सादगी, जिसकी चर्चा हमने पिछले अध्याय में की थी, भोगवाद का सबसे बड़ा इलाज है। जब इंसान भीतर की शांति ढूँढने लगता है तो बाहरी चीज़ें अपने आप कम महत्वपूर्ण हो जाती हैं। तब उसे एहसास होता है कि महँगे होटल की कॉफी और घर की बनी साधारण चाय में जो फर्क है, वह केवल स्वाद का नहीं बल्कि मानसिकता का है। चाय वही है, फर्क इस बात का है कि हम उसे किस नज़र से पीते हैं। यही सोच भोगवाद से हमें मुक्त करती है और जीवन को सरल और सुंदर बनाती है।

भोगवाद की सबसे खतरनाक चाल यह है कि यह धीरे-धीरे हमारी पहचान को ही बदल देता है। हम सोचने लगते हैं कि हम वही हैं जो हमारे पास है, न कि वह जो हम भीतर से हैं। लोग अपने कपड़ों, गाड़ियों और घरों से अपनी शख्सियत को परिभाषित करने लगते हैं। यह सोच इतनी गहरी हो जाती है कि अगर ये वस्तुएँ छिन जाएँ तो उनका आत्मविश्वास भी टूट जाता है। यही वजह है कि समाज में दिखावे की संस्कृति इतनी तेज़ी से बढ़ी है। शादी-ब्याह से लेकर जन्मदिन तक, हर समारोह में लोग एक-दूसरे से आगे निकलने की कोशिश करते हैं। इसमें असली खुशी कहीं खो जाती है और पीछे रह जाती है केवल एक थकान, जो हमें भीतर से खोखला करती जाती है।

विज्ञापन इस पूरी प्रक्रिया को और मजबूत करते हैं। वे हमें लगातार यह बताते रहते हैं कि जो हमारे पास है, वह पर्याप्त नहीं है। एक फोन खरीदा तो विज्ञापन कहेंगे कि उससे भी बेहतर नया मॉडल आ गया है। कपड़े लिए तो बताएँगे कि इस सीजन का ट्रेंड बदल चुका है। इस अंतहीन चक्र में इंसान हमेशा अपूर्ण महसूस करता है और यही भावना उसे बार-बार खरीदारी की ओर धकेलती है। यह ऐसा जाल है जिसमें फँसकर लोग जीवन के असली अनुभवों से दूर हो जाते हैं। वे अपने बच्चों के साथ खेलना भूल जाते हैं, अपने माता-पिता के साथ समय बिताना भूल जाते हैं क्योंकि वे हमेशा इस चिंता में रहते हैं कि उनके पास क्या नया होना चाहिए।

सचेत उपभोग की आदत हमें इस जाल से निकाल सकती है। जब हम किसी चीज़ को खरीदने से पहले खुद से ईमानदारी से सवाल पूछते हैं—क्या यह मेरी ज़रूरत है या केवल इच्छा? क्या यह चीज़ मुझे लंबे समय तक शांति देगी या केवल कुछ पलों के लिए उत्साह?—तो धीरे-धीरे हमारी सोच बदलने लगती है। यह बदलाव शुरुआत में कठिन लगता है, क्योंकि समाज हमें बार-बार पीछे धकेलने की कोशिश करता है। लेकिन जब हम सचेत होकर जीना शुरू कर देते हैं तो हमें एहसास होता है कि वास्तव में हमारी ज़रूरतें बहुत कम हैं और हमारी खुशी उन पर निर्भर नहीं करती।

कभी-कभी छोटी-सी घटना यह सिखा देती है कि भोगवाद कितनी बड़ी बेड़ी है। एक बच्चा था जिसके पास कई महँगे खिलौने थे, लेकिन वह हमेशा बोर हो जाता था। एक दिन गाँव गया और वहाँ के बच्चों के साथ मिट्टी में खेला, पेड़ की डाली से झूला बनाया, और पूरे दिन खिलखिलाता रहा। लौटते समय उसने अपने माता-पिता से कहा—"मुझे नए खिलौने नहीं चाहिए, मुझे तो वही खेल चाहिए जो गाँव में थे।" उस मासूम की बात में गहरी सच्चाई छिपी है। महँगी चीज़ें केवल थोड़ी देर का मज़ा देती हैं, लेकिन असली खुशी सरल अनुभवों से आती है। यही बात बड़े होकर हम अक्सर भूल जाते हैं और विज्ञापनों के पीछे भागने लगते हैं।

भोगवाद का असर केवल व्यक्तिगत जीवन तक सीमित नहीं रहता, यह पूरे समाज को प्रभावित करता है। जब हर कोई केवल अपनी इच्छाओं को पूरा करने में लगा हो तो सहयोग और संवेदना कम हो जाती है। अमीर और गरीब का फर्क और चौड़ा हो जाता है, क्योंकि भोगवाद अमीरों को और अमीर बनने के लिए प्रेरित करता है और गरीबों को अपनी गरीबी पर शर्मिंदा करता है। यही कारण है कि आजकल लोग मदद करने से पहले यह सोचते हैं कि सामने वाला उनकी बराबरी कर पाएगा या नहीं। जबकि असली समाज वही है जिसमें हम एक-दूसरे के साथ बाँटते हैं, चाहे हमारे पास कम ही क्यों न हो।भोगवाद की सबसे बड़ी चालाकी यह है कि यह हमें अपने जीवन की असली प्राथमिकताओं से भटका देता है। इंसान समझ ही नहीं पाता कि वह किसके लिए दौड़ रहा है और क्यों दौड़ रहा है। सुबह से शाम तक भागदौड़, नई चीज़ें जुटाने की चिंता, दूसरों के सामने खुद को साबित करने की बेचैनी—यह सब हमें धीरे-धीरे उस इंसान से दूर कर देता है जिसे कभी हम खुद कहा करते थे। यही कारण है कि कई बार लोग सब कुछ पाकर भी खाली महसूस करते हैं। उनके पास पैसा है, चीज़ें हैं, पहचान है, लेकिन भीतर कहीं एक गहरा सूनापन है। यह सूनापन इस बात का संकेत है कि हमने बाहरी चीज़ों के लिए भीतर की शांति का सौदा कर लिया है।

विज्ञापन इस खालीपन को ढकने का काम करते हैं। वे बड़े-बड़े सपने बेचते हैं और हमें यह भरोसा दिलाते हैं कि अगर हमने उनकी बताई हुई चीज़ें हासिल कर लीं तो सब कुछ ठीक हो जाएगा। लेकिन यह केवल एक छलावा है। विज्ञापन हमें उस जगह पर पहुँचाते हैं जहाँ हम खुशी की तलाश बाहर करते हैं, जबकि सच्चाई यह है कि खुशी हमेशा भीतर से पैदा होती है। भोगवाद की भूख कभी मिटती नहीं, क्योंकि यह भूख असली नहीं बल्कि कृत्रिम होती है।

समाज का दबाव भी इसमें बड़ा योगदान देता है। आजकल लोग अपने निर्णय खुद के लिए नहीं लेते बल्कि यह देखकर लेते हैं कि लोग उनके बारे में क्या सोचेंगे। पड़ोसी की शादी में क्या हुआ, ऑफिस के सहकर्मी कौन-सी गाड़ी चला रहे हैं, रिश्तेदार कौन-सा फोन इस्तेमाल कर रहे

हैं—इन सब बातों ने हमारे जीवन को इतना जकड़ लिया है कि हम अपनी वास्तविक ज़रूरतों को पहचान ही नहीं पाते। यही वजह है कि कई लोग कर्ज़ में डूबकर भी दिखावे को पूरा करने की कोशिश करते हैं। उनकी मुस्कान बनावटी होती है, उनका आत्मविश्वास उधार लिया हुआ होता है और उनका जीवन धीरे-धीरे तनाव का दूसरा नाम बन जाता है।

भोगवाद से दूरी बनाने का पहला कदम है खुद को स्वीकार करना। जब हम यह मान लेते हैं कि हमारी पहचान हमारे कपड़ों या गाड़ियों से नहीं बल्कि हमारे विचारों और कर्मों से है, तब हम समाज के दबाव से बाहर निकलने लगते हैं। यह शुरुआत आसान नहीं होती क्योंकि हम बचपन से ही तुलना की संस्कृति में पले होते हैं। लेकिन जैसे ही हम छोटे-छोटे कदम उठाना शुरू करते हैं, बदलाव दिखने लगता है। जैसे किसी नई चीज़ को खरीदने से पहले रुककर सोचना, या किसी समारोह में सादगी से शामिल होना और फिर भी गर्व से खड़ा रहना। ऐसे कदम धीरे-धीरे हमें वह आत्मविश्वास देते हैं जो किसी भी महँगी वस्तु से कहीं ज्यादा स्थायी होता है।भोगवाद का असर अगली पीढ़ी पर भी गहरा पड़ रहा है। बच्चे आजकल अपने दोस्तों से तुलना करके ही अपनी खुशी तय करते हैं। अगर किसी के पास नया फोन है तो उन्हें लगता है कि वे कमतर हैं। यह सोच बचपन की मासूमियत को खत्म कर देती है। बच्चों के बीच ईर्ष्या, झगड़े और असंतोष बढ़ जाते हैं। जबकि अगर उन्हें सादगी और संतोष का महत्व सिखाया जाए तो वे जीवन को अलग नजर से देखेंगे। शायद यही वजह है कि कई माता-पिता अब अपने बच्चों को गाँव या प्राकृतिक जगहों पर ले जाते हैं ताकि वे सीख सकें कि कम साधनों में भी कितना आनंद लिया जा सकता है।

भोगवाद से दूरी बनाने का सबसे सुंदर पहलू यह है कि यह हमें आत्मनिर्भर और आत्मविश्वासी बनाता है। जब हम समाज और विज्ञापन की चकाचौंध से प्रभावित होना छोड़ देते हैं तो हमें यह समझ आने लगता है कि खुशी किसी दुकान या मॉल से खरीदी नहीं जा सकती। हम जितनी बार खुद को याद दिलाते हैं कि हमारी असली पहचान हमारे विचारों, मूल्यों और रिश्तों में है, उतनी बार हम भीतर से हल्के होते जाते हैं। यह हल्कापन हमें न केवल मानसिक शांति देता है बल्कि जीवन के हर अनुभव को गहराई से जीने का अवसर भी देता है। साधारण-सी चाय की प्याली, एक पुराना गाना, दोस्तों के साथ साधारण बातचीत—ये सब हमें उतना आनंद देते हैं जितना कोई महँगा आयोजन नहीं दे सकता।

जब इंसान इस समझ तक पहुँचता है तो उसके जीवन का नजरिया बदल जाता है। वह छोटी-छोटी चीज़ों में आनंद ढूँढने लगता है और बड़ी चीज़ों के पीछे भागने की ज़रूरत महसूस नहीं करता। यह बदलाव न केवल उसके अपने जीवन को सरल करता है बल्कि उसके आस-पास के लोगों पर भी असर डालता है। जब कोई परिवार सचेत उपभोग की आदत अपनाता है तो बच्चे भी धीरे-धीरे वही सीखते हैं। वे दूसरों से तुलना करना छोड़कर खुद के अनुभवों पर ध्यान देने लगते हैं। यही शिक्षा सबसे बड़ी विरासत है जो हम अपनी अगली पीढ़ी को दे सकते हैं—कम में जीना और ज़्यादा महसूस करना।

विज्ञापनों की दुनिया से बाहर आना शुरुआत में कठिन लगता है। ऐसा लगता है जैसे हम अकेले चल रहे हैं जबकि पूरी भीड़ उस दिशा में जा रही है जहाँ चकाचौंध और दिखावा है। लेकिन जैसे-जैसे हम इस राह पर चलते हैं, हमें पता चलता है कि असली सुकून इसी राह पर

है। इस रास्ते पर मिलने वाली आज़ादी हमें उन बेड़ियों से मुक्त कर देती है जिन्हें हमने खुद अपने पैरों में डाल रखा था। यह मुक्ति केवल पैसे या चीज़ों से नहीं, बल्कि मन से मिलती है। और जब मन आज़ाद होता है तो जीवन अपने आप खूबसूरत लगने लगता है।

इस विषय को समझाने के लिए एक दिलचस्प घटना है। एक अमीर आदमी ने अपने बेटे को गाँव ले जाकर दिखाया कि गरीब कैसे रहते हैं। उसने सोचा था कि उसका बेटा गाँव की गरीबी देखकर और मेहनत करेगा ताकि जीवन में और अमीरी पा सके। लेकिन लौटते समय बेटे ने कहा—"पापा, हमारे पास एक कुत्ता है, उनके पास चार हैं। हमारे घर में स्विमिंग पूल है, उनके पास नदी है। हमारे घर में लाइट है, लेकिन उनके पास रात को तारे हैं। हमारे पास छोटा-सा आँगन है, उनके पास पूरा खेत है। पापा, असली गरीब तो हम हैं।" यह सुनकर पिता स्तब्ध रह गया। यही भोगवाद का भ्रम है—हम सोचते हैं कि हमारे पास सब कुछ है, लेकिन अक्सर जिनके पास कम होता है वे हमसे ज्यादा आनंदित और संतुष्ट होते हैं।

भोगवाद से दूरी बनाना केवल त्याग नहीं है, यह एक कला है। यह कला हमें यह सिखाती है कि जीवन को कैसे सरल बनाया जाए और कैसे हर पल को गहराई से जिया जाए। जब हम इस कला को अपनाते हैं तो जीवन में खालीपन की जगह पूर्णता आ जाती है। हमें यह एहसास होता है कि सच्ची खुशी संग्रह में नहीं बल्कि अनुभव में है, दिखावे में नहीं बल्कि आत्मीयता में है। यही सोच हमें भोगवाद से मुक्त करती है और जीवन को उस ऊँचाई पर ले जाती है जहाँ बाहरी दबावों का कोई असर नहीं होता।

अध्याय 22 : तकनीक का सरल उपयोग – तकनीक साधन बने, बोझ नहीं।

तकनीक ने इंसान के जीवन को बदल दिया है। वह काम जो कभी घंटों लेता था अब मिनटों में हो जाता है। दूर-दराज़ बैठे लोग पलभर में जुड़ सकते हैं, सूचनाएँ एक क्लिक पर मिल जाती हैं और ज्ञान का दरवाज़ा हर किसी के हाथ में खुला है। लेकिन जैसे-जैसे तकनीक ने सुविधा दी, उसने बोझ भी दिया। मोबाइल और सोशल मीडिया का अत्यधिक प्रयोग आज मानसिक शांति को खा रहा है। जिस साधन को हमने जीवन को आसान बनाने के लिए बनाया था वही धीरे-धीरे जीवन पर हावी होने लगा है। यह वैसा ही है जैसे इंसान ने आग खोजी थी गर्मी पाने और खाना पकाने के लिए, लेकिन अगर वही आग घर को जला दे तो उसका लाभ नहीं बल्कि नुकसान होता है। यही स्थिति आज तकनीक के साथ है।

सोशल मीडिया के बिना दिन की शुरुआत करना अब बहुतों के लिए असंभव हो चुका है। लोग जागते ही सबसे पहले फोन देखते हैं—किसने मैसेज किया, किसने फोटो डाली, किसने लाइक किया। यह सब सुनने में मामूली लगता है लेकिन धीरे-धीरे यह हमारे मन को बाँध देता है। तुलना की संस्कृति यहाँ भी आ जाती है। किसी ने छुट्टियों में देश-विदेश यात्रा की फोटो डाली तो हमें लगता है कि हम पीछे हैं। किसी ने नया फोन दिखाया तो हमें अपना फोन पुराना लगने लगता है। यह सब हमें भीतर ही भीतर बेचैन करता है। तकनीक का यही बोझ हमें सच्ची शांति से दूर ले जाता है।

तकनीक का सही प्रयोग करने से जीवन आसान हो सकता है। लेकिन सीमा लांघते ही यही साधन बोझ बन जाता है। जैसे अगर हम मोबाइल का इस्तेमाल केवल ज़रूरी बातों के लिए करें तो यह मददगार है। लेकिन अगर हर पाँच मिनट पर फोन उठाकर नोटिफिकेशन देखने लगें तो यह हमारी एकाग्रता और मानसिक शांति दोनों को खा जाता है। यही कारण है कि आज "डिजिटल डिटॉक्स" की जरूरत इतनी ज्यादा महसूस होती है। सप्ताह में एक दिन ऐसा हो जब हम जानबूझकर तकनीक से दूरी बनाएँ। कोई सोशल मीडिया नहीं, कोई अनावश्यक मोबाइल इस्तेमाल नहीं। उस दिन परिवार के साथ बैठें, खुली हवा में टहलें, किताब पढ़ें, संगीत सुनें, और सबसे बढ़कर खुद के साथ समय बिताएँ। यह अभ्यास शुरुआत में कठिन लगेगा लेकिन धीरे-धीरे यह हमारी आत्मा को हल्का करने लगेगा।

तकनीक के संतुलित उपयोग से हम अपने रिश्तों को भी बचा सकते हैं। आजकल एक अजीब दृश्य आम हो गया है—पूरा परिवार एक साथ बैठा है लेकिन हर कोई अपने-अपने फोन में डूबा हुआ है। बातचीत कम हो गई है और स्क्रीन टाइम बढ़ गया है। बच्चों से लेकर बूढ़ों तक, सबकी आँखें मोबाइल पर टिकी रहती हैं। यह स्थिति रिश्तों में दूरी पैदा करती है। लेकिन अगर हम सीमाएँ तय कर लें—जैसे खाने के समय फोन का इस्तेमाल नहीं करेंगे, या परिवार के साथ

बिताए समय में सोशल मीडिया को बाहर रखेंगे—तो रिश्तों की मिठास वापस आ सकती है। यह छोटी-सी कोशिश हमारे जीवन की बड़ी खुशियों को बचा सकती है।

तकनीक का सबसे बड़ा लाभ तब होता है जब हम उसे अपने विकास के लिए इस्तेमाल करते हैं। इंटरनेट का इस्तेमाल केवल मनोरंजन के लिए नहीं बल्कि ज्ञान के लिए भी किया जा सकता है। नई भाषा सीखना, किसी कला को समझना, स्वास्थ्य संबंधी जानकारी पाना—ये सब तकनीक के सकारात्मक पहलू हैं। लेकिन यह तभी संभव है जब हम उसके गुलाम न बनें बल्कि उसके मालिक बने रहें। तकनीक को साधन समझें, साध्य नहीं। जब हम इस संतुलन को सीख जाते हैं तो हमें महसूस होता है कि वास्तव में तकनीक एक वरदान है, लेकिन तभी तक जब तक हम उसे संयम से इस्तेमाल करते हैं।

इस बात को एक छोटी घटना से समझा जा सकता है। एक बच्चा हर समय वीडियो गेम खेलता रहता था। उसके माता-पिता परेशान थे कि वह पढ़ाई से दूर होता जा रहा है। एक दिन पिता ने उसे मोबाइल से हटाकर बगीचे में ले गया और कहा—"जरा ध्यान से देखो, इस पौधे को पानी की जरूरत कितनी है। अगर ज्यादा पानी डालोगे तो सड़ जाएगा और अगर कम पानी दोगे तो सूख जाएगा। तकनीक भी इसी पौधे की तरह है। जरूरत भर इस्तेमाल करो तो यह जीवन को हरा-भरा करती है, लेकिन जरुरत से ज्यादा करोगे तो सब बिगड़ जाएगा।" उस बच्चे को यह बात गहराई से समझ में आ गई। यही सच है—तकनीक संतुलन मांगती है।

तकनीक का सबसे बड़ा विरोधाभास यह है कि उसने हमें जुड़ने के असंख्य साधन दिए लेकिन हम पहले से कहीं ज्यादा अकेले हो गए। पहले लोग चिट्ठियों का इंतज़ार करते थे, रिश्तेदारों से मिलने के लिए लंबी यात्राएँ करते थे, और उन मुलाक़ातों का असर महीनों तक दिल में बना रहता था। अब वीडियो कॉल और मैसेज की सुविधा ने दूरी कम कर दी है, लेकिन आत्मीयता कहीं पीछे छूट गई है। स्क्रीन के ज़रिए बातचीत में वही गर्माहट नहीं होती जो आँखों में आँखें डालकर बात करने में होती है। यही वजह है कि आज सोशल मीडिया पर हजारों दोस्त होने के बावजूद लोग भीतर से खाली और अकेले महसूस करते हैं। यह अकेलापन धीरे-धीरे मानसिक तनाव में बदल जाता है और इंसान समझ ही नहीं पाता कि उसकी उदासी की जड़ कहाँ है।

तकनीक हमें लुभाती भी है और थकाती भी है। लुभाती इसलिए क्योंकि हर नए नोटिफिकेशन, हर नई अपडेट में एक उत्सुकता होती है, जैसे कोई सरप्राइज मिलने वाला हो। लेकिन सच यह है कि उनमें से ज्यादातर चीज़ें हमारी ज़िंदगी में कोई वास्तविक बदलाव नहीं लातीं। घंटों स्क्रॉल करने के बाद भी हमें अक्सर लगता है कि हमने कुछ खो दिया है—समय, ध्यान और कभी-कभी अपनी ऊर्जा। यही तकनीक का बोझ है जो हमें हर दिन और भारी करता जाता है। अगर इस बोझ को उतारना है तो हमें खुद को अनुशासन में रखना होगा, वरना यह हमें गुलाम बना लेगी।

यह अनुशासन छोटे-छोटे अभ्यासों से आता है। जैसे हम तय कर सकते हैं कि सुबह उठते ही फोन नहीं देखेंगे। दिन का पहला घंटा हम अपने लिए रखेंगे—कभी ध्यान, कभी किताब, कभी सिर्फ खामोशी। इसी तरह रात को सोने से पहले भी फोन को दूर रखना चाहिए ताकि नींद गहरी और शांत रहे। यह साधारण आदतें सुनने में आसान लगती हैं लेकिन असर गहरा होता है।

धीरे-धीरे इंसान महसूस करता है कि उसके भीतर एक नयी ऊर्जा है, दिमाग ज्यादा साफ है और रिश्तों में ज्यादा आत्मीयता है।

तकनीक का सही उपयोग हमें जीवन में बहुत आगे ले जा सकता है। कई लोग इसी तकनीक की मदद से अपने हुनर को दुनिया तक पहुँचा पाए हैं। किसी ने अपने छोटे-से गाँव से ऑनलाइन शिक्षा देकर हजारों बच्चों को पढ़ाया, किसी ने यूट्यूब पर खाना बनाने के वीडियो डालकर लाखों लोगों को प्रेरित किया। लेकिन इन सफलताओं के पीछे अनुशासन छिपा है। उन्होंने तकनीक को अपने उद्देश्य का साधन बनाया, न कि अपनी कमजोरी का कारण। यही फर्क तय करता है कि तकनीक वरदान बनेगी या अभिशाप

अगर हम सचेत होकर तकनीक का इस्तेमाल करें तो यही साधन जीवन की खूबसूरती को और बढ़ा सकता है। लेकिन इसके लिए जरूरी है कि हम उसे नियंत्रित करें, वह हमें नहीं। यह तभी संभव है जब हम स्पष्ट सीमा बनाकर चलें—कितना समय सोशल मीडिया को देंगे, कब फोन का इस्तेमाल करेंगे और कब उसे एकदम बंद रखेंगे। इन सीमाओं से न केवल हमारी मानसिक शांति बचती है बल्कि हमें वह समय भी मिलता है जिसे हम अक्सर तकनीक के नाम पर गँवा देते हैं।

तकनीक की असली शक्ति इस बात पर निर्भर करती है कि हम उसे किस दृष्टि से देखते हैं। अगर हम उसे केवल मनोरंजन का साधन मानते हैं तो यह हमें धीरे-धीरे आलसी बना देगी, हमारी सोच को सीमित कर देगी और हमें एक ऐसी लत में डाल देगी जहाँ बिना स्क्रीन देखे हमें चैन नहीं मिलेगा। लेकिन अगर हम इसे सीखने, बढ़ने और दूसरों से जुड़ने का साधन मानते हैं तो यही तकनीक हमें एक ऐसी शक्ति देती है जिसकी कोई सीमा नहीं। फर्क केवल दृष्टिकोण और अनुशासन का है। आज कई युवा उसी तकनीक की मदद से नई भाषाएँ सीख रहे हैं, किताबें पढ़ रहे हैं, छोटे-छोटे ऑनलाइन कोर्स कर रहे हैं और अपने भीतर की क्षमता को खोज रहे हैं। वही दूसरी ओर, कई लोग घंटों बस वीडियो स्क्रॉल करते रहते हैं और दिन के अंत में महसूस करते हैं कि समय हाथ से फिसल गया और हाथ खाली रह गए।

यह समझना जरूरी है कि तकनीक हमें विकल्प देती है, लेकिन चयन हमारा होता है। यह वैसा ही है जैसे थाली में कई तरह का खाना हो, अब यह हमारे ऊपर है कि हम सेहतमंद भोजन चुनते हैं या सिर्फ तली-भुनी चीज़ों पर टूट पड़ते हैं। तकनीक भी हमें किताबें, ज्ञान, शिक्षा, रचनात्मकता और साथ ही साथ बेवजह की खपत और समय की बर्बादी दोनों देती है। जो लोग संतुलन रखते हैं, वे इससे लाभ उठाते हैं और जो बहाव में बह जाते हैं, वे धीरे-धीरे अपने ही बनाए जाल में फँस जाते हैं।

कभी-कभी यह भी जरूरी होता है कि हम तकनीक से थोड़ी दूरी बनाकर खुद को परखें। जैसे "डिजिटल डिटॉक्स" का अभ्यास। यह केवल फोन बंद करने का नाम नहीं है, बल्कि यह अपने भीतर झाँकने का मौका है। जब हम पूरे दिन बिना मोबाइल के रहते हैं तो अचानक महसूस होता है कि समय कितना विशाल है और हम कितनी छोटी-छोटी खुशियों को नज़रअंदाज कर देते हैं। पक्षियों की चहचहाहट, बच्चों की हँसी, घरवालों के साथ बातें—ये सब हमारे सामने होते हैं लेकिन फोन की स्क्रीन ने हमारी आँखें बंद कर दी होती हैं। एक बार जब हम इस अनुभव को जी लेते हैं तो हमें अहसास होता है कि तकनीक से दूरी हमें कितना हल्का बना सकती है।

इसका असर केवल मानसिक शांति पर ही नहीं, रिश्तों पर भी गहराई से पड़ता है। कई बार पति-पत्नी के बीच झगड़े का कारण यह होता है कि दोनों एक-दूसरे से ज्यादा समय अपने फोन को दे रहे होते हैं। बच्चे अपने माता-पिता का ध्यान पाने के लिए तरसते हैं क्योंकि उनके लिए स्क्रीन ज़्यादा महत्वपूर्ण बन गई है। अगर हम इन रिश्तों को सहेजना चाहते हैं तो जरूरी है कि हम तकनीक को नियंत्रित करें और उसे अपने रिश्तों की जगह न लेने दें। तकनीक का सही इस्तेमाल तभी है जब वह हमें करीब लाए, दूर न करे।

कई लोग सोचते हैं कि तकनीक से दूरी बनाने का मतलब है आधुनिकता से पीछे रह जाना। लेकिन यह सच नहीं है। असली आधुनिकता यही है कि हम चुनिंदा चीज़ें अपनाएँ और उन्हें संतुलन के साथ प्रयोग करें। अगर हम हर ट्रेंड, हर ऐप और हर अपडेट के पीछे भागते रहेंगे तो यह दौड़ कभी खत्म नहीं होगी। आधुनिकता का अर्थ यह नहीं कि हम सब कुछ अपनाएँ, बल्कि यह है कि हम समझदारी से चुनें कि हमें क्या अपनाना है और क्या छोड़ना है। यही समझ तकनीक को बोझ बनने से रोकती है।

कभी-कभी तकनीक हमें हँसी भी देती है। जैसे एक बुजुर्ग दादी पहली बार स्मार्टफोन लेकर व्हाट्सएप पर वॉइस मैसेज भेजने की कोशिश कर रही थीं। उन्होंने पूरे घर से जोर से कहा—"सुनो, मैं अब बोल रही हूँ, सबको सुनाई दे रहा है न?" यह मासूमियत हमें याद दिलाती है कि तकनीक का असली मज़ा उसी समय है जब हम उसे सहजता से अपनाते हैं, न कि तनाव के साथ। जब तक तकनीक जीवन में हँसी और सहजता बनाए रखती है तब तक वह वरदान है समस्या तब होती है जब यह बोझ बन जाती है और हमें अपने ही प्रियजनों से दूर कर देती है।

तकनीक का असली अर्थ तब समझ में आता है जब हम यह मान लेते हैं कि यह साधन है, जीवन का मालिक नहीं। जब हम इसे साधन की तरह इस्तेमाल करते हैं तो यह हमें सशक्त करती है, हमारे सपनों को पंख देती है और हमारे लिए नए रास्ते खोलती है। लेकिन जैसे ही हम इसे जीवन का केंद्र बना देते हैं, यह हमें अंदर से खाली करने लगती है। कोई भी साधन कभी उद्देश्य नहीं बन सकता, और यही बात हमें तकनीक के साथ सीखनी होगी। यह हमें अवसर देती है लेकिन हमें यह चुनना होता है कि हम उन अवसरों का कैसे इस्तेमाल करेंगे। जैसे अगर हम मोबाइल पर किताब पढ़ें, नया ज्ञान सीखें या प्रियजनों से आत्मीय बातचीत करें तो यह अनुभव हमें समृद्ध करता है, लेकिन अगर हम इसे सिर्फ समय काटने के लिए स्क्रॉल करते रहें तो यह धीरे-धीरे हमारे भीतर की चमक को बुझा देता है।

कभी-कभी यह भी जरूरी है कि हम तकनीक के बिना खुद को परखें। जैसे एक साधारण-सा अभ्यास कि महीने में एक दिन मोबाइल, इंटरनेट और सोशल मीडिया से पूरी तरह अलग रहें। उस दिन हम खुद से मिलते हैं, परिवार से जुड़ते हैं और प्रकृति के साथ समय बिताते हैं। यह अनुभव हमें यह याद दिलाता है कि जीवन की असली सुंदरता स्क्रीन पर नहीं बल्कि असल पलों में छिपी है। बच्चों के साथ खेलना, माता-पिता के साथ बैठकर बातें करना, या छत पर जाकर आकाश की ओर देखना—ये पल हमें कहीं ज्यादा वास्तविक खुशी देते हैं। डिजिटल डिटॉक्स केवल तकनीक से दूरी नहीं है बल्कि यह हमारे भीतर की थकान को उतारने का एक तरीका है।

तकनीक से सही दूरी बनाने पर हम अपने भीतर की खोई हुई रचनात्मकता को फिर से पा सकते हैं। हर इंसान के भीतर कोई न कोई हुनर छिपा होता है लेकिन जब सारा समय स्क्रीन पर बीतने लगता है तो वह हुनर दब जाता है। किसी को लिखना पसंद होता है, किसी को गाना, किसी को पेंटिंग करना, लेकिन स्क्रीन की लत धीरे-धीरे इन्हें मार देती है। जब हम तकनीक को सीमित कर देते हैं तो ये सब हुनर फिर से खिलने लगते हैं और जीवन को एक नया अर्थ देते हैं। यही संतुलन हमें भीतर से संतोष देता है।

यह भी सच है कि तकनीक का सही इस्तेमाल हमें जोड़ता है। जब कोई बेटा विदेश से वीडियो कॉल करके अपनी माँ का हाल पूछता है तो वह कॉल माँ के लिए किसी अमूल्य तोहफ़े से कम नहीं होती। लेकिन वही बेटा अगर दिन-रात सोशल मीडिया में डूबा रहे और घरवालों से बात करने का समय न निकाले तो वही तकनीक बोझ बन जाती है। फर्क उपयोग का है, न कि तकनीक का। यही बात हमें बार-बार समझनी होगी कि दोष उपकरणों का नहीं बल्कि हमारे इस्तेमाल का है।

तकनीक का एक और पहलू यह है कि यह हमें अनुशासन सिखाती है। अगर हम चाहें तो इसे घड़ी की तरह इस्तेमाल कर सकते हैं—काम के समय काम, विश्राम के समय विश्राम। लेकिन इसके लिए हमें खुद को मजबूत बनाना होगा। बिना अनुशासन के तकनीक हमें खींचकर उस दिशा में ले जाएगी जहाँ हम खुद को खो देंगे। और जब इंसान खुद को खो देता है तो सबसे बड़ी त्रासदी यही होती है कि वह सब कुछ पाकर भी भीतर से खाली रहता है।

अंततः तकनीक का संतुलन ही जीवन का संतुलन है। यह वही स्थिति है जैसे हम किसी तेज़ धार वाले औज़ार को पकड़ते हैं—अगर सही तरीके से पकड़ा तो वही औज़ार काम आसान कर देगा, लेकिन गलत तरीके से पकड़ा तो वही हमें चोट पहुँचा देगा। तकनीक भी वैसी ही है। हमें बस इतना याद रखना है कि यह साधन है, मालिक नहीं। जब तक हम इस समझ को जीवन का हिस्सा बनाए रखते हैं, तब तक तकनीक हमारे लिए वरदान बनी रहेगी। और यही सच्चाई है कि साधनों को साधन बनाए रखना ही सबसे बड़ी बुद्धिमानी है।

अध्याय 23 : बच्चों को सादगी सिखाना – अगली पीढ़ी में संतोष के संस्कार

बच्चों को सादगी सिखाना शायद इस समय की सबसे बड़ी जरूरत है। क्योंकि आज का दौर पहले से कहीं ज़्यादा दिखावे और भोगवाद से भरा हुआ है। विज्ञापनों, सोशल मीडिया और आस-पड़ोस के दबाव में बच्चे बहुत जल्दी यह मान लेते हैं कि खुशी केवल महंगे खिलौनों, ब्रांडेड कपड़ों और नई-नई चीज़ों से मिल सकती है लेकिन सच्चाई यह है कि जो बच्चा बचपन से ही संतोष और सादगी सीख जाता है, वही आगे जाकर जीवन की चुनौतियों को मजबूती से झेल पाता है। माता-पिता का सबसे बड़ा काम केवल बच्चों की पढ़ाई-लिखाई और ज़रूरतें पूरी करना नहीं है, बल्कि उन्हें यह समझाना भी है कि खुशी का असली स्रोत बाहर नहीं बल्कि भीतर है।

बच्चों में संस्कार डालने का सबसे बड़ा साधन उनका वातावरण होता है। अगर घर का माहौल सरल, संतुलित और ईमानदार है तो बच्चा अपने आप इन मूल्यों को ग्रहण कर लेता है। एक बच्चा हर समय अपने माता-पिता को फोन पर झुका हुआ देखेगा तो वह मान लेगा कि यही जीवन का तरीका है। लेकिन अगर वही बच्चा अपने पिता को परिवार के साथ हँसते हुए खेलते देखे, माँ को छोटी-छोटी चीज़ों में खुशी पाते देखे, तो वह समझेगा कि जीवन का असली आनंद रिश्तों और सादगी में है। बच्चे शब्दों से कम और उदाहरणों से ज़्यादा सीखते हैं। इसलिए माता-पिता की ज़िम्मेदारी है कि वे खुद वैसा जीवन जिएँ जैसा वे अपने बच्चों में देखना चाहते हैं।

बच्चों को सादगी सिखाने का विचार सुनने में जितना आसान लगता है, व्यवहार में उतना ही कठिन है, क्योंकि हम जिस समाज में जी रहे हैं वहाँ हर पल भौतिकता का दबाव है। सुबह उठ ही टीवी के विज्ञापन, बाहर निकलते ही होर्डिंग्स, फोन पर सोशल मीडिया और दोस्तों की लाइफस्टाइल की झलकियाँ बच्चों को बार-बार यह संदेश देती हैं कि असली खुशी चमक-धम में है। ऐसे में अगर माता-पिता बच्चों से कहें कि सच्चा सुख सादगी और संतोष में है तो बच्चे अक्सर हँसकर कह देते हैं कि यह तो पुरानी सोच है। लेकिन हकीकत यह है कि यही पुरानी सोच उन्हें आने वाले कल में मानसिक शांति, स्थिरता और आत्मविश्वास दे सकती है। इसलिए माता-पिता और शिक्षकों की यह सबसे बड़ी जिम्मेदारी है कि वे बच्चों के भीतर बचपन से ही यह बीज बो दें कि जिंदगी का आनंद महंगे खिलौनों, नए मोबाइल या फैशनेबल कपड़ों से नहीं बल्कि संतोष, संबंध और छोटे-छोटे अनुभवों से मिलता है।

इस प्रक्रिया की शुरुआत घर से होती है। बच्चे वही सीखते हैं जो वे अपने आस-पास देखते हैं। अगर माता-पिता हर छोटी-सी चीज़ के लिए शिकायत करते हैं, हमेशा तुलना करते हैं कि पड़ोसी के पास क्या है और हमारे पास क्या नहीं, तो बच्चा भी यही सीखेगा कि जीवन का असली मकसद दूसरों से आगे निकलना है। लेकिन अगर वही माता-पिता छोटी-सी बात पर आभार जताएँ, जैसे घर में बनी साधारण दाल-चावल को प्यार से खाएँ और कहें कि यह भी

कितना स्वादिष्ट है, या पुराने कपड़ों को बड़े गर्व से पहनें, तो बच्चा सीखेगा कि जीवन का मूल्य दिखावे में नहीं, बल्कि दृष्टिकोण में है। बच्चों को उपदेश देने से ज्यादा असर माता-पिता के व्यवहार से पड़ता है। यही कारण है कि अगर हम चाहते हैं कि हमारे बच्चे सरल और संतोषी जीवन जीएँ तो हमें सबसे पहले खुद वह जीवन जीना होगा।

शिक्षा प्रणाली भी इसमें बड़ी भूमिका निभाती है। दुर्भाग्य से आजकल की शिक्षा अधिकतर बच्चों को केवल सफलता की दौड़ में शामिल करने के लिए तैयार करती है। अंकों, रैंकिंग और करियर की बातें इतनी हावी हो जाती हैं कि जीवन के असली मूल्य पीछे छूट जाते हैं। अगर स्कूलों में यह सिखाया जाए कि सफलता का अर्थ केवल बड़ा पद पाना या अधिक पैसा कमाना नहीं है, बल्कि यह भी है कि हम ईमानदारी से जी रहे हैं, संतोष से जी रहे हैं और दूसरों की मदद कर रहे हैं, तो बच्चे जीवन को एक अलग दृष्टि से देखेंगे। इसके लिए पाठ्यक्रम में नैतिक शिक्षा, कहानियाँ और समूह गतिविधियाँ शामिल करनी होंगी जहाँ बच्चे साझा करना, संयम रखना और एक-दूसरे के साथ सहयोग करना सीखें। जब बच्चे देखेंगे कि उनका शिक्षक उन्हें महंगे पेन या बैग से नहीं बल्कि उनके व्यवहार से आँक रहा है, तब वे सादगी को समझ पाएँगे।

बच्चों के लिए सबसे बड़ा शिक्षक उनका वातावरण होता है। अगर वे ऐसे परिवार या समुदाय में रहते हैं जहाँ मिल-जुलकर रहना, साझा करना और संतुलन को महत्व दिया जाता है, तो यह बातें उनके चरित्र का हिस्सा बन जाती हैं। उदाहरण के लिए, गाँवों में बच्चे अक्सर साझा जीवन जीना सीख जाते हैं क्योंकि वहाँ संसाधन सीमित होते हैं और लोग एक-दूसरे पर निर्भर होते हैं। एक बच्चा जब देखता है कि पूरा मोहल्ला मिलकर किसी त्यौहार की तैयारी करता है, या कोई कठिनाई आने पर सब मिलकर मदद करते हैं, तो वह समझता है कि खुशी बाँटने से बढ़ती है। इसके विपरीत शहरों में बच्चे अक्सर प्रतिस्पर्धा, दिखावा और एक-दूसरे से तुलना करने की आदत डाल लेते हैं क्योंकि वहाँ सामूहिकता की जगह व्यक्तिगतता पर जोर होता है। इसलिए अगर हम चाहते हैं कि शहरों के बच्चे भी सादगी सीखें तो हमें घरों में सामूहिकता और साझेदारी का माहौल बनाना होगा।

कभी-कभी बच्चों को सादगी सिखाने के लिए माता-पिता को थोड़ी चतुराई से काम लेना पड़ता है। सीधे-सीधे कहना कि "यह मत करो" या "यह चीज़ बेकार है" अक्सर उल्टा असर डालता है। बच्चे जिद्दी हो जाते हैं और वही चीज़ पाने की कोशिश करने लगते हैं। इसके बजाय अगर हम उन्हें अनुभव कराएँ कि सादगी में कितना आनंद है तो वे खुद सीख जाते हैं। जैसे अगर बच्चा हर सप्ताह मॉल जाने की जिद करे तो माता-पिता कभी-कभी उसे पार्क या गाँव की सैर पर ले जाएँ, जहाँ वह खुले में खेल सके, मिट्टी में लोट सके और असली आज़ादी का अनुभव कर सके। जब बच्चा यह महसूस करेगा कि पार्क में बिताए दो घंटे मॉल में बिताए पाँच घंटों से ज्यादा आनंददायी हैं, तो वह खुद ही समझ जाएगा कि सच्चा सुख कहाँ है।

यहाँ एक कहानी याद आती है। एक परिवार में दो भाई थे—एक हमेशा बच्चों के लिए नए खिलौने, वीडियो गेम और महंगे गिफ्ट्स लाता था, जबकि दूसरा भाई बच्चों को समय देता था, उनके साथ खेलता, कहानियाँ सुनाता और उन्हें जीवन के छोटे-छोटे अनुभव कराता। कुछ सालों बाद जब बच्चे बड़े हुए तो वे खिलौनों की कद्र भूल गए लेकिन उन्हें अब भी याद था कि कैसे चाचा ने उनके साथ पतंग उड़ाई थी, कैसे माँ ने उन्हें छोटे पौधे लगाने का शौक सिखाया

था और कैसे दादी ने पुराने दिनों की कहानियाँ सुनाई थीं। यही फर्क है सादगी से मिलने वाले अनुभव और भौतिकता से मिलने वाली क्षणिक खुशी में। बच्चे अनुभवों को याद रखते हैं, चीज़ों को नहीं।

बच्चों को सादगी का पाठ पढ़ाने के लिए सबसे पहले हमें यह समझना होगा कि वे स्वभाव से ही जिज्ञासु और संवेदनशील होते हैं। वे हर चीज़ को देखकर सवाल करते हैं, हर परिस्थिति को देखकर प्रतिक्रिया देते हैं और अक्सर वही अपनाते हैं जो उन्हें बार-बार दिखाई देता है। अगर बच्चा देखे कि उसके माता-पिता हर छोटी खुशी का आनंद ले रहे हैं, जैसे बारिश में भीगकर चाय पीना, रात को छत पर बैठकर तारे गिनना, या सुबह की सैर में सूरज की पहली किरण को महसूस करना, तो वह खुद भी इन चीज़ों को महत्व देना शुरू करेगा। सादगी बच्चों को थोपने की चीज़ नहीं है, यह तो उन्हें धीरे-धीरे जीकर सिखाई जाती है।

हमारे समाज में अक्सर बच्चों को यह कहा जाता है कि मेहनत करो ताकि ज़िंदगी में खूब पैसा कमा सको, बड़ी गाड़ी और बड़ा घर ले सको। लेकिन अगर बच्चा केवल इसी सोच के साथ बड़ा होता है तो उसके लिए जीवन का हर निर्णय पैसा केंद्रित हो जाएगा। उसे यह समझाना जरूरी है कि पैसा ज़रूरी है लेकिन उससे भी ज़रूरी है मानसिक शांति और संतोष। यह संतोष बच्चों में बचपन से डालना होगा। उदाहरण के लिए, अगर बच्चा नया खिलौना माँगे तो माता-पिता उसे यह समझा सकते हैं कि चलो पहले जो खिलौने हैं उनसे खेलते हैं और देखते हैं कि क्या सचमुच नया खिलौना चाहिए भी या नहीं। यह तरीका बच्चे में "विवेक" लाता है और उसे सोचने पर मजबूर करता है कि हर इच्छा पूरी करना ज़रूरी नहीं होता।

आज की दुनिया में बच्चों को विज्ञापन बहुत प्रभावित करते हैं। टीवी, मोबाइल और इंटरनेट के दौर में वे हर दिन अनगिनत ब्रांड्स और प्रोडक्ट्स के संदेश देखते हैं। यह संदेश उनके मन में यह बीज बोते हैं कि अगर तुम्हारे पास यह चीज़ नहीं है तो तुम अधूरे हो। यही वह बिंदु है जहाँ माता-पिता को सजग रहना पड़ता है। बच्चे को यह बताना होगा कि विज्ञापन केवल बेचने का तरीका है, असली खुशी वहाँ नहीं है। कई माता-पिता अपने बच्चों के साथ बैठकर विज्ञापन देखते समय उन्हें समझाते हैं कि यह केवल एक तरीका है जिससे कंपनियाँ अपना सामान बेचती हैं, जरूरी नहीं कि इसमें जो दिखाया जा रहा है वह हकीकत भी हो। इस तरह बच्चे के भीतर धीरे-धीरे जागरूकता विकसित होती है और वह हर चीज़ को अंधाधुंध अपनाने के बजाय समझकर स्वीकार करता है।

बच्चों को सादगी सिखाने का एक और अच्छा तरीका है उन्हें प्रकृति से जोड़ना। जब बच्चा पेड़-पौधों के बीच समय बिताता है, मिट्टी को छूता है, पक्षियों की आवाज़ सुनता है, तो वह समझता है कि खुशी का संबंध प्राकृतिक अनुभवों से है न कि कृत्रिम चीज़ों से। एक बच्चा अगर पौधा लगाता है और उसे हर दिन पानी देता है तो उस पौधे के बढ़ने में उसे जो आनंद मिलेगा वह किसी महंगे खिलौने से कहीं गहरा होगा। यह अनुभव उसके मन में यह विश्वास जगाता है कि जीवन की सुंदरता सरल चीज़ों में है।

इस यात्रा में शिक्षा और व्यवहार दोनों की भूमिका समान रूप से महत्वपूर्ण है। शिक्षा बच्चों को सिद्धांत सिखाती है, लेकिन व्यवहार उसे जीना सिखाता है। अगर माता-पिता खुद हमेशा ब्रांडेड चीज़ों की बातें करेंगे और हर समय महंगे रेस्टोरेंट में खाने की आदत डालेंगे तो बच्चा

कभी यह नहीं सीख पाएगा कि घर का सादा खाना भी उतना ही स्वादिष्ट हो सकता है। लेकिन अगर वह देखेगा कि उसके माता-पिता परिवार के साथ बैठकर साधारण रोटियाँ और सब्ज़ी खाते हैं और उसमें भी आनंद लेते हैं तो यह उसके दिल पर गहरी छाप छोड़ेगा। बच्चे दिखावे की बातों को जल्दी भूल जाते हैं लेकिन अनुभवों और उदाहरणों को हमेशा याद रखते हैं।

बच्चों के जीवन में कहानियों का भी बड़ा महत्व होता है। अगर हम उन्हें ऐसी कहानियाँ सुनाएँ जहाँ नायक महंगी चीज़ों या शान-ओ-शौकत से नहीं बल्कि सादगी और संतोष से महान बनता है, तो यह संदेश उनके अवचेतन मन में गहराई से बैठ जाता है। दादी-नानी की पुरानी कहानियों का असर आज भी बच्चों पर इसलिए होता है क्योंकि उनमें जीवन के मूल्य छिपे होते हैं। इसलिए यह हमारी जिम्मेदारी है कि बच्चों को वही कहानियाँ सुनाएँ जो उन्हें जीवन की गहराई समझाएँ।

बच्चों के जीवन में सादगी का महत्व केवल भौतिक चीज़ों से दूरी तक सीमित नहीं है, बल्कि यह उनके मन की स्थिरता और आत्मविश्वास को भी प्रभावित करता है। जो बच्चा बचपन से ही छोटी-छोटी बातों में खुशी ढूँढना सीखता है, वही आगे चलकर बड़े-बड़े संघर्षों का सामना आसानी से कर लेता है। उदाहरण के लिए, अगर किसी बच्चे ने सीखा है कि बिना नए खिलौने के भी खेला जा सकता है, तो बड़ा होकर जब उसे जीवन में संसाधनों की कमी का सामना करना पड़ेगा तो वह टूटेगा नहीं बल्कि उसी में समाधान ढूँढ लेगा। वहीं, जो बच्चा हर छोटी इच्छा पूरी होने का आदी होता है, वह ज़रा सी कमी आने पर चिड़चिड़ा हो जाता है और उसे जीवन बोझ जैसा लगने लगता है। यही कारण है कि सादगी का संस्कार बच्चों को जीवनभर की ताक़त देता है।

आजकल माता-पिता अक्सर बच्चों को खुश रखने के लिए उनकी हर माँग पूरी करने की कोशिश करते हैं। उन्हें लगता है कि अगर बच्चा रो रहा है तो तुरंत खिलौना दिला दो, अगर बच्चा खाने से मना कर रहा है तो तुरंत बाहर से पिज़्ज़ा मँगवा लो। लेकिन ऐसा करके वे अनजाने में बच्चे को यह सिखा रहे होते हैं कि जीवन में हर चीज़ तुरंत मिलनी चाहिए। जबकि असली जीवन में यह संभव नहीं होता। इसलिए बच्चों को धैर्य सिखाना, इंतज़ार करना सिखाना और यह समझाना कि हर माँग पूरी करना जरूरी नहीं होता, उनके व्यक्तित्व को गढ़ने का एक अहम हिस्सा है। अगर बच्चा समझ ले कि कभी-कभी ना कहना भी प्यार का हिस्सा है, तो वह जीवन की चुनौतियों के सामने मज़बूत बनेगा।

बच्चों को सादगी का मूल्य समझाने के लिए माता-पिता अपने जीवन की कहानियाँ साझा कर सकते हैं। जब बच्चे सुनते हैं कि उनके माता-पिता ने बचपन में कैसे बिना बिजली के भी रातें गुज़ारीं, कैसे मिट्टी के खिलौनों से खेला और कैसे पुराने कपड़ों को ही नया बनाकर पहना, तो उन्हें यह एहसास होता है कि खुशी का संबंध चीज़ों से नहीं बल्कि नज़रिए से है। यह कहानियाँ न केवल बच्चों को सादगी का महत्व सिखाती हैं बल्कि उन्हें अपने माता-पिता से गहरा जुड़ाव भी महसूस कराती हैं। जब बच्चा समझता है कि उसके पिता या माँ ने कठिनाइयों में भी संतोष से जीवन जिया, तो वह खुद भी कठिनाइयों से डरने के बजाय उनका सामना करना सीखता है।

बच्चों के सामने सबसे बड़ा सवाल यह होता है कि वे खुद को दूसरों से कैसे तुलना करें। स्कूल, दोस्त और समाज लगातार उन्हें यह संदेश देते हैं कि जो बच्चा सबसे अच्छा मोबाइल रखता

है, वही सबसे लोकप्रिय है, या जिसके पास महंगे जूते हैं वही कूल है। ऐसे में बच्चे को यह समझाना बहुत जरूरी है कि सच्ची पहचान चीज़ों से नहीं बल्कि व्यक्तित्व और व्यवहार से बनती है। अगर बच्चा सीख जाता है कि उसकी असली ताक़त उसकी ईमानदारी, उसकी मेहनत और उसका स्वभाव है तो वह कभी भी बाहरी चीज़ों के दबाव में नहीं आएगा। इसके लिए माता-पिता को बच्चों की तारीफ़ करते समय इस बात पर ध्यान देना चाहिए कि वे उनके कपड़ों या खिलौनों की नहीं बल्कि उनके व्यवहार की तारीफ़ करें। जैसे, "आज तुमने अपने दोस्त के साथ खिलौना बाँटा, यह बहुत अच्छी बात है" कहना बच्चे के लिए कहीं ज़्यादा असरदार होगा बनिस्बत यह कहने के कि "आज तुम बहुत स्मार्ट लग रहे हो।"

बच्चों में सादगी का संस्कार डालने के लिए सामूहिक अनुभव भी बेहद ज़रूरी हैं। जब पूरा परिवार मिलकर किसी त्योहार को साधारण ढंग से मनाता है, या सब मिलकर किसी गरीब की मदद करते हैं, तो बच्चा समझता है कि खुशी साझा करने से मिलती है। अगर बच्चा देखता है कि उसके माता-पिता किसी ज़रूरतमंद को खाना खिला रहे हैं, तो उसके मन में यह भाव आता है कि दूसरों की मदद करना भी खुशी का हिस्सा है। ऐसे अनुभव जीवनभर बच्चे के दिल में रहते हैं और आगे चलकर उसके निर्णयों को प्रभावित करते हैं।

जब हम बच्चों को सादगी का पाठ पढ़ाने की बात करते हैं तो यह केवल उनके भौतिक जीवन तक सीमित नहीं रहता बल्कि यह उनके मानसिक और भावनात्मक जीवन को भी गहराई से प्रभावित करता है। अक्सर देखा जाता है कि जो बच्चे बचपन से साधारण जीवन जीते हैं, वे बड़े होकर जटिल परिस्थितियों का सामना कहीं अधिक सहजता से करते हैं। इसका कारण यह है कि सादगी उन्हें जीवन के असली स्वरूप से जोड़ देती है, वे समझ जाते हैं कि खुशी किसी बाहरी वस्तु या उपलब्धि से नहीं बल्कि अपने अंदर से आती है। यह समझ उन्हें स्थिरता और आत्मविश्वास देती है, जिससे वे किसी भी परिस्थिति में हार मानने के बजाय समाधान खोजने का प्रयास करते हैं। यही वह गुण है जो आगे चलकर उन्हें न केवल सफल बल्कि संतुलित इंसान बनाता है।

बच्चों में सादगी का संस्कार डालते समय माता-पिता को यह भी ध्यान रखना चाहिए कि वे उनके सामने एक ऐसा माहौल बनाएँ जहाँ बच्चे खुद महसूस करें कि जीवन का असली सुख छोटे-छोटे अनुभवों में है। उदाहरण के लिए, अगर बच्चा बाहर घूमने की ज़िद करता है तो हमेशा मॉल या रेस्तरां जाने के बजाय माता-पिता उसे पास के पार्क या नदी किनारे ले जाएँ। वहाँ जब बच्चा मिट्टी में खेलता है, हवा में पतंग उड़ाता है या तितलियों का पीछा करता है तो उसके चेहरे पर जो मुस्कान आती है, वह किसी महंगे खिलौने से नहीं आ सकती। यह अनुभव बच्चे के दिल में गहरे अंकित हो जाते हैं और वह यह समझने लगता है कि जीवन की खूबसूरती सादगी में है, न कि भौतिकता में।

सादगी सिखाने का एक और तरीका है बच्चों को जिम्मेदारी देना। जब बच्चा समझता है कि उसके छोटे-छोटे काम भी परिवार के लिए महत्वपूर्ण हैं, तो वह जीवन के मूल्य को अलग तरह से देखना शुरू करता है। जैसे अगर बच्चे को पौधों को पानी देने की जिम्मेदारी दी जाए और वह देखे कि उसकी देखभाल से पौधा बड़ा हो रहा है, तो उसे गर्व महसूस होगा। यह गर्व उसे यह सिखाता है कि खुशी पाने के लिए हमेशा नई चीज़ें खरीदने की ज़रूरत नहीं होती, बल्कि किसी

जीवित चीज़ की परवाह करना भी आनंद देता है। ऐसे छोटे अनुभव बच्चों को सादगी का असली स्वाद चखाते हैं।

बच्चों के जीवन में कहानियों का जादू सबसे ज्यादा असर डालता है। जब उन्हें ऐसे पात्रों की कहानियाँ सुनाई जाती हैं जिन्होंने सादगी से बड़ा योगदान दिया, तो यह उनके अवचेतन मन पर गहरी छाप छोड़ता है। जैसे महात्मा गांधी का जीवन, जिन्होंने सादगी से पूरी दुनिया को संदेश दिया, या संत कबीर जिनकी वाणी सरल थी लेकिन उसमें गहरी सच्चाई छिपी थी। जब बच्चा इन कहानियों को सुनता है तो वह महसूस करता है कि महान बनने के लिए महंगे कपड़े या आलीशान घर की ज़रूरत नहीं है, बल्कि विचार और कर्म ही इंसान को बड़ा बनाते हैं। यह प्रेरणा उसे जीवनभर मार्गदर्शन देती है।

आज की तेज़-तर्रार ज़िंदगी में जहाँ माता-पिता खुद व्यस्त रहते हैं, बच्चों को सादगी सिखाना और भी चुनौतीपूर्ण हो गया है। कई बार माता-पिता अपनी कमी पूरी करने के लिए बच्चों को महंगे गिफ्ट्स दे देते हैं ताकि वे खुश रहें। लेकिन यह खुशी क्षणिक होती है। बच्चे को असली खुशी तब मिलती है जब उसे महसूस होता है कि उसके माता-पिता ने उसे समय दिया, उसके साथ बैठकर बातें कीं या उसके साथ खेला। यह सादगी से जुड़ी छोटी-छोटी बातें बच्चों के दिल में ऐसी जगह बना लेती हैं जिसे कोई महंगी चीज़ नहीं भर सकती।

बच्चों में सादगी का संस्कार डालना केवल एक शिक्षा नहीं बल्कि यह आने वाली पीढ़ियों के लिए सबसे बड़ी विरासत है। हम अक्सर सोचते हैं कि बच्चों को अच्छी पढ़ाई, अच्छा घर और ढेर सारे साधन देकर हमने अपना कर्तव्य पूरा कर लिया, लेकिन सच यह है कि अगर वे संतोष और सादगी नहीं सीखते तो जीवन की सारी दौलत उनके लिए अधूरी रह जाती है। बच्चे को यह समझाना जरूरी है कि इंसान की कीमत उसके पास की चीज़ों से नहीं बल्कि उसके व्यवहार और सोच से तय होती है। यह समझ उन्हें छोटी उम्र से ही धीरे-धीरे सिखाई जानी चाहिए ताकि जब वे बड़े हों तो भौतिकता के दबाव में बहने के बजाय अपने अंदर की शांति पर टिके रह सकें।

कभी-कभी बच्चे को सादगी का महत्व समझाने के लिए उसे उन अनुभवों से गुज़रने देना चाहिए जिनसे माता-पिता खुद गुज़रे हों। उदाहरण के लिए, अगर परिवार कभी गाँव की यात्रा करता है तो बच्चों को यह दिखाना चाहिए कि गाँव के लोग कम साधनों में भी कितने खुश रहते हैं। वहाँ बच्चे देखेंगे कि खेल के लिए महंगे वीडियो गेम की ज़रूरत नहीं होती, मिट्टी में दौड़ना, पेड़ों पर चढ़ना या तालाब में नहाना भी उतना ही मज़ेदार है। जब वे देखेंगे कि साधारण लोग बिना दिखावे के भी जीवन का आनंद ले रहे हैं, तो वे समझेंगे कि असली सुख सादगी में है, दिखावे में नहीं। यह अनुभव उनके लिए किताबों से कहीं ज्यादा असरदार साबित होता है।

माता-पिता को यह भी ध्यान रखना चाहिए कि बच्चों को केवल यह बताना काफी नहीं है कि सादगी अच्छी है, बल्कि उन्हें इसके फायदे महसूस कराना भी जरूरी है। जैसे अगर बच्चा अपनी पुरानी साइकिल से स्कूल जाता है और उसके दोस्त नई-नई साइकिलों पर आते हैं, तो उसके भीतर हीन भावना आ सकती है। ऐसे समय में माता-पिता को उसे यह समझाना चाहिए कि साइकिल पुरानी है लेकिन उससे तुम्हारा काम पूरा हो रहा है, और यह कि पुरानी चीज़ों को संभालना और उनका सही उपयोग करना भी एक कला है। जब बच्चा महसूस करेगा कि उसकी

चीज़ें भले नई न हों लेकिन उनमें उसकी मेहनत और देखभाल है, तो उसके मन में गर्व पैदा होगा। यह गर्व ही सादगी का बीज है, जो आगे चलकर संतोष के वृक्ष में बदलता है।

बच्चों को सादगी सिखाने के लिए उन्हें सामाजिक अनुभवों से भी जोड़ना जरूरी है। अगर बच्चा यह देखे कि उसके माता-पिता गरीब बच्चों के साथ अपना खाना बाँट रहे हैं या कपड़े दे रहे हैं, तो उसके दिल में करुणा और साझा करने का भाव विकसित होगा। यह अनुभव उसे यह सिखाएगा कि जीवन का असली आनंद केवल लेने में नहीं बल्कि देने में है। बच्चे जब दूसरों की मुस्कान देखते हैं तो उन्हें भीतर से एक ऐसी खुशी मिलती है जो किसी खिलौने या महंगे गिफ से कभी नहीं मिल सकती। यह भावना ही उन्हें सादगी और संतोष की असली ताक़त का अनुभव कराती है।

आख़िरकार बच्चों को सादगी सिखाने का सबसे सुंदर तरीका है उन्हें यह दिखाना कि उनके माता-पिता स्वयं सादगी से जीते हैं। जब बच्चा यह देखेगा कि उसके पिता या माँ साधारण कपड़े पहनकर भी आत्मविश्वास से रहते हैं, सरल जीवन जीते हैं और छोटी-छोटी चीज़ों में खुशी ढूँढते हैं, तो वह भी यही सीखेगा। बच्चों को समझाने से ज्यादा उन्हें दिखाना असर करत है। इसीलिए कहा भी गया है कि बच्चे कभी वैसे नहीं बनते जैसे हम उन्हें कहते हैं, बल्कि वैसे बनते हैं जैसे वे हमें जीते हुए देखते हैं।

जब बच्चा अपने जीवन की शुरुआत करता है तो उसका मन एक खाली कैनवास जैसा होता है जिस पर रंग चढ़ाने का काम सबसे पहले परिवार करता है। अगर उस पर पहली परत दिखावे और भौतिकता की चढ़ा दी जाए तो बच्चा जीवन को उसी नजरिए से देखेगा, लेकिन अगर उस पर संतोष और सादगी के रंग भरे जाएँ तो वह जीवन को सहज, सरल और गहराई से समझेग यह हमारी जिम्मेदारी है कि हम बच्चों को केवल चमक-दमक से नहीं बल्कि वास्तविकता से परिचित कराएँ। उदाहरण के लिए, बच्चे को कभी-कभी ऐसे घरों में ले जाना चाहिए जहाँ सुविधाएँ कम हों लेकिन लोग संतोष और प्यार से जीते हों। जब बच्चा देखेगा कि बिना ज्याद साधनों के भी लोग हँसते-बोलते हैं, त्योहार मनाते हैं और जीवन को खूबसूरत बनाते हैं, तो उसके भीतर यह भाव पनपेगा कि असली संपत्ति भौतिक वस्तुओं में नहीं बल्कि रिश्तों और अनुभवों में है।

बच्चों को यह सिखाना भी जरूरी है कि सादगी का मतलब अभाव नहीं होता। कई बार बच्चे सोच लेते हैं कि साधारण जीवन का मतलब है चीज़ों से वंचित रहना या अपनी इच्छाओं को दबाना, लेकिन यह सच नहीं है। सादगी का असली अर्थ है आवश्यकताओं और इच्छाओं के बीच फर्क करना। बच्चे को यह समझाना चाहिए कि जरूरत और लालच में बड़ा फर्क होता है। जब बच्चा यह फर्क समझने लगेगा तो वह खुद ही निर्णय लेने लगेगा कि कौन सी चीज़ उसे चाहिए और कौन सी केवल क्षणिक चाह है। यह समझ उसे परिपक्व बनाएगी और उसे हर स्थिति में संतुलित रखेगी।

बच्चों को सादगी सिखाने में प्रकृति सबसे बड़ा शिक्षक हो सकती है। जब बच्चा पेड़ की छाँव में बैठता है, नदी का पानी छूता है, पक्षियों की चहचहाहट सुनता है, तो उसके मन में एक अनोखी शांति आती है। यह अनुभव उसे यह सिखाते हैं कि जीवन की सबसे सुंदर चीज़ें मुफ्त हैं और ह किसी के लिए उपलब्ध हैं। अगर हम बच्चों को नियमित रूप से प्रकृति के करीब ले जाएँ तो वे

खुद-ब-खुद यह समझने लगेंगे कि जीवन का असली आनंद साधारण चीज़ों में है। यही कारण है कि गाँवों में पले-बढ़े बच्चे अक्सर शहरों के बच्चों की तुलना में ज्यादा संतुलित और संतोषी होते हैं, क्योंकि उन्होंने सादगी को बचपन से ही जिया होता है।

सादगी का सबसे गहरा असर बच्चों की सोच पर पड़ता है। जो बच्चा छोटी-छोटी खुशियों से संतुष्ट रहना सीखता है, वही बड़ा होकर दूसरों की खुशी में भी अपनी खुशी ढूँढ पाता है। ऐसे बच्चे अक्सर दूसरों की मदद करने वाले, संवेदनशील और समझदार बनते हैं। वे कभी भी प्रतिस्पर्धा की अंधी दौड़ में फँसकर अपनी शांति नहीं खोते, बल्कि अपने लक्ष्य को सादगी और मेहनत से हासिल करते हैं। माता-पिता को चाहिए कि वे बच्चों को ऐसे माहौल में रखें जहाँ उनकी तुलना दूसरों से न की जाए, बल्कि उनके प्रयासों की सराहना हो। जब बच्चे को यह महसूस होता है कि उसकी कीमत उसकी उपलब्धियों से नहीं बल्कि उसके प्रयासों और ईमानदारी से तय होती है, तो उसके भीतर एक स्थायी संतोष पनपता है।

बच्चों को सादगी का संस्कार देने के लिए कभी-कभी हँसी-खुशी से भरे अनुभव भी जरूरी होते हैं। जब परिवार बिना किसी खर्च के साथ बैठकर चुटकुले सुनाता है, कहानियाँ बाँटता है या बस यादें ताज़ा करता है, तो बच्चे को समझ आता है कि हँसी खरीदने की चीज़ नहीं है। ये हल्के-फुल्के पल बच्चों के मन में गहरी छाप छोड़ते हैं और वे सीखते हैं कि साधारण चीज़ों से भी जीवन को खूबसूरत बनाया जा सकता है। यह समझ ही सादगी की नींव है, जो उन्हें जीवन भर मार्गदर्शन देती है।

बच्चों को सादगी सिखाना दरअसल आने वाली दुनिया को सही दिशा देना है। आज जब हम देखते हैं कि समाज उपभोक्तावाद के जाल में फँसकर धीरे-धीरे कृत्रिमता की ओर बढ़ रहा है, तो ऐसे में यह और भी जरूरी हो जाता है कि नई पीढ़ी को साधारण जीवन के गहरे अर्थ समझाए जाएँ। बच्चे वही सीखते हैं जो वे अपने आसपास देखते हैं, इसलिए अगर माता-पिता खुद दिखावे में डूबे रहेंगे तो बच्चे भी उसी राह पर चलेंगे। लेकिन अगर वे अपने आचरण से यह साबित करें कि खुशी खरीदने की चीज़ नहीं बल्कि जीने का नज़रिया है, तो यह सीख बच्चों के मन में स्थायी रूप से बैठ जाएगी। एक पिता जब साधारण कपड़े पहनकर आत्मविश्वास से किसी समारोह में जाता है और बच्चे को बताता है कि असली मूल्य भीतर की ईमानदारी का है, तो यह बात बच्चे के दिल पर कहीं गहरी छाप छोड़ती है बनिस्बत किसी किताब के उपदेश के।

सादगी बच्चों को आत्मनिर्भर भी बनाती है। जो बच्चा छोटी-छोटी चीज़ों से संतुष्ट रहना सीख जाता है, वह बड़ा होकर कठिन हालात में भी अपने जीवन को संभाल लेता है। उदाहरण के लिए, अगर बच्चा इस आदत के साथ बड़ा होता है कि हर बार नया खिलौना लेने की ज़िद नहीं करनी बल्कि पुराने खिलौनों को सँभालकर इस्तेमाल करना है, तो वही आदत आगे चलकर उसकी आर्थिक और मानसिक स्थिरता का कारण बनती है। इसके विपरीत, जो बच्चा हमेशा नई चीज़ों का आदी होता है, वह जीवन में थोड़ी-सी कमी आने पर भी टूट जाता है। यही वजह है कि सादगी सिर्फ एक जीवनशैली नहीं बल्कि जीवन को जीने की कला है।

बच्चों को सादगी सिखाने का एक सुंदर तरीका यह है कि उन्हें ऐसे कामों में शामिल किया जाए जहाँ मेहनत और सहयोग हो। जब बच्चा रसोई में माँ के साथ सब्ज़ियाँ काटता है, जब वह पिता के साथ बगीचे में पौधे लगाता है, जब वह दादी से कहानियाँ सुनता है और उनसे सीख

लेता है, तो यह सब अनुभव उसकी आत्मा पर गहरी छाप छोड़ते हैं। यह क्षण भले साधारण हों, लेकिन बच्चे के जीवन में ये हीरे की तरह चमकते हैं। आगे चलकर जब वह जीवन में बड़ी-बड़ी चुनौतियों का सामना करता है तो यही स्मृतियाँ उसे संतोष देती हैं और उसे याद दिलाती हैं कि जीवन की खूबसूरती साधारण चीज़ों में ही है।

हमें यह नहीं भूलना चाहिए कि बच्चे केवल सुनकर नहीं बल्कि देखकर सीखते हैं। अगर हम चाहते हैं कि वे सादगी अपनाएँ तो हमें अपने जीवन में भी इसे उतारना होगा। अगर माता-पिता हर समय केवल ब्रांडेड कपड़ों और महंगे सामानों की चर्चा करेंगे, तो बच्चों से यह उम्मीद करना बेकार है कि वे सरल जीवन को अपनाएँगे। लेकिन अगर बच्चे देखेंगे कि उनके माता-पिता पुरानी किताबें सँभालकर पढ़ते हैं, दूसरों से कपड़े बाँटते हैं, चीज़ों को बेवजह फेंकने के बजाय उनका पुनः उपयोग करते हैं, तो वे समझेंगे कि सादगी केवल शब्द नहीं बल्कि व्यवहार है। यही व्यवहार उनके मन को गढ़ेगा और उन्हें जीवनभर संतोषी बनाएगा।

अंत में यह कहना गलत नहीं होगा कि बच्चों को सादगी का संस्कार देना सबसे बड़ा उपहार है। यह उपहार किसी खिलौने, किसी मोबाइल या किसी महंगे स्कूल से कहीं अधिक मूल्यवान है, क्योंकि यही उन्हें जीवनभर की शांति और संतोष देता है। जब बच्चा यह सीख जाता है कि जीवन की असली खुशी महंगे रेस्तरां की थालियों में नहीं बल्कि घर की बनी रोटी में है, कि महंगे खिलौनों में नहीं बल्कि दोस्तों के साथ खेले गए खेल में है, कि आलीशान घर में नहीं बल्कि परिवार के साथ साझा किए गए हँसी-खुशी के पलों में है, तो वह जीवन का असली रहस्य समझ जाता है। यही समझ उसे आने वाले जीवन में किसी भी कठिनाई से लड़ने की शक्ति देती है।

इसलिए, बच्चों को सादगी सिखाना सिर्फ उनके लिए नहीं बल्कि पूरे समाज के लिए आवश्यक है। एक संतोषी बच्चा आगे चलकर एक संतुलित नागरिक बनता है, जो समाज को और भी मानवीय बनाता है। और जब एक समाज में ऐसे नागरिक बढ़ते हैं तो वह समाज दिखावे और भोगवाद की अंधी दौड़ से बाहर आकर प्रेम, सहयोग और वास्तविक सुख की ओर बढ़ता है। यही वह दृष्टि है जो हमारी आने वाली पीढ़ी को एक उज्ज्वल, संतोषी और सच्चे जीवन की ओर ले जा सकती है।

अध्याय 24 : खुशियों का सफर – अंतिम संदेश

जीवन की लंबी यात्रा में हम सब किसी न किसी रूप में सादगी को खोजते हैं, कभी जान-बूझकर और कभी अनजाने में। पूरी किताब में हमने देखा कि कैसे समय, रिश्ते, काम, बच्चों की परवरिश, प्रकृति, तकनीक और आत्मिक साधना सभी का केंद्रबिंदु सादगी ही है। अब इस अंतिम अध्याय में हम यह समझेंगे कि सादगी केवल एक जीवनशैली नहीं बल्कि जीवन जीने का संपूर्ण तरीका है। यह कोई छोटा-सा नियम नहीं जिसे आज अपनाया और कल छोड़ दिया, बल्कि यह एक निरंतर चलने वाली यात्रा है जो इंसान को भीतर से बदल देती है।

अगर हम किताब के पहले अध्यायों को याद करें तो हमने देखा था कि असली खुशी बाहरी चीज़ों से नहीं आती बल्कि हमारे दृष्टिकोण और सोच से आती है। समय का महत्व और रिश्तों की ताकत ने हमें यह एहसास दिलाया कि दौलत और दिखावा जीवन के सिर्फ बाहरी रंग हैं, जबकि असली खुशी उन पलों से आती है जो हम अपने परिवार और प्रियजनों के साथ बिताते हैं। फिर हमने यह भी देखा कि नकारात्मक विचारों से दूरी और ध्यान-प्राणायाम जैसे साधन हमारे भीतर ऐसी शक्ति जगाते हैं जो किसी भी परिस्थिति में हमें स्थिर रखती है।

इस यात्रा में हमने आधुनिक चुनौतियों पर भी नजर डाली। भोगवाद और विज्ञापनों ने कैसे हमारी सोच को प्रभावित किया, तकनीक का संतुलित उपयोग कैसे जरूरी है, और बच्चों को कैसे सादगी सिखाना आने वाले समाज को आकार देगा – ये सभी बातें हमने गहराई से समझीं। हर अध्याय ने हमें यह सिखाया कि जीवन को जटिल बनाने वाले तत्व हमेशा बाहर से आते हैं और उसे सरल बनाने की ताकत हमेशा भीतर से।

अब इस निष्कर्ष पर पहुँचते हुए हमें यह स्वीकार करना होगा कि सादगी का मतलब जीवन में कमी नहीं बल्कि जीवन की पूर्णता है। सादगी हमें यह सिखाती है कि कैसे कम साधनों में भी जीवन को भरपूर जीया जा सकता है। जब हम अपनी आवश्यकताओं और इच्छाओं के बीच फर्क करना सीखते हैं, जब हम समय को पैसे से अधिक महत्व देते हैं, जब हम रिश्तों को संपत्ति से ऊपर रखते हैं, तब हम जीवन की गहरी शांति को महसूस करते हैं।

सादगी का असली जादू यह है कि यह जीवन को बोझ नहीं बनने देती। एक साधारण-सा व्यक्ति जो हर सुबह उगते सूरज को देखकर मुस्कुरा लेता है, अपने बच्चों के साथ बैठकर कहानियाँ सुनता है, अपने दोस्तों के साथ हँसता है और दिन के अंत में संतोष की नींद सोता है – वह राजा से कम नहीं। उसके पास महल न हो लेकिन उसके दिल में एक ऐसा साम्राज्य है जो कभी खत्म नहीं होता। यही सादगी का खजाना है।

अगर हम अपने चारों ओर देखें तो पाएँगे कि समाज हमें लगातार उलझाने की कोशिश करता है। हर जगह विज्ञापन हमें बताते हैं कि हमें और चाहिए, हमें नया चाहिए, हमें दूसरों जैसा दिखना चाहिए। लेकिन सादगी हमें यह कहती है कि तुम्हें कुछ भी नया बनने की ज़रूरत नहीं,

तुम जैसे हो वैसे ही पर्याप्त हो। यह आवाज़ धीमी होती है लेकिन जब हम इसे सुन लेते हैं तो जीवन बदल जाता है।

सादगी केवल व्यक्तिगत जीवन तक सीमित नहीं रहती। जब हम सादगी अपनाते हैं तो यह हमारे परिवार और समुदाय पर भी असर डालती है। बच्चे हमें देखकर सीखते हैं, परिवार में प्यार और विश्वास बढ़ता है, समाज में सहयोग की भावना पैदा होती है। गाँव की सामूहिक खेती या सामाजिक कार्यकर्ता के जीवन जैसे उदाहरण हमें यह सिखाते हैं कि साझा करने और सहयोग करने से जो संतोष मिलता है, वह किसी भी भौतिक संपत्ति से बड़ा है।

और अंततः, सादगी हमें आत्मिक यात्रा तक ले जाती है। जब हम अपने भीतर झाँकते हैं और खुद से यह प्रश्न पूछते हैं कि "मैं कौन हूँ?" तो हमें अहसास होता है कि हम न तो अपनी चीज़ें हैं, न अपनी उपलब्धियाँ, न अपनी असफलताएँ। हम बस एक आत्मा हैं, जो अनुभवों से सीखने आई है। इस स्तर पर पहुँचने के बाद सादगी केवल एक आदत नहीं रहती, यह आत्मज्ञान का साधन बन जाती है।

इस किताब का अंतिम संदेश यही है कि सादगी केवल एक विकल्प नहीं बल्कि जीवन का मार्ग है। यह मार्ग हमें शांति देता है, क्योंकि इसमें कोई दिखावा नहीं है। यह हमें संतोष देता है, क्योंकि इसमें तुलना नहीं है। और यह हमें सफलता देता है, क्योंकि इसमें हमारी आत्मा का संतुलन है। सफलता का अर्थ यहाँ केवल धन या प्रसिद्धि नहीं बल्कि वह स्थायी संतुलन है जो हमें भीतर से मजबूत बनाता है।

प्रिय पाठक, इस पूरी यात्रा में आपने देखा कि सादगी कैसे जीवन के हर पहलू को छूती है। अब यह आप पर है कि आप इन विचारों को केवल पढ़कर छोड़ दें या इन्हें अपने जीवन में उतारें। अगर आप आज से ही हर दिन का एक छोटा पल सादगी को देंगे — चाहे वह परिवार के साथ बैठना हो, प्रकृति को निहारना हो, ध्यान करना हो या बस अपने खर्चों को नियंत्रित करना हो — तो धीरे-धीरे आपका जीवन बदल जाएगा। यह बदलाव आपको भीतर से हल्का करेगा, आपको और अधिक प्रेमपूर्ण बनाएगा और आपके आसपास के लोगों के लिए प्रेरणा बनेगा।

अंत में बस इतना ही कहना है कि सादगी कोई मंज़िल नहीं है, यह एक यात्रा है। यह यात्रा छोटी-छोटी खुशियों से शुरू होती है, धीरे-धीरे हमें भीतर की शांति तक ले जाती है और अंततः हमें यह एहसास कराती है कि जीवन जितना सरल होगा, उतना ही सुंदर होगा। इस किताब को पढ़ने के बाद अगर आपके मन में भी यह भाव जागा है कि आप अपने जीवन को थोड़ा और सरल, थोड़ा और संतोषी और थोड़ा और प्रेमपूर्ण बनाना चाहते हैं, तो यही इस पुस्तक का सबसे बड़ा उद्देश्य है।

जीवन की गहराइयों को समझने के लिए सादगी एक ऐसा दर्पण है जिसमें हम खुद को स्पष्ट रूप से देख पाते हैं। अक्सर हम बाहरी चीज़ों के पीछे इतना भागते रहते हैं कि अपने ही अस्तित्व से कट जाते हैं। हम सोचते हैं कि खुशी किसी नए सामान, किसी नई उपलब्धि या किसी ऊँचे पद में छिपी है, लेकिन जब उन चीज़ों को पा भी लेते हैं तो पाते हैं कि भीतर का खालीपन वैसा का वैसा है। यह खालीपन हमें याद दिलाता है कि हमने अपने भीतर झाँकने की कोशिश ही नहीं की। सादगी इसी झाँकने का रास्ता है। जब हम अपनी ज़िंदगी को सरल करते

हैं तो अचानक हमारे सामने एक आईना खुल जाता है जिसमें हम अपनी असली पहचान देख पाते हैं। यह पहचान हमें सिखाती है कि असली संपूर्णता बाहरी उपलब्धियों से नहीं बल्कि भीतर की शांति से आती है।

इस पूरी किताब की यात्रा को अगर पीछे मुड़कर देखें तो पाएँगे कि हर अध्याय हमें उसी बिंदु पर ला रहा था – सादगी की ओर। जब हमने समय की कीमत पैसे से ऊपर समझी, जब हमने रिश्तों को संपत्ति से अधिक महत्व दिया, जब हमने बच्चों को सरलता का संस्कार देने की बात की, जब हमने काम और जीवन में संतुलन खोजा या जब हमने ध्यान और प्राणायाम जैसे अभ्यासों की चर्चा की – हर जगह सादगी ही थी जो आधार बन रही थी। यह आधार हमें बताता है कि जीवन को जटिल बनाने वाले सारे धागे हमारे हाथों में ही हैं, अगर हम चाहें तो इन्हें सुलझा सकते हैं। यही संदेश इस अंतिम अध्याय का भी है कि सादगी कोई गंतव्य नहीं बल्कि एक निरंतर चलने वाली साधना है।

कभी आपने गौर किया है कि गाँव में रहने वाले लोग शहर की भीड़भाड़ में आने पर घबरा जाते हैं, और शहर में रहने वाले लोग गाँव जाकर राहत महसूस करते हैं? यह अंतर केवल जगह का नहीं बल्कि जीवन जीने के दृष्टिकोण का है। गाँव में जीवन धीमा होता है, लोग छोटी-छोटी चीज़ों में संतोष ढूँढ लेते हैं, वहाँ हवा ताज़ा होती है और रिश्तों में अपनापन होता है। शहर में सबकुछ तेज़ है, दिखावे की दौड़ है, और हर कोई किसी न किसी अदृश्य दबाव में जी रहा है। यही कारण है कि गाँव का साधारण जीवन शहर के आलीशान जीवन से अधिक सुखद लगता है। यह उदाहरण हमें बताता है कि सादगी केवल आर्थिक या सामाजिक स्थिति से नहीं बल्कि मानसिक स्थिति से जुड़ी है। अगर हमारा मन सरल है तो हम कहीं भी सुकून पा सकते हैं।

सादगी हमें यह भी सिखाती है कि खुशी साझा करने में है, जमा करने में नहीं। जब हम अपने अनुभव, अपना समय, यहाँ तक कि अपना भोजन भी दूसरों के साथ बाँटते हैं तो खुशी कई गुना बढ़ जाती है। याद कीजिए वह कहानी जब गाँव के किसान सामूहिक खेती करते थे। वे न तो बहुत अमीर थे और न ही उनके पास आधुनिक सुविधाएँ थीं, लेकिन उनका जीवन हँसी और संतोष से भरा था। उन्होंने हमें यह सिखाया कि सहयोग और साझेदारी ही सादगी का सबसे सुंदर रूप है। आज के समय में भी अगर हम अपने बच्चों को यही सिखाएँ कि दूसरों के साथ बाँटना कमजोरी नहीं बल्कि ताकत है, तो वे आगे चलकर समाज को और भी मानवीय बना सकते हैं।

सादगी का सबसे बड़ा उपहार यह है कि यह हमें अहंकार से मुक्त करती है। जब हम अपने जीवन को सरल बनाते हैं तो हमें दूसरों से बेहतर दिखने की ज़रूरत नहीं रहती। हम समझ जाते हैं कि हर इंसान की अपनी यात्रा है और उसकी तुलना किसी और से नहीं की जा सकती। यह समझ हमें विनम्र बनाती है और हमारे रिश्तों में गहराई लाती है। दिखावे पर टिके रिश्ते टूट जाते हैं लेकिन सादगी से बने रिश्ते जीवनभर टिकते हैं। यही कारण है कि सादगी केवल व्यक्तिगत जीवन का नहीं बल्कि रिश्तों का भी आधार है।

जब हम सादगी को अपने जीवन का हिस्सा बनाते हैं तो हमें धीरे-धीरे यह एहसास होता है कि हमारी सबसे बड़ी ताकत हमारी इच्छाओं की सीमा में नहीं बल्कि हमारे संयम में है। साधारण शब्दों में कहें तो सादगी हमें इच्छाओं का गुलाम बनने से बचाती है और मालिक बनने की

शक्ति देती है। यह फर्क बेहद गहरा है, क्योंकि जो इंसान अपनी इच्छाओं पर नियंत्रण नहीं क पाता, वह हर समय किसी न किसी वस्तु, पद या मान्यता के पीछे भागता रहता है। लेकिन जिसने सादगी को अपना लिया, वह जानता है कि उसे क्या चाहिए , यही स्पष्टता उसे भीतर से हल्का करती है और जीवन को बोझिल होने से बचाती है।

हमारे समाज में यह धारणा बहुत गहरी बैठी है कि भौतिक संपत्ति ही सफलता का पैमाना है। लेकिन अगर आप गौर करेंगे तो पाएँगे कि इतिहास में जितने भी महापुरुष हुए हैं उन्होंने सादगी को ही अपनी शक्ति बनाया। चाहे वह संत कबीर हों, महात्मा गांधी हों या किसी गाँव का साधारण-सा व्यक्ति जो अपने जीवन में ईमानदारी और प्रेम से जीता है, उनकी सादगी ही उन्हें असली महानता देती है। वे लोग हमें सिखाते हैं कि बड़ा बनने का मतलब महँगी गाड़ियाँ और ऊँचे महल नहीं बल्कि एक बड़ा दिल है, जिसमें दूसरों के लिए जगह हो और खुद के लिए संतोष हो। यही संतोष हमें आत्मा तक पहुँचा देता है।

अगर हम इस किताब की यात्रा को याद करें तो हमने बच्चों को सादगी सिखाने की बात की थी। बच्चों के मन में जो संस्कार बचपन से पड़ते हैं वही उनके जीवन की नींव बन जाते हैं। अगर हम उन्हें केवल प्रतिस्पर्धा और भौतिकता सिखाएँगे तो वे जीवनभर उसी राह पर भागते रहेंगे, लेकिन अगर हम उन्हें यह सिखाएँगे कि खुशी साधारण अनुभवों में भी मिलती है तो वे बड़े होकर सच्चे मायनों में संतोषी इंसान बनेंगे। यही विचार इस अंतिम अध्याय में और भी स्पष्ट हो जाता है कि सादगी का असर केवल हमारे जीवन पर ही नहीं बल्कि आने वाली पीढ़ियों पर भी पड़ता है।

सादगी हमें हँसना भी सिखाती है। जब हम दिखावे और चिंता से मुक्त होते हैं तो हमारी हँसी एक मासूमियत होती है। यह हँसी खरीदने से नहीं आती, बल्कि यह भीतर से फूटती है। सोचि जब परिवार बिना किसी वजह के साथ बैठता है, पुराने किस्से सुनाता है और हँसते-हँसते आँखों से आँसू निकल आते हैं, तब असल में जीवन को जीना कहते हैं। ऐसे पलों में किसी को याद भी नहीं रहता कि उनके पास कितने पैसे हैं या वे किस दर्जे की गाड़ी चलाते हैं। यही सादगी का जादू है कि यह हमें वर्तमान में जीना सिखाती है और उन क्षणों का स्वाद चखने दे है जिन्हें हम अक्सर नजरअंदाज कर देते हैं।

सादगी का एक और गहरा पहलू यह है कि यह हमें भय से मुक्त करती है। जब हमारे पास बहुत ज्यादा भौतिक संपत्ति होती है तो हमें उसे खोने का डर सताता है। हम हर समय सुरक्षा बारे में सोचते हैं, दूसरों की नज़र से डरते हैं और तुलना की आग में जलते हैं। लेकिन जब हम सरल जीवन जीते हैं तो हमारे पास खोने को कुछ खास नहीं होता। इस आज़ादी का स्वाद ही सबसे बड़ा सुख है। यह वही सुख है जो एक साधु को जंगल में बैठकर भी संतुष्ट रखता है और वही सुख है जो एक किसान को उसकी झोपड़ी में भी राजा बना देता है।

सादगी के इस मार्ग पर चलते हुए हमें यह समझ आता है कि संपूर्णता का असली अर्थ है भीत और बाहर के जीवन में सामंजस्य बिठाना। जब हमारी सोच, हमारे रिश्ते, हमारे काम और हमारी आत्मिक साधना सब एक ही लय में आ जाते हैं तो जीवन एक संगीत की तरह बहने लगता है। यह संगीत धीमा हो सकता है लेकिन इसकी गहराई बहुत होती है। इसमें शांति है, इसमें सच्चाई है और इसमें वही संतोष है जिसकी तलाश हम पूरी जिंदगी बाहर की दुनिया में

करते रहते हैं। सादगी हमें यह सिखाती है कि संपूर्णता पाने के लिए हमें कहीं बाहर भागने की जरूरत नहीं, बस भीतर लौटना है।

अक्सर लोग पूछते हैं कि क्या सादगी अपनाने से हम आधुनिक जीवन की दौड़ में पीछे नहीं रह जाएंगे? इसका जवाब सरल है – जब आप सादगी अपनाते हैं तो आप पीछे नहीं रहते बल्कि आप सही दिशा में बढ़ते हैं। इस दिशा में आपको न तो दिखावे की भूख होती है और न ही तुलना का बोझ। आप वही करते हैं जो आपके जीवन को सार्थक बनाता है। और यही सार्थकता असली सफलता है। सफलता की परिभाषा बदल जाती है – अब यह केवल पैसा या प्रसिद्धि नहीं रह जाती बल्कि एक संतुलित, संतोषी और प्रेमपूर्ण जीवन बन जाती है।

संपूर्णता का अर्थ केवल व्यक्तिगत संतोष नहीं बल्कि सामूहिक भलाई भी है। जब हम सादगी से जीते हैं तो हमारे निर्णय केवल हमारे लिए नहीं बल्कि परिवार, समाज और प्रकृति के लिए भी अच्छे होते हैं। कम उपभोग करने से पर्यावरण सुरक्षित रहता है, अपने समय को सही जगह लगाने से परिवार मजबूत बनता है और दूसरों के साथ साझा करने से समाज बेहतर बनता है। इस तरह सादगी न केवल हमारे जीवन को बल्कि पूरे संसार को सुंदर बनाने का साधन है।

अब जब आप इस किताब को पढ़कर यहाँ तक पहुँचे हैं तो यह कोई साधारण यात्रा नहीं है। आपने हर अध्याय में अपने जीवन का कोई न कोई पहलू देखा होगा – कभी समय की कमी, कभी रिश्तों की दूरी, कभी भोगवाद का दबाव, कभी काम का बोझ और कभी आत्मा की पुकार। हर अध्याय आपको यह बताने के लिए था कि समाधान सादगी में है। यह निष्कर्ष केवल शब्दों का अंत नहीं बल्कि आपकी अपनी नई शुरुआत हो सकती है।

कल्पना कीजिए कि आज से आप हर दिन एक छोटा-सा बदलाव करते हैं – सुबह कुछ पल ध्यान में बिताते हैं, परिवार के साथ बैठते हैं, बच्चों को सादगी की कहानियाँ सुनाते हैं, खर्च करने से पहले सोचते हैं और जीवन को सरल बनाने की दिशा में कदम बढ़ाते हैं। धीरे-धीरे यह छोटे-छोटे कदम आपके जीवन को से बदल देंगे। आप पाएँगे कि आपका मन हल्का हो गया है, रिश्तों में मिठास आ गई है और जीवन से वह बेचैनी दूर हो गई है जो आपको हर समय घेरती रहती थी। यही सादगी की शक्ति है।

तो प्रिय पाठक, इस पुस्तक का अंतिम संदेश यही है कि सादगी केवल जीवनशैली नहीं बल्कि जीवन का सबसे बड़ा उत्सव है। यह उत्सव बिना शोर-शराबे के, बिना भीड़-भाड़ के और बिना दिखावे के मनाया जाता है। इसमें बस सच्चाई है, प्रेम है और वह संतोष है जो आपको भीतर से भर देता है। सादगी में जीकर आप पाएँगे कि आपने जीवन को केवल जिया ही नहीं बल्कि समझा भी। आपने यह जाना कि सादगी से ही शांति आती है, सादगी से ही संतोष आता है और सादगी से ही असली सफलता आती है।

अब यह पुस्तक अपने अंतिम पड़ाव पर है लेकिन आपकी यात्रा अभी शुरू हो रही है। यह यात्रा कठिन भी होगी और सुंदर भी, क्योंकि यह बाहर की नहीं बल्कि भीतर की यात्रा है। लेकिन जब आप इस राह पर चलेंगे तो पाएँगे कि आपके हर कदम पर शांति, संतोष और आत्मिक संपूर्णता आपका साथ दे रही है। यही वह अंतिम प्रेरणा है जिसे मैं आपके साथ छोड़ना चाहता हूँ –

सादगी कोई मंज़िल नहीं है, यह एक जीवनभर चलने वाली यात्रा है, और इस यात्रा का हर पल अपने आप में संपूर्ण है।

लेखक के बारे में

डॉ. उमेश रॉय भट्ट का जन्म बिहार के भोजपुर ज़िले के तेल्हाड़ गाँव में हुआ। बचपन से ही ग्रामीण परिवेश, सादगीपूर्ण जीवनशैली और परिवार के संस्कारों ने उनके व्यक्तित्व को गहराई से प्रभावित किया। बचपन की परिस्थितियों में ही उन्होंने जीवन की चुनौतियों और संघर्षों को क़रीब से देखा, जिसने उनके भीतर समाज को समझने और मानव अनुभवों को आत्मसात करने की अनूठी दृष्टि विकसित की।

डॉ. भट्ट ने उच्च शिक्षा के क्षेत्र में उल्लेखनीय उपलब्धियाँ हासिल कीं। परास्नातक के बाद शोध कार्य करते हुए उन्होंने पीएच.डी. की उपाधि अर्जित की। शिक्षा के प्रति उनकी गहरी लगन और सामाजिक सरोकारों ने उनके अकादमिक सफ़र को केवल डिग्रियों तक सीमित नहीं रखा, बल्कि जीवन के गहरे प्रश्नों और मानवता की खोज से जोड़ दिया।

अपने व्यावसायिक जीवन में डॉ. उमेश रॉय भट्ट ने शिक्षा, समाज और संस्कृति के क्षेत्र में सक्रिय योगदान दिया है। वे मानते हैं कि ज्ञान का वास्तविक उद्देश्य केवल जानकारी जुटाना नहीं, बल्कि जीवन को समझना और उसे सार्थक बनाना है।

लेखन की शुरुआत उन्होंने कविताओं और कहानियों से की, जहाँ संवेदनाएँ और अनुभव सहज भाषा में अभिव्यक्त होते थे। समय के साथ उन्होंने महसूस किया कि लेखन का सबसे बड़ा उद्देश्य जीवन को दिशा देना और लोगों को प्रेरित करना है। उनकी रचनाओं में गाँव की मिट्टी की खुशबू, आम आदमी की जद्दोजहद, संघर्ष और छोटी-छोटी खुशियों का गहरा अहसास मिलता है।

उनकी पिछली पुस्तक "जीवंत स्मृतियाँ" को पाठकों ने विशेष रूप से सराहा। इसी पुस्तक के लिए उन्हें डॉ. प्रभा सिन्हा शिक्षक सम्मान 2025 से सम्मानित किया गया, जिसमें उन्हें ₹51,000 की सम्मान राशि और प्रशस्तिपत्र प्रदान किया गया। यह सम्मान उनके लेखन और शिक्षा दोनों क्षेत्रों में योगदान की स्वीकृति है।

"खुशियों का सफर" उनकी सोच और अनुभवों का सार है। इस किताब में उन्होंने बताया है कि साधारण जीवन जीते हुए भी इंसान असाधारण संतोष और आनंद प्राप्त कर सकता है। उनका मानना है कि सच्ची खुशी और शांति बाहर नहीं, बल्कि हमारे भीतर छिपी होती है।

डॉ. भट्ट की लेखनी पाठकों को न केवल आत्ममंथन की ओर ले जाती है, बल्कि यह संदेश भी देती है कि सीमित साधनों में भी जीवन को अर्थपूर्ण और संपूर्ण बनाया जा सकता है।

www.ingramcontent.com/pod-product-compliance
Lightning Source LLC
LaVergne TN
LVHW040444051026
849517LV00002B/743
* 9 7 9 8 2 3 2 8 4 9 3 9 9 *